学科项目化学习

基于学生视角的校本实践

梁 莉 王子轶 主编

U0331546

上海交通大学出版社
SHANGHAI JIAO TONG UNIVERSITY PRESS

内容提要

　　本书基于上海市浦东新区福山证大外国语小学自 2021 年以来开展的学科项目化学习的研究与实践,呈现了学校各学科设计的学科项目实践案例,以及聚焦学生视角的学科项目化学习的论文等,为从事项目化学习的研究人员提供丰富的案例参考,为开展学科项目研究的基层学校开拓实践思路,提供经验借鉴。书中,就何为项目化学习中的"学生视角"进行了界定,就如何在学科项目设计和实施的过程中凸显"学生视角",使学科项目在促进课堂教学变革、学生素养提升等方面更有实效进行了具体深入的阐述。本书适合广大中小学教师、教育教学研究人员阅读参考。

图书在版编目(CIP)数据

　　学科项目化学习:基于学生视角的校本实践/梁莉,
王子轶主编.—上海:上海交通大学出版社,2024.5
　　ISBN 978 - 7 - 313 - 30665 - 4

　　Ⅰ.①学…　Ⅱ.①梁…②王…　Ⅲ.①课程设计-教
学研究-小学　Ⅳ.①G622.3

　　中国国家版本馆 CIP 数据核字(2024)第 089838 号

学科项目化学习:基于学生视角的校本实践
XUEKE XIANGMUHUA XUEXI:JIYU XUESHENG SHIJIAO DE XIAOBEN SHIJIAN

主　　编:梁　莉　王子轶
出版发行:上海交通大学出版社　　　　　　地　　址:上海市番禺路 951 号
邮政编码:200030　　　　　　　　　　　　电　　话:021 - 64071208
印　　制:上海万卷印刷股份有限公司　　　经　　销:全国新华书店
开　　本:787mm×1092mm　1/16　　　　　印　　张:15.25
字　　数:311 千字
版　　次:2024 年 5 月第 1 版　　　　　　　印　　次:2024 年 5 月第 1 次印刷
书　　号:ISBN 978 - 7 - 313 - 30665 - 4
定　　价:69.00 元

本书编委会

主　编

梁　莉　　王子轶

副主编

杨秀丽　　王淑芬

参编者(按姓氏笔画排序)

王冬梅　　申慧芬　　邬小燕　　沈晶晶

宋星辰　　张沁漾　　张晓铃　　张　黎

赵硕梓　　施　惠　　姚　敏　　夏如花

顾　萍　　凌云志　　康逸芸　　褚丽琴

序 1

基于学生视角，成为学科项目化学习实践的个性化创造者

2019 年 6 月，中共中央、国务院发布《关于深化教育教学改革全面提高义务教育质量的意见》，提出要"探索基于学科的课程综合化教学，开展研究型、项目化、合作式学习"。2022 年 3 月，教育部印发《义务教育课程方案(2022 年版)》(以下简称《方案(2022 年版)》)，提出要"探索大单元教学，积极开展主题化、项目式学习等综合性教学活动，促进学生举一反三、融会贯通，加强知识间的内在关联，促进知识结构化"。实际上，项目化学习的兴起并非偶然，这正是契合了时代转型的诉求、教育政策的要求和学校发展的需求。在项目化学习的教学背景下，学校和老师都将或主动或被动地进入这场教与学方式变革的洪流之中。

长久以来，在教育实践中，对学科知识的关注一直是教学的重心，学生的综合素养却常被边缘化。《方案(2022 年版)》强化了课程育人导向，提出"各课程标准基于义务教育培养目标，将党的教育方针具体细化为本课程应着力培养的核心素养，体现正确价值观、必备品格和关键能力的培养要求"，强调课堂教学应从知识传递向素养培育转变，也就是从"育分"转向"育人"。因此，"让核心素养落地"是本次课程教学改革的重点，这必然引发学校课程体系、教学方式及学习方式的根本变革。

由于教育活动本身的复杂性和系统性，单一的改革措施在面对复杂的教育实践时往往难以取得成效，因此教育改革目标的达成过程，无论在中观、宏观层面还是在微观的学校层面，都是一个"深化教育综合领域改革"的过程，需要有符合改革目标要求的管理方式、课程体系、教师队伍、教学方式以及评价体系等配套措施与之相适应。通过学校层面的变革与发展，将不同的教育变革要求落实到"最后一公里"，需要寻找有力的抓手。这里的"最后一公里"，即具体的课堂教学、育人实践以及学习效果。从实践来看，项目化学习在价值追求和学习方式选择等方面，与《方案(2022 年版)》提到的教与学方式变革中关于"素养导向""学科实践""综合学习"以及"因材施教"的基本要求具有内在一致性。因此，项目化学习，特别是学科项目化学习，可以作为打通教育改革"最后一公里"进而提升教学质量的重要抓手。

项目化学习是一种基于真实问题的探究性学习,它超越了传统课堂中单纯的知识和技能的传授式学习,让学生在经历复杂、真实问题的探究过程中,主动学习并掌握相关的知识和技能,同时发展其适应未来社会所需要的必备品格、关键能力和正确的价值观。项目化学习对传统教育教学方式是一种根本性的改变。事实上,学校在教育教学过程中运用和实践项目化学习这一方式,很可能在整个系统中激起波澜,对包括从管理者到学生的每一个人产生影响。特别是由于传统习惯的阻碍以及我们对改革中新生事物的准备还不充分,学校在开展项目化学习的实践过程中将面临诸多方面的挑战。令人欣喜的是,从 2021 年 3 月起,上海市浦东新区福山证大外国语小学就开启了第一轮学科项目化学习的研究与实践。到现在,学校进入项目化学习的学科,从先行先试的 3 个学科,发展为如今的全学科并行推进;项目实践类型,也由单一的学科项目,发展为活动项目、跨学科项目;躬身入局的教师,已经占到学校在职教师的 90%。我们也因此看到,经历近 3 年的研究与实践,学校创生了一大批高质量的项目化学习案例。这些成果并不是单纯的教学案例,由此折射出来的是,学校和老师们以项目化学习为抓手,"让核心素养落地"成为主动作为与担当。

项目化学习体现了学科整合、真实问题导向、学生主体性和合作学习、复杂问题解决能力和创新创造能力培养以及个性化学习和反馈评价等方面的优势,有助于提升学生的综合能力和学习效果。由此我们可以看到,项目化学习并不仅仅是学校和老师们彰显教育教学方式变革的路径,这更应是为了学生学习、服务于学生当下与未来的一种重要学习方式。福山证大外国语小学充分认识到项目化学习之于学生成长的重要意义,老师们立足学生立场,基于学生视角,不断优化学科项目化学习的设计与实施,持续深入研究学科项目化学习对于促进学生核心素养发展、学业水平提升,助力关键能力培养和必备品格形成的真实作用,创造性地建构了蕴含"学生视角"并具有一定特色的"P+4A"学科项目化学习设计与实施模式。该模式以复杂的真实问题(Problem)为核心,聚焦项目学习目标(Aim)、项目活动任务群(Activity)、项目全程学习评价(Assessment)以及项目最终成果(Achievement)等的设计与实施,具有高度的逻辑性与系统性,巧妙地体现出项目化学习中的"教-学-评"一体化设计。

叶澜老师曾说:教师不是教育变革实践的操作者,而是"有创生能力的变革者";教师不是学科能力的反复宣讲者,而是教育教学实践的个性化创造者。项目化学习不仅为学生的成长提供了更多的机会,也为教师的成长提供了更广阔的个性化平台。学校在项目化学习推进过程中,不仅关注到了学生的视角,也充分考虑到了教师这一关键的因素。在实践过程中,学校秉持"做中学(Learn by doing)"的理念,鼓励教师在项目实践中学习研究、转变观念、提高胜任力。学校以项目化学习研究领域的学科项目为支点,努力撬动教师队伍的高质量发展。在综合考量各学科师资水平和研究背景后,学校采用了"分步走"的策略,鼓励研究意愿强烈、有一定项目研究基础的学科先行先试,其他学科根据实际情况循序跟进。教师在积极主动的求新求变之中,顺应时代发展对教师和学生提出的更高要求,极大地提升了自身的专业素养。

　　《学科项目化学习:基于学生视角的校本实践》一书正是上述思考、研究与实践的结晶。书中主要通过实际案例,分享了老师们在学科项目化实践中的经验与心得,并提供了一系列的策略和方法,可以为其他老师开展学科项目化学习提供非常好的借鉴。同时,学校的经验也告诉我们,每所学校都有自己的特色和资源,可以将项目化学习的理念和方法与学校的实际情况相结合,创生出具有学校特色的学科项目化学习设计与实施模式。

　　感谢福山证大外国语小学的项目化学习团队,他们探索出了一条有特色、可供参考的学科项目化学习实践路径。让我们共同迎接学科项目化学习的未来挑战,成为学科项目化学习实践的个性化创造者,为培养具有创新思维和实践能力的学生的成长而助力!

上海市教育科学研究院普通教育研究所　崔春华

2024 年 2 月

序 2

以项目化学习促进核心素养在课堂生长

自 20 世纪末以来,世界各国和各国际组织都开启了以核心素养培育为导向的系列教育改革行动。核心素养是个体整合自身的知识、技能、方法和价值观,应对、解决当今和未来社会复杂的、不确定性的现实生活情境问题的关键能力和必备品格。2022 年 3 月,"教育部关于印发义务教育课程方案和课程标准(2022 年版)的通知"开启了以核心素养为导向的新一轮义务教育课程改革。《义务教育课程方案和课程标准(2022 年版)》明确要求以核心素养为育人目标,学校需要围绕培育学生核心素养进行学习方式和教学模式的变革。

培育学生的核心素养,进行教育教学变革,这要求我们重新认识教育的价值,思考 21 世纪学习的本质和特征,应用学习理论的最新成果指导教与学。20 世纪 80 年代以来,建构主义和社会文化学习观逐渐兴起,人们对于学习有了更深刻的认识和理解,认为学习具有以下本质特征:首先,学习是人的内在需求,人人都可以是能动的学习者;其次,人是通过情境活动发现并掌握知识的;再次,人的学习是在与周边世界互动的过程中进行的,本质上是在所处的社会与文化场域中的实践活动;最后,社会互动和协作既是促进学习的手段,也是学习的方式,而文化既塑造学习者的活动、观念和情境,也形成于其中。由此,学习越来越被认为与一定的社会文化、学习者及其群体的现实生活和经验不可分割,也与学习者的认识和自我、动机、情感、人际互动等不可分割。项目化学习就是建构主义社会文化学习观在学习方式上的反映,与这种学习观念具有内在的关联。

2020 年 9 月,上海市教育委员会"关于印发《上海市义务教育项目化学习三年行动计划(2020—2022 年)》的通知"开启了以项目化学习的研究和实践为着力点,推进义务教育学校教与学方式的变革。上海三年的项目化学习行动表明,项目化学习是高质量实施国家课程的重要路径,是提升义务教育教学质量,推动素养培育落地的有效教学方式。2023 年 9 月,上海市教育委员会出台了《上海市教育委员会关于实施项目化学习推动义务教育育人方式改革的指导意见》(沪教委基〔2023〕24 号),提出在三年行动计划取得经验成果的基础上,全面落实国家义务教育课程方案与课程标准,深化课程教学改革,培育学生创造性解决问题的能力,推进教育强国建设,进一步实施项目化学习,推动义务教育育人方式改革,全面提高义务教育质量。

正是看到了未来社会对学生核心素养的需求,悟到了国家育人方式变革的大趋势,福山证大外国语小学在校长的带领下,以高度的责任心和对教育的使命感,开拓进取,锐意创新。2021年学校申报成为浦东新区第一批项目化学习实验校,开启了项目化学习的研究与实践,并持续深化课程教学改革。福山证大外国语小学项目化学习研究与实践具有几个显著的特点:一是注重从学生的视角来设计和实施项目化学习,充分体现开展项目化学习是为了学生的成长与发展。教师在促进学生发展的同时,也获得自身的专业发展,提升核心素养培育技能,实现教学相长。二是学校坚定地选择学科项目化学习的研究与实践作为主攻方向,这一点体现了学校对育人方式变革的整体谋划和长远思考,对于推进学校教与学方式的变革无疑是关键的抓手。三是在项目化学习的推进策略上采用科研与教研相结合的方式,形成了适合校情的有效实施策略。

本书为学校开展项目化学习研究与实践三年来的系列成果,分为三个部分:第一部分介绍学校对项目化学习的认识和思考,以及由此采取的实施策略;第二部分主要阐述学校在项目化学习中是如何凸显学生的视角,做到以学生发展为本的;第三部分展示了学校设计和实施的有关 10 个学科的项目化学习案例。本书为读者系统地呈现了福山证大外国语小学在推进学科项目化学习过程中遇到的问题,由问题引发的思考,以及解决问题的路径策略和取得的相关成果,可以为教育行政工作者、学校管理者、教师、教育研究者等开展项目化学习的设计与实施、推进学校整体教与学方式的变革提供有益的参考和借鉴。

上海市教育科学研究院普通教育研究所　王晓华

2024 年 2 月

目录

案例篇

指向核心素养,深入学科实施

背景篇

依托学科项目，变革育人方式

第一节 学科项目化学习的校本研究背景

1 为何要开展项目化学习研究

育人方式变革是当前基础教育改革的重点和难点问题，涉及学校教育的方方面面，素养导向的教与学方式变革是其核心和关键。随着近些年来全球范围内的素养研究的深入，项目化学习作为培育学生核心素养的一种重要手段，得到了普遍的重视，成为推动学校育人方式和课程教学变革的重要抓手。汤姆·马卡姆在《项目化学习：项目设计及辅导指南》一书中指出：项目化学习应被视为教育思想体系而非另一种教育策略，作为一种蓝图或者框架，它清楚地显示了未来教育应当如何架构。也就是说，项目化学习是一种立足于当前现状，着眼于未来发展的教育思想体系，其核心在于为学生的未来而教，培养学生适应未来社会所需要的关键能力，如创造性思维能力、探究与解决问题的能力、合作能力等重要的跨学科素养。

自 2019 年 6 月国务院发布《中共中央国务院关于深化教育教学改革全面提高义务教育质量的意见》以来，项目化学习成为广大中小学校追求高质量发展、推动课程教学改革、激发办学活力的重要载体。2020 年 9 月，上海市教育委员会发布《上海市义务教育项目化学习三年行动计划（2020—2022 年）》。2021 年 3 月，浦东新区教育局发布《浦东新区义务教育项目化学习三年行动计划（2021—2023 年）》，以项目化学习的实践和研究为着力点，以创造性问题解决能力为导向，以活动项目、学科项目、跨学科项目为载体，促进义务教育学校教与学方式变革，进一步激发学校办学活力。

我校自 2018 年独立建制以来，一直秉承和发扬福山品牌开拓进取、锐意创新的办学理念，以全面育人为目标，持续深化课程教学改革。自 2021 年浦东新区教育局发布项目化学习三年行动计划,我校积极响应,申报并获批浦东新区第一批项目化学习实验校,开始在项目化学习研究的领域,探索一条立足我校实际需求、具有我校鲜明特色的项目化学习研究与实践之路。

2 为何要聚焦学科项目化学习

有的老师可能会问:项目化学习的三种样态中,活动项目相对而言最为简单,为什么你们学校选择从学科项目开始研究呢? 这是基于我们对时代需求与学校校情的综合考量。项目化学习是促进义务教育学校教与学方式变革的主要载体,而实现这一变革的首要条件,是教师教育理念与教育行为的转变与改进[1]。在当前及今后一段时期里,教育系统要以高质量发展为主线,全面深化教师队伍建设改革,全面建设高素质、专业化、创新型教师队伍[2]。如何助力教师在投身基础教育课程改革的过程中、在发展学生核心素养的过程中同步实现专业能力的纵深发展,是学校工作的重中之重。

作为区教师专业发展学校,一直以来,我校致力于以科研促教研,以科研促发展。继2020年我校申报的区级课题"'套餐式'校本研修方式提升小学教师专业素养的实践研究"顺利结题之后,学校一直在思考,怎样把区教师专业发展学校的课题申报与提升我校教师专业素养两项工作结合起来,以课题研究推动教师专业发展。项目化学习聚焦学习方式的改变,也指向教学方式的改变。"学科项目化学习"这种说法在国内比较少见,但在国外的各个学科领域,运用项目化学习进行设计却很常见。这些学科领域的开发研究证明,运用项目化学习的方式可以同时达到强化学科学习和促进学生学会学习,培育学生创造性、批判性思维的目的。[3]

在我国分科教学的大背景下,学科项目以学科为主要载体,实施学科项目教学的教师要建立学科知识与真实生活、多种情境间的联系,要兼顾学科知识的深度研究和着眼真实问题解决的创造性设计。如果在传统的学科教学之外有机融入项目化学习,教师就能更深入地研究课标与教材,并有创造性地使用教材与组织教学,在积极主动的求新求变之中,顺应时代发展对自身和对学生提出的更高要求,极大地提升自己的专业素养。因此,我们确定以项目化学习研究领域的学科项目为支点,推动教师队伍的高质量发展。

3 为何要凸显学生视角

在明确了学科项目的研究方向之后,学校又展开了进一步思考:学科开展项目研

---

[1] 徐颖.以项目化学习研究引领区域教师的专业发展[J].中小学教师培训,2021(6):5-8.

[2] 陈宝生.开启全面建设高素质专业化创新型教师队伍新征程[J].陕西教育(综合版),2020(10):5.

[3] 夏雪梅.项目化学习设计:学习素养视角下的国际与本土实践[M].北京:教育科学出版社,2018.

究,是各自为政,还是整体推进? 这么多学科,是同步推进,还是分步落实? 学科项目研究内容这么多,如何使我校的学科项目研究带上鲜明的证大特色?

基于大量的文献资料和市区专家的指导建议,我校把学科项目研究的关注点放在了学生视角上。正如夏雪梅博士在《在学科中进行项目化学习:学生视角》一文中所说,尽管项目化学习天然具有学生视角的特点,尽管项目化学习的最终目标是促进学生的发展,但是当前很多关于项目化学习的研究与实践活动,更多聚焦在项目化学习过程的设计上,而对于项目化学习中学生的兴趣与认知特点、学生的真实需求特别是多样化需求、学生获得的真实成长、学生遇到的真实困难等,关注很少[1]。要做研究,就要做基于真实问题解决的真研究,做具有实践指导意义的真研究。坚持立足学生视角,站在学生的认知角度观察事物、看待问题,关注学生在学科项目化学习过程中的真实表现,基于学生对学科项目化学习设计方案与实施过程的真实评价,不断优化学科项目设计与实施,持续深入研究学科项目化学习对于促进学生核心素养成长、学业水平提升,助力关键能力提升和必备品格形成的真实作用等。

基于上述思考,2021年4月,我们成功申报了区级重点课题"基于学生视角的学科项目化学习设计与实施的研究"。聚焦学生视角,以课题引领我校各学科的学科项目化学习研究,有序推进各学科的项目化学习实践,以期通过学校层面整体推进课题研究的同时,打造一支善于学习反思、勇于实践创新、致力于学科项目化学习研究与实践的教师队伍,为我校教师队伍的专业成长寻找新的生长点,有力推动学校课程教学改革,进一步激发学校的办学活力。

第二节 学科项目化学习的校本实施策略

深化素养导向的学科项目化学习实践是我校立足新课改需求,深化教与学改革,落实素养培养的一项重要举措。近两年来,我们将项目化学习"做中学"的理念运用到学校项目化学习的整体推进工作之中,在实践中持续研究,在研究中持续优化,逐渐探索出一系列基于我校办学实际情况、助力我校学生素养提升、聚焦学生视角有效落地的方法,大到整校推进学科项目研究的有效路径,小到具体学科项目设计与实施的有效策略。

 着眼学科项目,系统性规划研究路径

一、试点先行,逐步推广

项目化学习起源于杜威教授的"做中学",而我们教师开展项目化研究,何尝不需要

---

[1] 夏雪梅. 在学科中进行项目化学习:学生视角[J]. 全球教育展望,2019(02):83-94.

在"做中学"?项目化学习作为一种新兴的学习形态,目前尚处于摸索阶段,各种能预料的、不能预料的问题一定会存在。但我校秉持的信念是:抛开顾虑,行动起来,边做边学,再借助专家的力量,持续改进优化、反思总结,如此循环往复,教师的项目化学习实施胜任力就会在过程中锻炼起来,提升起来。

因此,我们秉持"做中学"理念,鼓励教师在项目实践中学习研究、转变观念、提高胜任力。在综合考量各学科师资水平和研究背景后,我们决定采用"分步走"的策略,鼓励研究意愿强烈、有一定项目研究基础的学科先行先试,其他各学科根据实际情况循序跟进。

第一轮,语文、数学、信息科技 3 个学科先行试点,负责的教师,分别是区学科带头人、区教学新秀和有过探究型、拓展型课程研究背景的青年教师。多次校内研讨、经验分享和成果展示后,越来越多的教师对项目化学习有了直观的认知,也有了踊跃参加的愿望。第二轮,参与的学科已达到 7 门,设计学科项目 8 个,专家的高品质指导和市级、区级种子教师的引领,确保了项目化学习深入推进的底气。第三轮,6 个学科在前两轮的实践基础上,探索居家环境下的线上学科项目设计与实施。到了第四轮,语、数、英学科项目覆盖全年级,音乐、道法、心理和劳动教育学科也首次尝试学科项目的开发与实施:"BGM 创造营""寻味家乡""你好,朋友""'植'此青绿,农庄飘出草药香""小福娃漫游童话世界""编码知多少""种子变形计"……学科团队共学共研,深度研究学科知识,智慧关联家庭、学校、社区等社会真实情景中的真实问题,设计出了一个个以素养为导向的有趣味、有挑战、有价值的学科项目,实实在在地撬动了学校的课程教学改革。

从 2021 年 3 月我校开启第一轮学科项目化学习研究至今,进入项目化学习的学科,已经从先行先试的 3 个学科,发展为全学科并行推进;项目的样态,也由单一的学科项目,发展为活动项目、学科项目、跨学科项目同步开展;躬身入局的教师,占学校在编在职教师的 90%。截至 2023 年 6 月,我们完成实施的各类项目达到 55 个,涉及语文、数学、英语、音乐、体育、美术、自然、信息科技、道德与法治、心理和劳动教育各学科,既有整校推进的大型活动项目,也有以年级、班级或社团为单位开展的小型多样的项目。

二、干部牵头,组建团队

项目化学习作为一种新的学习形态,其深度研究有赖于大家的集思广益。开展初期,学校组建了以校长为引领、各部门和各学科负责人在内的课题研究核心团队,54 位来自不同学科的骨干教师和有着探究型、拓展型课程教学经验的青年教师自愿报名加入项目化学习团队,共同踏上科研助力的学科项目研究之旅。骨干的引领确保了项目化学习深入推进的底气,团队共进让教师在学科项目化学习中发挥出各自的优势和潜能。

三、课题引领,深度推进

围绕学科项目推进项目化学习实践,我们从迈出第一步开始,方向就非常明确。但是，各学科开展项目研究，是各自为政，还是整体推进？如果研究内容不聚焦，容易导致精力分散，难以形成合力，最终研究成果也将不够理想。基于大量的文献资料和市区专家的建议，我们把学科项目研究的关注点放在了学生视角上，并成功申报区级重点课题"基于学生视角的学科项目化学习设计与实施的研究"，以课题研究统一各学科的项目化学习研究方法与实践路径，系统规划研究内容与进程。各学科以课题为引领，聚焦学生视角，分阶段、有步骤地推进学科项目化学习的研究与实践，在研究中学习方法，在实践中寻求创新与突破，共同踏上科研助力学科项目的研究之旅。

如图1-4-1所示，我校的学科项目研究，依托区级课题，着眼基于学生视角的主题

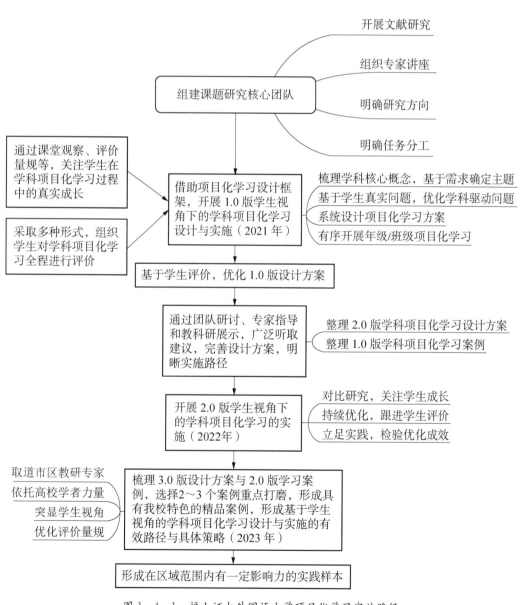

图1-4-1　福山证大外国语小学项目化学习实施路径

确定、基于学生视角的项目设计、基于学生视角的项目实施和基于学生评价的项目改进4块内容。研究经历1.0版本的初试，2.0版本的改进和3.0版本的升级三个阶段，在专家指导、交流研讨和学生评价的反思复盘中，不断优化迭代，初步形成具有我校特色的学科项目化学习研究与实施经验。近三年，我们扎根于大量的学科项目实践，从设计和实施两个方面，不断深化对学生视角的理解与认识，不断丰富学科项目化学习的研究与实施经验。夏雪梅博士的项目化学习系列丛书，成了我们很多教师的床前案头书；市区专家的专题指导，帮助我们拓展思路；一次次校本培训、团队共研，形成了跨学科研究的合力，共同推进学科项目化学习的深度实施。

四、问题导向，团队研讨

为了增进项目化研究团队教师的胜任力，我校定期开展课题研究和项目实施专题研讨会，聚焦教师们在项目化设计和实施过程中的真问题、真困惑，跨学科研讨互动。项目实施过程中，课时没有保障怎么办？分组出现问题，教师怎么解决？学生完成任务的过程中，出现家长代劳的现象怎么办？项目化学习主题如何体现学生视角？学生在任务完成的过程中，为什么会频繁询问教师的意见，该怎么解决？针对教师们在项目实施过程中遇到的问题，我们开展项目化学习各环节实施要点的专题培训，帮助教师们进一步明确实施关键点，提供必要的工具支架。一次次的专题研讨，解答了教师们项目实施过程中的困惑，提升了教师开展项目设计和实施的专业能力，也为我校后续开展项目复盘、项目优化，更好地开展2.0版本的项目实施奠定了基础。

学校还积极推荐教师参与市区级层面的项目化学习种子教师遴选工作，依托市区级专家团队的力量，培养学校项目化学习骨干教师，将学到的新理念、新方法在学科项目化学习实践中尝试运用，将学习到的外区、外校的成功经验和有效策略在学校层面进行辐射分享，提升我校项目化学习研究团队的整体研究水平和实践能力。

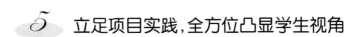

5 立足项目实践，全方位凸显学生视角

一、基于实践研究，科学界定学生视角核心概念

在市区级多位专家的指导下和学校持续深入的实践研究过程中，我们不断深化对学生视角这一核心概念的认识，不断优化其内涵界定。课题研究之初，我们将核心概念"学生视角"进行了两方面的界定：一是立足学生的认知和情感角度设计与实施学科项目，如基于学生的认知和情感需求确定适切的项目主题，基于学生的思维和能力发展需求开展项目设计与实施，充分关注学生主体对项目设计和实施的真实评价，并借此优化项目设计与实施品质等；二是关注学生在学科项目化学习中的真实表现，研究项目化学习对促进学生核心素养成长、学业水平提升的真实作用，帮助学生获得切实的成长，提升学科项目的有效性。

随着研究与实践的深入，我们对学生视角有了更为全面、深入、具体的认识与思考。我们真正把学生当作学科项目化学习的主体，在实践中提炼并形成学生视角下的学科项目化学习设计与实施的一般路径，从项目的主题确定、情境创设，到项目目标制定、驱动性问题分解以及学习支架的提供和评价跟进等方面，全方位凸显学科项目的学生视角，助力学生在学科项目化学习中更主动地参与，更切实地成长。怎样的项目对于学生来说是好的项目？怎样的项目目标对学生来说是科学适切的？哪些方面的成长对学生来说是有深远意义和价值的，应该怎样努力去实现？我们在大量的实践研究中，从更多的角度思考学生视角的有效落地，并进行了总结提炼。特别是积极探索"教-学-评"一致性，把评价研究作为学科项目化学习中促进学生学习、帮助学生成长的重要抓手，从而更为准确地评价项目化学习的真实效果和学生的真实收获，凸显学生视角。

二、立足学生视角，确定学科项目化学习的主题

（一）系统梳理学科知识体系，对接学生的认知需求

教师通过研读学科课程标准和教材，系统梳理学科的年段、学期和单元核心知识、核心概念，结合学科核心素养要求，关联学生在传统课堂中学得有困难或不理想的学科知识，初步筛选出适合开展学科项目化学习的主题，尝试将学科核心知识的深度学习融于真实的问题情境之中，让学生在情境中积极主动地学习知识、建构能力。以沪教版小学数学二年级第二学期教材的解读和课标梳理为例。

如表1-5-1所示，教师通过对二年级第二学期数学教材进行系统梳理，明确与课程标准相关的核心知识点，再关联学生需要具备的数学核心素养。比如，时间和质量的初步认识，这是与学生生活密切相关的且实际运用性极强的数学概念，在传统课堂中往往仅停留在概念层面的浅层学习，这样的主题就适合开展项目化学习。主题的确定，充分关照了学生的认知发展需求，链接了学科的核心素养，使学科核心概念能够依托项目化学习的方式落地，让学生得以进行持续地、创造性地学习、理解与应用。

表1-5-1　沪教版小学数学二年级第二学期教材的核心知识点及核心素养梳理

二年级第二学期教材体系	对应的学科核心知识点	对应的学科核心素养	是/否适合开展项目化学习
复习与提高	100以内数的计算	数学运算	
千以内数的认识与表达	1000以内数的认识与表达：知道1000以内数的组成，会读写，认识数位顺序表，能进行大小比较	数学抽象 数学运算 数学建模	
时间的初步认识（二）	认识钟表，了解24时计时法；认识时、分、秒，并知道它们之间的关系	数学抽象 数学建模 数学运算 逻辑推理	√

（续表）

二年级第二学期 教材体系	对应的学科 核心知识点	对应的学科 核心素养	是/否适合开展 项目化学习
三位数的加减法	万以内数的加减法运算:估算,口算,笔算	数学运算 数学抽象	
质量（重量）的初步认识	建立克与千克的量感:认识克与千克,知道两者的进率,能进行计算	数学抽象 数学建模 数学运算	√
几何小实践	东南西北方位的认识;三角形和四边形的初步认识;三角形的分类	直观想象 数学抽象 数学建模	
整理与提高	万以内数的认识与表达;万以内数的组成,万以内数的大小比较;加减法巧算;列表枚举	数学抽象 数学建模 数学运算 数据分析	

同样,我校开展第一轮学科项目化学习研究时,语文学科"诗润童心——轻叩现代诗的大门"现代诗主题的学科项目主题的确定,就是充分考虑到现代诗学习单元对于学生而言,在学习内容上的不易理解和学习形式上的"墨守成规",将四年级现代诗单元的教学与为庆祝中国共产党成立100周年献诗的任务情境结合,引领学生在赏析、仿写、创编等过程中,生动深入地学习知识,主动积极地完成任务;第二轮学科项目实践中,四年级语文学科开展的"我是校园小导游"项目,也是从学生容易畏难的习作单元入手,基于语文学科的工具性和习作学习的实践性,将学习观察与有效表达的学科核心知识融于向来宾准确生动介绍我校特色景致的任务情境之中,提升学生学习的自主能动性,发挥学生的学习创造性,提高学生解决问题的能力,发展学生的语文核心素养。

（二）敏锐捕捉感兴趣的内容,关照学生的情感诉求

难懂的核心知识换种方式学,感兴趣的学科知识也可以换种方式往深了学。对于学科知识体系中学生特别感兴趣的内容,也可以采用项目化学习的方式,让学生有机会深入地学,体验更多的获得感。如我校体育学科策划并开展的"校园迷你马拉松"项目,就是将学生感兴趣的自然地形跑知识与校园传统项目"冬锻节"活动进行巧妙结合,让学生动手设计"校园迷你马拉松"路线,画一画路线图,测一测线路距离,实地跑一跑线路,在协作完成路线设计任务的过程中,沉浸式学习与自然地形跑相关的体育学科知识,收获满满的成就感。

三、立足学生视角,创设学科项目化学习的情境

项目化学习强调对真实问题的解决,追求知识与能力在新情境下的迁移运用,而要实现这一目的就需要依托真实情境的创设。因此,情境创设也是项目化学习的核心要

素之一。一般而言,项目化学习的情境创设具有以下功能:一是联结真实世界,使学习更具现实意义;二是复杂的情境有利于知识建构,促进综合能力发展;三是凸显学生的主体地位,发展自律行动能力。而合理情境的创设是落实项目学习理念的关键,离开真实的情境,探究、互动、迁移和反思都失去了行动的土壤①。

可见,真实而有意义的情境,能联通生活世界与科学世界,能让学科知识增值,更是激发学生主动解决问题、积极建构知识的关键,也关系到学生今后能否在类似的新情境中进行能力的迁移运用。真实的情境具有三大标准:一是真实性,二是学生视角,三是能加以迁移。好的学科项目,往往能将学科知识的深度学习融于真实的生活情境或问题情境之中,让学生在兴致勃勃地解决问题的同时,获得知识与能力的再建构。因此,除了对接学生的认知需求外,教师还要立足学生视角,结合学生的年龄特点,关注学生的生活环境,体察学生的情感诉求,适时发现有利于开展学科项目化学习的契机,以情境为依托,激发学生的学习与探究兴趣,引导学生披情入境。

(一)情境要贴近学生的认知水平,助力开展学科的深度学习

创设学科项目化学习的情境,一旦脱离了学生的认知实际,远离了学生的年龄和学段特点,背离了课程标准的相关要求,哪怕再怎么标新立异,再怎么吸引学生的注意力,也难以起到有效激发学生学习课程内容的兴趣。以项目化学习的方式,助力学生更为有效地展开学科课程的学习,提升学科核心素养,这才是学科项目化学习的出发点和应有之义。否则,当我们误将学习方式的转变当成目的,项目化学习就极容易步入认识和实践的误区,最终落得个看起来热热闹闹,实际上缺乏成效的严重后果。

(二)情境要链接学生的真实生活,使学习更具现实意义

当情境的创设考虑了学生的认知实际后,我们就要思考如何让情境激发学生的学习兴趣,指向真实问题的解决。这时,将情境与学生的真实生活链接起来就显得非常重要。问题情境来源于学生的真实生活,能够很大程度上激发学生探究的主动性,也能有效关联学科世界和生活世界,引领学生重新认识和思考学科学习的意义与价值,使学科学习的展开更具现实意义。

学生的真实生活,范围相当之广,校园生活、家庭生活以及社会生活等都包含其中。这就需要设计学科项目的教师更新课程观念,将学生的整个生活世界作为课程内容、课程资源,作为有效的课程设计可以依托、利用的对象,提升情境设计的有效性,从而提升课程实施的有效性。我校学科项目化学习的情境创设,就充分链接了学生的真实生活。"小福娃漫游童话世界"语文学科项目,依托的是学校每年举办的"福山小舞台"品牌活动,创设了在舞台上表演儿童剧的真实情境;"校园迷你马拉松"项目,灵感来源于一年一度的校园"冬锻节"特色活动;"喜欢苏轼的N种理由"跨学科项目,则是发端于居家学习

---

① 乔诗琪,叶黎明.项目化学习情境创设的误区与改进[J].教育研究与评论(综合理论版),2021(1):62 - 66.

期间，教师敏锐地捕捉到学生普遍存在情绪低落的真实问题。而"英语标识我设计""烦人的声音"两个项目，更是将学生的视野拓宽至社会，把学习探究的意义从解决自身问题上升到解决社会问题、担起社会责任的高度。

四、立足学生视角，设计学科项目化学习的方案

学科项目化学习方案的设计，与传统教学设计的显著差异，就在于其开放性与不确定性。教师虽然是方案的设计者，却要立足学生视角，研究如何选择适切的内容与形式，激发与维持学生的学习热情；如何充分保障学生的探索空间，尽可能发展其创造性思维、创新能力、合作探究能力；如何在不确定的项目实施流程中，尽可能保障学生产生深度和持久的学习，从而获得确定的能力提升。

（一）邀请学生参与项目化学习的环节设计

把学习的主动权交给学生，让学生经历理解问题、思考问题和解决问题的全过程，才能真正提高学生解决问题的能力。理想的学科项目化学习的样态，是从驱动性问题的提出开始，到问题链的分解，再到各个阶段问题的探究解决，都由学生充分掌握主动权。我校在开展学科项目化学习的环节设计时，就是充分关照学生的学习基础和思考能力，邀请学生围绕驱动性问题，尝试进行问题链的分解，对问题的解决进行充分的讨论，等学生充分展现了对项目解决过程的理解与思考后，再由教师进行问题解决流程的优化。语文学科在四五年级开展的"校园古诗推广计划"和"我是校园小导游"两个项目，在环节设计都进行了这样的尝试。

（二）帮助学生预设项目化学习的各类支架

普利斯里等人认为，支架是根据学生的需要为他们提供帮助，并在他们能力增长时撤去帮助。① 道奇则从支架暂时性的角度去定义，支架是在学习过程某个特定点建立的一种提供帮助的临时结构，帮助学生完成一个具有挑战性的任务，这种任务在没有帮助的情况下他们无法独自完成②。在项目化学习过程中，教师的角色由主导者变成了支持者，在设计方案时，教师要结合项目主题，结合参与项目化学习的学生的年段特点，充分预设他们在学习探究过程中可能遇到的问题，并预先准备各类学习支架，以便在必要时支撑学生展开学科知识的深度学习或是关键问题的突破性解决。

例如，"我是校园小导游"学科项目设计之时，教师针对学生在撰写介绍校园特色景致的导游词时可能会遇到的困难，事先准备好国内外名胜古迹的优质导游词和"全国导游大赛"的视频资源作为资源性支架，帮助学生直观形象地了解导游词的语言特点；针对学生的学习成果评价主观性太强、有失公允的问题，提供评价量规，帮助学生科学、客观地评价窗花作品的完成品质、英语小诗的完成品质、"野兽派"主题板报的完成品质和

① WINNIPS J C. Scafiolding by design: a model for WWW-based learner support[D]. Enschede: University of Twente, 2001:40.
② 张丰，管光海. 项目化学习慕课研修手册：项目化学习中的学习支架[M]. 北京：教育科学出版社，2022.

净水装置的完成品质等；针对小组合作学习时可能会出现任务分配不均、个体参与不力的问题，邀请学生参与小组评价量规的制定，以提升小组合作的有效性和学生个体在合作学习中的积极性。

（三）留足学生发挥自主创新能力的空间

项目化学习是以完成特定任务为目标的学生的自主探究活动，自主性、探究性是其两大显著特点。为了让学生在项目化学习的过程中，能够充分展现与锻炼自主意识、创新思维，教师在设计项目方案时，要有意识地给学生预留足够的自主探究的空间。例如，驱动性问题的设计尽可能体现开放性，问题的解决方案或是路径，要尽可能体现多样性；设计与解决驱动性问题相关的探究活动时，在内容与形式上要具有一定的开放性，允许设计方案能够在项目实施的过程中，根据实际情况特别是学生的学习探究情况而灵活调整；关于项目化学习成果形式，更是要允许和提倡多元化、多样性。

以我校英语学科开展的"用英语戏剧讲中国故事"线上项目为例，老师们围绕花木兰迷你戏剧的创编和演绎这一核心任务设计问题链时，每个问题的设计都体现了开放性和选择性。第一个子问题：你将如何用自己擅长的方式展现花木兰动画片中你最喜欢的一个场景？小组学生可以根据自己的不同特长，选择以讲、演、画等方式进行场景再现。第二个子问题：如何基于人物的品质，展开合理的想象，丰富你最喜欢的场景，并以英语对话的形式呈现出来？这个问题的解决，既给学生提供了解决问题的思路，又让他们能基于原有场景和人物品质进行创编，挑战性和趣味性也更强了。特别是第三个子问题：如何基于对话创作，创造性地展现花木兰戏剧中的场景？学生创造性演绎的空间就更大了，皮影戏、玩偶戏、读者剧场等各种线上剧本的展演形式都可以尝试，极大地激发了学生的创造力和想象力，英语语言的驾驭能力也在这个过程中得到发展。

（四）基于适时适切的原则提供学习支架

教师要立足学生视角，充分考虑学生作为学习的能动者提出自己的需求和方向，体现学生作为主动学习者的价值和意义。因此，提供学习支架不要太快，不要太多，还要体现差异性，这样才是真正意义上的学生视角。

所谓适时，就是在学生能力建构的关键处提供支架。"用英语戏剧讲中国故事"花木兰迷你剧创演项目中，学生面对如何展开合理的想象，重置自己最喜欢的场景时，出现了各种问题：想象天马行空，人物表现完全背离原故事中的性格，场景设置不符合原故事发生的时代。于是，教师以部分学生的优秀作品作为支架，组织学生围绕"怎样想象才最合理"展开讨论，在对比分析中学习合理想象的方法，化接受知识为实践思维，在具体情境中提升思维品质，形成可迁移的学科能力。

所谓适切，就是针对学生的不同需求提供支架。不同学习者个体和团队的兴趣、能力不同带来的学习过程的差异性，决定了教师需要因需提供不同的支架，保障个性化的学习成长。

此外，立足学生视角提供支架，还要处理好预设与生成的关系。预设好的支架，要根据学生的实际需求使用、调整或不用；而碰上未曾预料的问题，则要调动教师的智慧与经验，及时生成策略性支架，助力学生的学习推进。

（五）创新学科项目化学习的方案设计模式

有意义的项目化学习，必然是立足学生视角，关联学生的真实生活，解决真实的问题，让学生在学习探究的过程中，获得真实的体验，在核心素养的提升、关键能力和必备品格的发展方面实现真实的成长。我校在学科项目化学习的研究与实践过程中，将这一理念融入，创造性开发"P＋4A"项目方案设计模式，以充分凸显学生视角。P 是problem，就是坚持问题导向，将学生遇到的真实问题作为项目设计的逻辑起点；第一个A 是 Aim，即围绕真实问题的解决，预设项目化学习活动的目标；第二个 A 是 Activity，围绕目标的达成，设计项目活动任务群；第三个 A 是 Assessment，立足项目活动全过程预设三类学习评价，以推动与评估相关任务的达成；第四个 A 是 Achievement，预设项目最终成果，注重学生参与项目探究的悟得和成就。该设计模式以复杂的真实问题"P"为核心，有利于激发和维持学生的学习动机，具有针对性和挑战性；"4A"即目标、任务评价和成果设计都聚焦于问题而展开，具有高度的逻辑性与系统性，体现"教-学-评"一体化的设计，也有助于支撑教师和学生在项目化学习的过程中聚焦问题的解决、目标的达成，进而开展具有逻辑关联的系列学习探究活动，习得解决问题的科学路径，提升解决问题的能力，建构学科核心知识，发展核心素养与必备品格。

五、基于有机有效的原则嵌入三类评价

项目化学习的评价伴随着项目的进程而展开，又因其不同目的而分为三种类型：一是，以评价促进教学及时反馈的"促进学习的评价"；二是，设计较为复杂和真实的评价并将评价过程演化为学习进程的"作为学习的评价"；三是，独立于学习进程之外、用以评价整体学习质量的"关于学习的评价"。

我校各学科在实践研究的过程中，不断摸索三类评价对于项目有效实施的促进作用。"种子变形计"项目的知识与能力建构板块，教师尝试将评价嵌入课堂教学的始终，重点研究如何利用评价量规促进学生的学习；"野兽派"主题板报设计项目中，教师指导学生完整参与评价量规的制定，从评价维度的讨论、确定，到评价标准的叙写、优化，评价本身就变成了学习过程，指引学生基于评价标准开展板报创作，提升学科实践的品质。我们还借鉴巴克教育研究所关于项目评价的量表，编制了我校学科项目诊断调查问卷，从教师和学生两个方面，了解项目的实施成效、学生的真实获得与困难、建议等，为基于学习评价的项目优化提供具体依据。

六、立足学生视角，保障学科项目化学习的有效实施

学科项目设计得再精巧，还需要在实施中检验，在实施中调整，这也是项目化学习的最大魅力与最大挑战所在。项目化学习的本质是学习，如果实施过程中学生的深度学习没有发生，学生的作品成果没有达到一定思维的高度，那就不是真正意义上的项目化学习。因此，我们在项目实施过程中，特别关注学生在学习过程中思维能力的培养，促进学生深度理解学科知识，提升学习迁移的能力，让学生的学习真正发生。

聚焦学生视角开展项目实施，我校各学科积极开展课堂观察，基于学生在项目化学习各个阶段的具体表现，以及学生在项目化学习各阶段遇到的困难与提出的问题，及时调整相应的实施内容与指导方案。以语文学科开展的跨学科线上项目化学习"喜欢苏轼的 N 种理由"为例，学生在开展《说苏轼》整本书阅读的过程中发现，没有引人入胜的情节，没有百转千回的故事，人物传记读不下去。遇到这样的问题，各小组集思广益，想到了自选章节合作阅读、制作微课教别人读的解决方法；当制作的微课没人看时，又张罗着通过制定评价量规，通过评价带动同学看视频、通过评价带动改进已制作的微课；当学生感受到宋词读来朗朗上口，但好在哪里却难以言表时，老师便建议开展每日宋词品读与交流活动，引导学生从读到学到讲，不断提升对于宋词之美的赏析能力。当学生所需要的支持和教师预先准备的资源不匹配时，我们的老师会引导学生小组合作尝试解决问题，或是根据学生的实际需要及时增设学习支架，以助力学生持续的、深入的学习探究。

聚焦学生视角的项目实施，还要立足学生的长远发展，思考项目的价值意义。项目化学习的过程，其实就是助力学生不断解决问题，并在问题解决过程中提升分析问题、解决问题的能力，提升学习素养和学科素养。我们以项目设计为蓝本，但并不囿于项目设计本身，因此，项目设计的完成度并不是我们考量一个学科项目实施品质的唯一标准。我们更关注项目实施过程中，学生解决问题能力的提升，学习能力的有效迁移，以及高阶思维的有效激发。即使学习实践活动的推进遇到阻碍，甚至最后的成果展示不够理想，但如果过程中学生的主动学习与深度思维真实发生了，学生能够主动地去反思学习过程，总结失败原因，分析解决对策，提升问题分析与解决的能力，那这对他们的长远发展来说，就是一次有价值的项目化学习。

聚焦学生视角的项目实施，我们还关注项目化学习经验的有效迁移。学生在项目化学习过程中形成的能力素养，既基于情境，又超越情境。作为教师，我们要助力学生依托情境提升解决问题能力，更要引导学生跳出情境思考：类似的思路还可以用来解决什么问题？在项目实施中，教师要有意识地引导学生找寻与该项目情境类似的学习主题，引导学生主动发现不同情境之间的共通性，形成解决一类问题的方式方法，切实提升学生应对真实世界各类复杂问题的能力。

七、立足学生视角，重视基于学习评价的项目改进

高品质学科项目的诞生，不是一蹴而就的，需要在一轮轮的项目实施中不断优化改进。借助区级课题研究，我校聚焦学生视角，各学科基于学生的认知发展与情感需求，确定学科项目主题，设计与推进学科项目化学习，并初步尝试学习评价对于项目改进的优化作用。

如语文学科开展的"我是校园小导游"项目,在项目初期、过程中及结束时分步推进评价。在项目进展过程中,学生借助解说词撰写任务评价单,通过组内自评,对小组阶段性成果进行评价;绘制导览路线环节,通过小组互评,共同探讨路线的合理性及原因,各组在取长补短中确定最优导览路线,收获思维和表达能力的双丰收;反思复盘环节,借助"我是校园小导游"项目化学习评价单,融合自评、组内互评、教师评价等,对学生参与项目化学习的整体表现作出综合评价,并将学生项目化学习的收获、建议融入其中,以评价促优化。

又如,自然学科开展的"设计雨水收集净化装置"项目,在项目实施之初就设计根据"结构是否完整(是否有进出水口)"和"出水口出来的水的洁净程度(测水装置的数据和现场观察)"这两个指标,让学生明确评价的标准,学生在项目成果阶段,筛选终评作品参与校级评选时方向就很清楚。最后,他们在校级项目成果展上,由小组代表介绍产品及功能,通过全校学生贴星投票评价的方式,学生的自我价值得到了肯定。

为了检验我校学科项目设计与实施的实效,及时总结与梳理我校在学科项目设计与实施中的有效经验,持续优化我校的学科项目设计与实施,使我校的学科项目化学习在学生的学习动力激发、学习状态维持以及学习成效获得方面有积极显著的促进作用。学校又于2022年初成功申报了"基于学习评价的学科项目的优化设计与实施研究"市级科研课题,继续以课题为引领,推动我校的学科项目研究与实践向纵深发展。

我们基于各学科实施的聚焦学生视角的学科项目,分别开展了以学生和教师作为评价主体的复盘式评价诊断,总结与梳理有效的学科项目设计与实施策略,定位与聚焦我校学科项目设计与实施中的主要问题,为下一轮学科项目的优化设计提供依据。学生在项目评价诊断过程中,对自身在项目化学习中的学习兴趣、学习状态、学习效果进行全面评价,对项目设计与实施中的亮点、教师的评价以及有待改进之处进行客观阐述;而教师则需要对学生的学习表现、自身的价值发挥以及项目的优化设想进行复盘反思。我们将以这些一手的数据作为支持,研究当前我校学科项目的亮点与不足,并在下一轮的学科项目设计与实施过程中进行针对性的优化改进,进一步凸显我校学科项目化学习研究与实践的学生视角。

新的时代,赋予学校和教师新的使命担当。夸美纽斯说,我们要"找出一种教育方法,使教师因此可以少教,但是学生可以多学;使学校因此可以少些喧嚣、厌恶和无益的劳苦,独具闲暇、快乐及坚实的进步"。我们一直坚信,项目化学习能够实现这样一种理想的教育状态,并且一直在实践中努力创生高质量的项目化学习。回望三年来我校走过的项目化学习研究之路,我们看到了学生、教师和学校一路走来的收获与成长:我们的学生,解决问题的能力提高了,合作探究的意识增强了,学习的能动性、创造性和自我的认同感提升了,特别是对学科价值、科学世界与生活世界的联结有了更深层次的理解与认识;我们的教师,教学教育的观念改进了,开拓创新的意识增强了,课程开发能力和任务规划能力增强了,职业的成就感与幸福感也增强了。我们的学校,因为师生的这些诸多改变而愈发呈现出勃勃生机。

　　从 2021 年初的躬身入局，到七轮学科项目的持续探索与改进优化，到学生视角内涵的不断挖掘与实践深化，我校在"做中学、悟中学、用中学"，逐渐走出了一条具有特色的项目化学习研究与实践之路。我们将继续以项目化学习为载体，以育人为目标，以素养为导向，改变课堂教学方式，丰富校园生活方式，拓展课程实施方式，更新原有评价方式，持续深化素养导向的学科实践，为未知而教，为未来而学，激发师生的生命活力，向着学校高质量发展的目标不断迈进。

（上海市浦东新区福山证大外国语小学　梁莉　王子轶）

教研篇

凸显学生视角，探索变革之路

基础教育课程改革的深化推进，关键一环在于将素养目标转化为具体的课堂教与学的实践，从而将上位的育人目标，转化为下位的学校"施工图"。着眼学校高质量发展的需求，聚焦学生核心素养的培育，我校各学科教研组三年多来先后开启了基于学生视角的学科项目化学习的研究与实践，以课题研究驱动实践变革，以团队教研提升实践效果，在实践中落地育人理念，在探讨中深化理解认识、开拓设计思路，在反思中凝结实践智慧、梳理实施策略，形成了一篇篇观点鲜明、例证翔实、具有操作性和一定的推广借鉴意义的文章。

第一节 语文学科

基于学生视角的项目化习作策略初探
——以"小福娃漫游童话世界"为例

【摘要】基于学生视角的项目化习作，要发挥统编教材的编排优势，聚焦关键的习作知识和能力，通过实施"立足学情，厘清关键性核心目标；关联情境，驱动进阶式习作实践；根据问题，促进螺旋式知识建构；依托团队，开展多元化学习评价"等策略，充分关照学生的认知发展与情感需求，引导学生在解决问题的过程中，提升表达质量，找到习作的意义和成就感。

【关键词】项目化习作；目标；情境；支架；评价

《义务教育语文课程标准（2022年版）》（以下简称"语文新课标"）指出，语文课程应创设真实而富有意义的学习情境，凸显语文学习的实践性，培养学生语言文字运用能力，全面提升核心素养。项目化学习恰如一缕春风，吹开了习作教学的生机。基于学生视角的项目化习作，既能发挥统编教材的编排优势，又能站在儿童立场，聚焦关键的习作知识和能力，引导学生在解决问题的过程中，提升表达质量，找到习作的意义和成就感。下面，笔者以三年级第一学期语文学科项目"小福娃漫游童话世界"为例，遵循统编教材的编排特点及学生的认知、表达规律，探寻基于学生视角的项目化习作的相关策略。

一、立足学情，厘清关键性核心目标

（一）前后勾连，理解编排逻辑

为渗透文体意识，更好地引导学生认识和了解童话的特征，统编教材整体布局，前后勾连。从单元整体来看，三年级第一学期第三单元习作《我来编童话》的内容与单元课文（《卖火柴的小女孩》《那一定会很好》《在牛肚子里旅行》《一块奶酪》）联系紧密，阅读与习作之间相辅相成，体现童话单元的语文要素——"感受童话丰富的想象"。

（二）遵循学情，锚定核心目标

从学情起点上看，三年级学生处于习作的起步阶段，虽已有《猜猜他是谁》《写日记》两次习作体验，但把故事写清楚，还是有一定的难度。从习作内容上看，学生喜欢阅读童话，并已经在课内外阅读了不少中外童话故事，感受到童话的神奇和美妙，知道在童话王国里，万事兼有可能。但是学习编写童话还是第一次，习作时学生容易出现想象受限、童话故事角色缺乏特点，主要事件表达不清楚等问题。由此，如果没有真实的情境，激发创作的欲望，学生可能会因无从下手而产生畏难情绪。从习作修改上看，学生仅在三年级第一学期第三单元语文园地中第一次接触改正、增补、删除这三种修改符号，尚未尝试运用正确的修改符号自主修改习作。

遵循学情，锚定本次项目化习作的核心目标：借助教材提示，发挥想象编写童话，把童话故事写清楚，并会运用三种修改符号自主修改习作。为了达成这个目标，可以将它分解成5个任务：①链接现实生活，激发创作热情；②通过学习范本，掌握习作要素；③链接单元阅读，丰富语言表达；④对照读者评价，优化习作质量；⑤开展小组合作，展示习作成果。

二、关联情境，驱动进阶式习作实践

（一）设境激趣，点亮"导航灯"

结合"福山小舞台"这一传统校园艺术节活动，设计"小福娃漫游童话世界"习作项目，设置驱动性问题："如何讲好原创童话故事，使自己在小舞台中脱颖而出？"将"运用想象清楚表达"的学科核心知识点，融入亮相小舞台、讲好原创童话故事的任务情境之中，让学生在浓厚的校园文化生活中，兴趣盎然地借助想象感受童话文体特点，并迸发灵感自由创作童话，发展解决真实问题的团队协作能力和语文学科核心素养。

（二）学生参与，分解"指路牌"

该项目之前，班级学生并未参与过语文学科项目化学习，笔者也是第一次，毫无经验。在入项的过程中，引导学生根据驱动性问题进行分解，围绕"要讲好原创童话故事，使自己在小舞台中脱颖而出，我们需要完成哪些任务"，让学生充分讨论，积极发表对问题的分析与解决设想：

"我们要编写有意思的童话故事，让评委听了都哈哈大笑。"

"能不能选择一个自己喜欢的童话故事，进行改编呢？"

"要讲好故事，不仅要背熟，还要加一点动作、表情。"

"每个班级最多出几个节目？我们一定要推选最优秀的同学参加。"

……

在学生讨论与交流的过程中，教师预设的驱动性问题分解流程得到了优化。师生共同明确了问题解决路径，形成了逻辑严密、环环相扣的子问题链和子任务群（如表2-1-1）。学生在参与设计过程中，加深了对驱动性问题中关键词的分析能力，注意了子任务之间的逻辑关联问题。作为"首秀"，我们看到了学生在分析问题时，会更多地基于自身实际出发，预测在实现目标的过程中可能遇到的困难。同时，初生牛犊不怕虎，学生对目标达成的信心激活了童话创作的满满动力。

表2-1-1 "小福娃漫游童话世界"问题链、任务群

子问题链	子任务群	对标核心素养
子问题1：如何编写一个童话？	任务一：童话滋味"我"品尝	通过学习课文，感受童话丰富而奇特的想象，梳理、总结童话的特点。
	任务二：童话仙境"我"打卡	小组制订阅读计划，阅读中外经典童话，运用本单元学到的方法理解故事内容，结合内容对人物作出简单评价，交流获得的启示，展示阅读成果。
	任务三：童话王国"我"创造	借助教材提示的内容，发挥想象，编写童话故事，把想象写清楚，并能尝试运用改正、增补、删除符号自主修改习作。
子问题2：怎样讲好一个原创童话故事？	任务四：童话大王"我"担当	小组合作，积极参与"班级小舞台——原创童话故事发布会"，讲好童话故事，展示习作成果。

三、根据问题，促进螺旋式知识建构

学生初次开展项目化习作，在用以致学的过程中，问题自然而然产生。教师需要立足学生视角，在学科核心知识的学习、关键问题的解决路径等方面，及时搭建有效性学习支架，助力学生走出"困"境，促进螺旋式知识建构。

（一）搭建对比支架，感受童话神奇

学生在学习本单元之前，已经阅读了大量的中外童话故事，那么，他们能否从中发

现和归纳童话故事中显性的基本表达方法呢？在完成"任务一：童话滋味'我'品尝"的过程中，就"情节"而言，设置"对比支架"，从4篇课文的主要情节、情节类型、以往学习过的类似篇目等方面，让学生经历思考、探究、讨论的过程，联结新旧知识。

不难发现，低年级统编教材收录的反复结构的童话较多，无论是情节还是某些关键词句。学生先明了想象的路径，再迁移语言表达的规律，思维与想象比翼双飞，方能把个性化的童话写清楚。

（二）搭建探索支架，体会童话内涵

在完成"任务二：童话仙境'我'打卡"之前，组织班级所有学生一同阅读了安徒生童话之《豌豆上的公主》，并提出一个开放性问题：你认为《豌豆上的公主》是一个真实的故事吗？说说你的理由。搭建这一探索的支架，是为了引导学生体会童话的内涵。

课堂上，每一个小组的学生都围绕这一问题各抒己见，汇总反馈。有学生认为"故事最后写了'请注意，这是一个真实的故事'"，也有学生认为"我试过了，在一床垫子和一床被子下放一粒豌豆，睡在上面完全没感觉"……教师如穿针引线般引导学生梳理、整合、归纳零散观点，使之发现童话是一座五彩缤纷的大花园，在童话的世界里，植物、动物不但像人一样会说话，而且也有喜怒哀乐的情感。故事可能在常理之外，但却是在以作者的想象力对读者诉说心情、生活，甚至是政治和哲学。

在这样的引导下，学生继而开展了为期一周的阅读打卡活动，小组制订阅读计划，阅读中外经典童话。依托校本课外阅读手册《乐享经典》，从细节与回忆、理解与拓展、评价与鉴赏等方面，与同伴分享多样化的阅读成果，如小书签（摘录充满神奇想象的句子）、人物卡片（绘制人物形象，附上简介，体会真善美）、思维导图（梳理故事情节）等。当学生置身于童话世界里，方能感受形象，品味语言，体验情感。

（三）搭建示范支架，尝试编写童话

在本单元课内学习与课外阅读的基础上，课堂上进行了15分钟左右的习作前指导。结合阅读体验，借助教材提示的内容，采用问题提示法，聚焦"故事里有哪些角色？这些角色有什么样的特点""事情发生在什么时间？是在哪里发生的？""他们在那里做什么？他们之间发生了什么故事？"等一系列问题，引导学生自问自答，进而编写童话故事。

项目进行到"任务三：童话王国'我'创造"的关键期，尽管课前围绕习作内容，组织了相关实践活动，做了充分的习作准备，但是经历了习作前指导后，仍有个别学生或毫无头绪，或新瓶装旧酒，仅替换了童话角色，故事情节还是老套路，怎么办？

攻坚克难有赖于个性化辅导。教师可以引导学生阅读童话及新编范本，让他们知道可以从人物关系、角色定位、故事背景、结局改变等角度，对故事整体结构加以改、续、创编。再回望自己最喜欢的童话，在不改变角色的基础上，结合生活经验，"巧妇乐为有米之炊"，打开思路，编写童话，使每一颗童话的种子主动发芽。

四、依托团队,开展多元化学习评价

(一)聚焦核心:紧扣习作目标评价

项目实施的整个过程中,评价一以贯之,既要关注学生外在的学习结果,更要关注学生内在的学习品质。教师聚焦"运用想象清楚表达"这一学科核心知识,依据单元及习作目标,设计习作评价量规,并将评价前置,让学生明确童话的"家"在哪里,并贯穿项目学习始终。学生在真实问题的解决过程中,始终围绕核心知识的学习,将知识与能力的建构、与阶段成果相关联,不断涌现灵感,稚嫩的作品汇成班级童话集。

(二)突出主体:学生制定评价清单

童话滋味"我"品尝、童话仙境"我"打卡、童话王国"我"创造、童话大王"我"担当,显然,项目化习作活动的主体是学生。他们有能力自主制定评价清单,明确学习目标,并积极参与到学习评价中去。

在"童话大王'我'担当"的实践过程中,借"班级小舞台——原创童话故事发布会",学生相互讨论完成评价设计。如何确定作品是否能够代表班级参加学校小舞台展演?学生自主制定的评价清单更加贴近学生,评价标准中除了童话内容、舞台表现力等,还会考虑到平时教师容易忽略的上场顺序、礼貌用语、公正投票等,并获得认同。教师策略性放手,让学生获得了思考的自由与独立的机会,能够在充分的学习体验中更好地展示项目成果,提升语文学科核心素养,发展解决问题的能力。

(三)护航全程:持续关注表现评价

在开展项目化习作活动的过程中,评价不仅只看学生最终的习作或讲故事作品,还应该关注学生如何参与,如何在每一个子任务完成过程中获得真实成长。通过表现性评价,激励学生在体验项目化习作的过程中,从经历到分享,再到对分享内容以及整个体验过程的反思,进而迁移到学习生活中,逐步形成在真实情景中解决复杂实际问题的能力。

综上所述,教师始终要把学生放在项目化习作的中心,围绕"语文新课标",把握单元整体,立足学情,厘清关键性核心目标;关联生活,找到最适切的真实情境,设计有效的驱动性问题,激发学生的写作动机和兴趣;从真问题和真需求出发,搭建有效性学习支架,促进螺旋式知识建构;引导学生积极参与学习评价,让他们获得认知、情感、能力方面的多元提升,找到习作的意义和成就感。

(上海市浦东新区福山证大外国语小学　杨秀丽)

参考文献

[1] 中华人民共和国教育部. 义务教育语文课程标准(2022年版)[S]. 北京:北京师范大学出版社,2022.

[2] 夏雪梅. 项目化学习设计:学习素养视角下的国际与本土实践[M]. 北京:教育科学出版社,2018.

[3] 葛芬芬. 大概念视域下基于学习任务群的第二学段童话单元教学探索[J]. 小学语文教师,2023

(2):28-32.

[4] 姚红霞.立足单元整体,激发创编兴趣——浅谈"我来编童话"教学思考与实践[J].作文成功之路,2023(19):41-43.

[5] 郭湘辉.在童话阅读中培养创意表达能力的思考与实施[J].小学语文教师,2023(6):35-38.

从真实问题出发,让学习真实发生

——以"'闲余'大翻身"项目实践为例

【摘要】项目化学习是以"项目为载体,任务为驱动"的一种学习方式,提倡"面向真实问题"的解决。从学生实际生活中发现问题,将项目任务与核心素养紧密关联,是促进学生学习素养发展的有效途径之一。本研究以五年级第一学期语文学科"'闲余'大翻身"项目实践为例,将学科核心概念融入项目化学习设计中,引导学生从真实的生活问题出发,展开学习和研究活动,切实提升学生的语文学科核心素养。

【关键词】真实问题;项目化学习;小学语文

一、研究背景

课堂教学需要变革和发展,教师的任务不再是单一的知识传授。如何引导学生学会学习,提升学生解决问题的能力及创新实践能力,以此来促进学生学习素养的发展?项目化学习的方式为解决这一问题提供了可行性。

作为指向复杂问题解决的学习方式,近几年,项目化学习在学科教学中有了更多的应用,然而在以往语文学科的实践案例中,却存在不少问题。

苏西·博斯和约翰·拉尔默两位学者,在《项目式教学:为学生创造沉浸式学习体验》一书中提出,关于语文学科的项目化学习,之前的主要问题是基于主题而非基于任务,往往通过画一画、演一演、说一说、展一展等形式进行教学,学生缺少真实的问题驱动,智力挑战与成就感欠缺,问题的真实性不够,项目中的合作也被虚化,作品大多只是学生已有能力的重复呈现。教师往往只满足于活动的完成,而忽略了基于学科的问题设计,忽视了项目与语文学科的关联,不能很好地指向语文学科学习中复杂问题的解决。

"语文新课标"带来的最大挑战,就是学习任务群的构建带来的教学方式的根本性变革——教师必须成为学习任务的设计师,其关键在于能提出一个真实的学习任务。因此,项目化学习中的学习任务,应该来源于课程、教材、学情的真实关联,源于生活中语言文字运用的真实需求,服务于解决现实生活中的真实问题。

本研究旨在探讨真实问题在小学语文项目化设计与实施中的应用。通过研究真实问题在语文教学中的作用，探索项目化设计与实施能否有效提升学生的学习动机、创新思维和解决问题的能力。

二、理论基础

崔允漷教授提出：项目化学习研究是指向核心素养的深度学习，学习内容是蕴含意义的任务，即真实情境的问题解决；教学过程表现为高投入、高认知、高表现的学习；学习评价为真实情境下的问题解决、完成任务的表现。

1976 年，美国学者弗伦斯·马顿和罗杰·萨尔乔，基于学生阅读的实验，首次提出了学习层次的概念。他们发现浅层学习处于较低的认知水平和思维层次，不易迁移；而深度学习则处在认知的高级水平，涉及高阶思维，容易发生迁移。

所谓真实性学习，就是让学生在涉及真实世界的、与学习者有关联的问题和项目的情境脉络中进行探索、讨论和有意义地建构概念和关系。而项目化学习就是以问题为导向的学习，以学生的主动探究为主的学习方式。

由此可以看出，学生在进行项目化学习时，需要面对真实的问题和任务，带着探究精神经历研究的全过程；在学生研究的过程中，教师要注重培养学生的协作、交流、对话等能力。通过活动的开展，能逐步培养学生的高阶思维。

这就要求教师在设计与实施项目化学习时建立学科知识与生活的联系，引导学生从生活实际出发，发现问题、分析问题、解决问题，在提升问题解决能力的同时，发展学科核心素养。

三、基于真实问题的项目化设计与实施策略

（一）以真实问题驱动，激发学生内动力

项目化学习中的学习任务，应该来源于课程、教材、学情的真实关联。真实的任务，可遇而不可求，往往需要教师有意创设。但即使有意创设的任务，也要源于生活中语言文字运用的真实需求，服务于解决现实生活中的真实问题。

驱动性问题是将比较抽象的、深奥的本质问题，转化为特定年龄段的学生感兴趣的问题。高质量的驱动性问题应该是基于学生实际生活的真实问题。将项目化学习与学生的真实生活相联系，能够帮助学生理解项目化学习对于解决真实世界问题的意义，因为驱动性问题同样也可能是一个复杂难解且结构性差的问题，学生难以直接获得问题的答案。这样的学习过程促使学生经历一个从现象到问题，逐步分析、实验、迁移、转换的过程，完成一项源于真实世界的深度学习。

在现行的小学语文统编版教材中，说明文文体的课文大约占教材的 1/10。从低年级起就已经有说明性的文章，到了中高年级篇目增多，且文体特征更加明显，要求也由阅读理解的层面提升到习作表达的层面。但由于说明文语言较为严谨，说明的对象也与学生的实际生活较远，往往难以激发学生的兴趣。因此，如何激发学生主动了解说明文的文体特征、深入体会说明文不可或缺的重要价值,并能将说明文的表达方式恰当合理地运用于真实生活中,在有效运用中进一步提升对说明文的认识,有着重要的意义。

"'闲余'大翻身"这一项目的确立,就是从学生家中闲置物品难以合理处理的实际问题出发,以在爱心义卖活动中,推介并售卖自己的闲置物品为切入点,以驱动性问题引领学生,以说明性文章的学习为主题,通过一系列阅读和习作活动,引导学生在阅读说明性文章的基础上,了解基本的说明方法。最后,通过组织策划义卖方案,尝试用恰当的说明方法,根据特定的对象和场合,把自己的闲置物品推销给大家作为项目展示。

在真实世界里,问题往往比我们想象的要更复杂些,要考虑到问题提出的情境和学生视角。由教师培养并发展学生提出问题的学习能力,带领他们经历探究性的历程,是非常有意义的,而学生在这方面的探索是认真的、实在的。

(二)以实践推进任务,引发学生积极调控

项目化学习的一个重要特点就是注重实践操作。在语文项目化学习中,可以让学生通过写作、演讲、采访、辩论等方式进行实践,这些实践操作能够让学生在实践中学习语文知识,提高学生的语言表达能力和交流能力。

然而,基于学生视角的项目化实施不应该以完成教学任务为目的,而是应该从学生的真实需要出发,从个体在学习中发现问题,不断自我调控的角度出发,引导学生开展以真实情境中的问题解决为导向的学习,引发学习主体的积极调控。

在任务完成过程中,教师鼓励学生在学习文本的基础上,再构语言,超越文本,用不同的表达形式汇报学习成果,通过导图分析、生生对话等多种互动式教学活动,充分调动学生自主探究的积极性,使学习语文基础知识与基本技能的过程同时成为学会学习和形成可持续发展价值观的过程。

在"'闲余'大翻身"这一项目中,学生从学校即将开展的爱心义卖活动说起,展开头脑风暴:为了能有好的义卖结果,我们需要考虑哪些问题? 学生以小组为单位展开讨论,提到了发放问卷了解各年级学生购买需求,打造夺人眼球的商品推介文案,精心布置义卖场地等设想,教师再整合学生的想法并确定了问题解决的路径。

在入项活动之后,学生明确了首先要考虑各年级学生的购买需求。为了有更好的义卖成果,学生准备先在校园里进行一番调查。学生借助学习支架,自主设计了一份调查问卷。

五年级学生对于调查问卷这一类文本还比较陌生,有的学生根据学习支架的提示尝试摸索着设计,有的上网搜索相关资料,有的询问有相关经验的师长,还有的根据自己以往做过的问卷依葫芦画瓢……学生在探索的过程中碰撞出思维的火花,设计出的问卷已初具雏形。

在学生自主设计之后,老师提供第二个学习支架,从问卷标题、调查目的、调查内容、感谢语等方面进一步规范问卷格式,并将第一轮问卷中学生的设计亮点进行罗列展示,组织学生进一步优化问卷格式与内容。最后,在各班级整合问卷的基础上,再进行年级统合，形成一份完整的年级调查问卷。

根据调查问卷的数据分析结果，每位学生确定自己的义卖物品，再结合五年级第一学期第五单元说明文主题的学习，从物品的外形特点、功能等方面，运用合适的说明方法，对物品撰写说明性文字介绍，充分挖掘物品的亮点，力图使自己的介绍清楚具体，能够吸引前来购买的顾客。

（三）以评价贯穿始终，促进学习真实深入

学生在项目化学习中的学习质量如何，在最后的学习成果中会有所体现，这也是驱动性问题的指向。评价被用于促进学生的学习表现的改进和教师的教学行为的提升。在项目化学习过程中，教师可以通过学生评价，了解学生实际学习的达成情况，进而有针对性地修改指导策略；而学生可以通过参与形成性评价的过程，基于自我评价对个体的学习行为进行修正。

项目化学习是有一定持续时间的教学方法，学生在参与项目的过程中不断学习和成长，评价者也应该以辩证的、发展的眼光看待学生的发展。教师需抓住每一个评价的关键时机，在关键节点回顾学生的进步并提供恰当的反馈，让学生发现和感受学习的意义和乐趣，促进学习过程的真实深入。

不同于以往的书面作业，"'闲余'大翻身"的成果充分体现了学习的个性化。学生人人参与，各显神通：撰写文案的、排版编辑的、美化加工的……合作默契。当最后形成的义卖海报呈现在大家的面前，那一份份极富创造力和想象力的作品，可谓精心、精致、精美。

在活动中，评价的主体也不是教师占主导，而是师生一起讨论制定评价标准，从内容、表达以及互动性多个维度来设计，最终形成了全面而又适切的标准。学生根据同学的评价建议，考虑文字的简洁性、内容的互动性、结合义卖场景等进行进一步优化。

四、经验与反思

基于学生视角的项目化学习，给予学生一定的自主权和选择权是非常重要的。因此，在设计项目活动时，首先，应充分考虑学生的兴趣爱好、学科知识和科学素养等方面因素，以确保项目内容与学生实际需求相契合。同时，在设计阶段也应尊重学生的个性差异，鼓励他们在项目实施过程中发挥主观能动性，培养他们的创新能力和解决问题的能力。

其次，在项目化设计中，应注重情感教育和学习动力的培养。可以通过多样化的教学资源和活动形式，创设情境、角色扮演或情感体验等方式，激发学生的情感投入和学习动力。同时，在实施过程中，也需要关注学生学习过程中的情感变化，及时给予鼓励和肯定，提高学生对语文学科的喜爱程度。

再次，在项目实施中应注重学习环境的创设和优化。可以通过灵活的活动组织、多样化的学习资源和技术手段来创造良好的学习环境。教师可以设计讨论、合作学习和研究性学习等形式，激发学生的积极性和主动性。

最后,应注重评价和反馈的有效性。教师应该注意收集学生学习的数据和反馈信息,同时设计相应的评价工具和方式,及时发现学生的问题和困惑,并提供具体、准确的反馈和指导。此外,也可以通过学生自我评价和同伴互评等方式,促进学生对自己学习过程的反思并获得成长。

文化自信、语言运用、思维能力、审美能力是小学语文学科的四大核心素养。在学生成长过程中,这四种素养的发展是相辅相成的。语文学科项目"'闲余'大翻身"就是从学生生活中真实的问题出发,将原本枯燥无味的说明文学习与爱心义卖活动结合起来,通过一系列丰富多彩的实践活动,让学习走进生活,融入学校活动。项目化学习打破了课堂边界,将生活纳入课程,促使学生在自主探究的过程中深度学习知识,运用知识,提升能力。

(上海市浦东新区福山证大外国语小学　赵硕梓)

参考文献

[1] 夏雪梅.项目化学习设计:学习素养视角下的国际与本土实践[M].北京:教育科学出版社,2018.

[2] 博斯,拉尔默.项目式教学为学生创造沉浸式学习体验[M].周华杰,陆颖,唐玥,译.北京:中国人民大学出版社,2020.

[3] 焦尔当.学习的本质[M].杭零,译.上海:华东师范大学出版社,2015.

 学生视角下低年级语文学科项目化学习实施问题与解决

【摘要】在"双减"背景下,教师要构建学生视角的教学路径,让教育回归育人本质,以适合学生的方式展开教学,达到全面提升学生素养的目标。学科项目探讨的是真实世界中的学科问题,需要运用学科思维去解决,并在解决问题中深化对学科概念的理解。这种学习模式使得学生能够在做中学,在学中做,拓展思维,加强交流与沟通,强化相互合作的能力,这些都是传统课堂中很难学习到的。而低年级学生由于其幼小的年龄和身心特点,在项目化实施过程中,产生了一些问题。通过分析与实践,基于学生视角提供一些问题解决方法,使得低年级学生能更快进入项目化学习,更有持续性、更高质量地完成学习。

【关键词】学生视角;项目化学习;低年级;问题解决

一、项目化学习的背景

项目化学习,源于1958年美国的医学领域,后经建构主义和学习科学的发展,项目化学习在教育、管理、经济等领域广泛开展。教育领域的项目化学习源于杜威的"做中学"，后由其学生克伯屈界定了项目化学习的概念。通过持续不断的理论学习和教学实践，我们认为在小学阶段实施项目化学习与其他年段有所不同，其更多的是教师基于学生的学习基础、学习需求而创设真实的学习情境，学生以合作为主要学习形式，在持续的学习探究中对关键概念和能力的一种学习过程。教师在项目化学习中更多的是适时出现的引领者、助力者、赞赏者。

当今，在全球化发展和信息化发展迅速的情况下，教育展现出举足轻重的地位。新的课程方案和课程标准要求教师全方位培养学生，提高学生的综合素质，拓宽学生知识面，增强学生的批判性思维和实践能力。为了促进社会和国家的发展，要从小抓起，提升学生的创新力和创造力。项目化学习作为当今教育领域的热点，是落实学生核心素养培养的重要方式之一。2020年，上海市教育委员会正式出台了《上海市义务教育项目化学习三年行动计划(2020—2022年)》，在义务教育阶段大力倡导学校开展项目化学习，第一次将项目化学习这种教学法摆在了重要的位置。2022年，义务教育阶段也迎来"双新"，新课程和新教材打破我们原有的教师讲、学生听的教学模式。上海市教育委员会推出义务教育阶段项目化学习三年行动方案，旨在以创造性问题解决能力为导向，以项目化学习的实践与研究为着力点，以活动项目、学科项目、跨学科项目为载体，促进学生学习方式、教师教学方式的改变，以尽早适应全新的教学改革。

二、问题及解决

项目化学习这两年成为一个大热词，其克服了"学"与"行"的割裂状态，既帮助学生学习知识，又有助于真实情境的应用，达成认识与实践的统一。各个地区都有学校开始尝试进入项目化学习，设计实施自己的项目化活动。我校也第一时间快速组织学习，请教专家指导，完成了一个又一个精彩的项目化内容。在项目化活动中，我们发现了学生的一些共性问题，从学生视角看待，究其原因并寻找解决办法，使得学生能更加积极主动地投身学习，使得学习真正落到实处。以下是我的几点实践思考。

（一）学生参与度不高的问题

在项目化实施过程中，我们发现有部分学生没有参与到项目化学习中，经过调研，有以下几个原因：①项目化学习活动非必须完成的学习任务，不愿意多花时间去参与；②项目化的内容学生并不感兴趣；③不知道有项目化活动。通过分析，低年级的孩子总是懵懵懂懂，有时候对老师的话一知半解，所以我们可以用更加生动化的图片、语言去介绍宣传我们的项目化活动，用最易于理解的方式，引导他们思考、探索、交流和创造。项目化学习，对于教师来说是一个新的挑战，对于孩子们来说也是。在传统课堂上一直是教师说、学生听的状态，而现在我们坚持以学生为主体、教师作引导，改善了课堂环境。项目化学习将学生提上了重要的地位，低年级学生的项目化活动更需要教师的耐心引导和悉心指导。教师可以通过问卷调查、家访、学生谈话等多种形式了解学生的兴趣所在,并结合学科内容进行研究,设计出有趣的项目化主题。在一个个项目的大环境下,创造各种情境、设计各种项目,引导学生提出问题,激发学生的探索力与求知欲。通过丰富多彩的实践活动激发孩子们的参与兴趣,"在做中玩,在玩中学",摒弃单纯的枯燥练习,却又能在项目化的各个环节中了解一系列的知识,掌握综合能力,让孩子能自愿地投身学习,快乐学习,参与项目化活动。

根据二年级学生喜欢探索新鲜事物、对大自然充满好奇的特征,我们将统编版语文二年级上册第一单元的《我是什么》和第七单元的《雾在哪里》《雪孩子》等课文进行整合,开展单元项目化学习设计——"小水滴历险记"。该项目以二年级学生为主体,充分发挥学生的自主性,帮助学生展开想象,获得初步的情感体验。为了提升参与度,我们设计了科学小实验来入项,将孩子们的积极性和探索欲调动起来。在冰块实验中,引导学生探究三个问题:①为什么冰块里既有白色的,又有透明的部分,还有一些小气泡?②冰块为什么会融化,融化速度与什么影响因素有关?③冰块为什么浮在水面上,而不是沉在水底?在同学们一声声"哇……""怎么会这样"中,他们主动进入学习情境,对观察到的现象表达自己的看法,激发了学生的好奇心和探究精神,为提出并解决驱动性问题打下基础,也对提高学生参与度有很大帮助。

(二)学生探究持久性不足的问题

一些孩子在参加项目化学习中后劲不足,半途而废,有以下几种原因:①小组活动产生分歧,没有及时沟通解决;②只想完成任务,不在乎质量;③碰到困难无法解决,打了退堂鼓。低年级孩子思维活跃充满活力,喜欢探索新鲜的事物,这是他们的优点。然而,缺乏耐心,容易分心,沟通能力尚弱,容易受到环境的影响,这些特点也是很难避免的。所以,作为教师要时刻关注学生,关注他们的方法和进度,防止与教学目标脱节。

为了让学生了解丰富的中国美食,激发对中华传统文化的认同和自信,二年级学生结合课文《中国美食》进行了学科项目化活动——"创意菜谱:中国美食的饕餮盛宴"。在此次项目化实践活动中,学生们了解食物起源,探寻中国八大菜系,制作中华美食,绘制美食地图,编制创意菜谱,整体活动精彩却存在一定实施难度。如在分组绘制美食地图时孩子们各执己见产生矛盾;上交的作品草草了事;自制菜谱困难选择放弃。

在面对这些问题时,我们及时进行嵌入式指导。一方面开设指导课,让学生自由讨论,针对问题引导解决方法,如:如何查阅资料,如何解决分组矛盾,如何绘制更美的食谱等。另一方面,及时给予学生正面评价与鼓励,与家长联动合作,以班级为单位将优秀作品互相传递展示,评选"探究之星""创意设计""米其林之星",打造积极向上的学习氛围。通过如此"对症下药",孩子们整个项目化活动下来,热情不减,动力十足。

(三)学生只玩不学的问题

项目化活动十分有趣,有些孩子容易一头扎入手工和小游戏中不可自拔,完全忘记了我们"做中学"本该获得的知识与技能,导致项目实施效率低下。所以,教师要关注教学目标,全程把握,不要偏离任务范畴。针对这类情况,教师可以有以下方法进行引导支持。

1. 了解学生真实需求

我们要时刻记住,学科项目凸显学生视角,其目的是为了学生能主动投身学习。所以,了解学生的真实需求是重中之重。在"小水滴历险记"中,我们分解驱动性问题,引导学生提出子问题:①小水滴长什么样? ②你了解小水滴的秘密吗? ③你能把小水滴的秘密有创意地讲给小伙伴听吗? 以此来了解学生真正想知道什么。知识从不局限于课本,孩子们也渴望走出课堂。所以,我们鼓励学生走进生活去探寻小水滴的秘密。于是,孩子用他们善于发现的眼睛,在水塘旁、在镜子上、在厨房里,都找到了小水滴的身影,并通过照片、视频的形式记录了下来。了解孩子的真实需求,他们的学习实践会更有动力。

2. 紧扣语文要素

语文学科项目要加强学生的语文素养,绝不能脱离语文要素。项目可以结合课文内容进行设计。"小水滴历险记"的入项活动之一采用了分角色朗读课文的形式,通过配乐朗读、角色扮演等把课文《我是什么》《雪孩子》读正确、读流利,从训练听读,使学生获得初步的情感体验。在学习《雾在哪里》一课时,通过"无论……都……"的句式训练,体会不同标点符号带来的语气变化。而后教师又指导学生阅读绘本故事《小水滴的快乐旅行》和《水的旅行》,激发学生的想象,说说自己的感受。通过交流,学生不仅能了解水的三态变化,也能感受到小水滴的多变、雾孩子的淘气和雪孩子的善良。最后,教师带领学生复习三篇课文并指导创编绘本,学生结合学到的知识,运用学过的句式,展开想象,编创富有创意、图文并茂的《小水滴历险记》。在项目化过程中教师融合识字写字、感情朗读、阅读写话等多方面训练,在实践中培养学生良好语感,锻炼联想能力,培养勇于探索积极思考的精神,最终达到提升了学生的语文综合素养的目标。

3. 运用全过程的评价

为了解决学生只玩不学的问题,教师可以以全过程的评价作引导。在教学活动的全过程中,教师即时地进行评价,抓住评价的时机。只有在活动进行时进行评价,才能使评价效益最大化,大幅度地增强对学生的正向影响,提升教师工作的针对性、时效性和主动性。例如,在学生把项目活动变成"小水滴"绘画课时,教师会说:"你画的雾宝宝真形象,这一定能帮助你有感情地读出它的调皮,给大家展示一下吧!"在"创意菜谱:中华美食的饕餮盛宴"中,教师会引导:"你的菜画得栩栩如生,我们一起来学学菜名怎么写吧,让菜谱更加完整。""看,经过你的设计,你的菜谱多有创意啊,请给大家介绍一下吧!"通过不断的评价,引导学生回到学科的教学中,在项目化学习中助力学生学科素养与学习素养的提升与发展。

三、显著成效

低年级学生的特点是好奇心强、探索欲旺,容易受到激励,有良好的观察能力和一定思考能力。他们对学习有强烈的兴趣,如果教师能够正确地引导和培养他们积极参与项目化学习,用心投入项目,就能够获得收获。教师要把学生作为课堂主体,基于学生视角去看待问题,了解问题产生的原因,真正地走进学生,帮助学生解决问题的同时提升自身素养。

"小水滴历险记"项目化学习最终成果的展现为绘本,通过图文的形式,孩子们赋予了小水滴精彩丰富的一生。这是他们第一次制作绘本,虽然文字很稚嫩,但通过亲身实践绘出了他们的真实想法,体现了现阶段的真实水平,是非常值得展示的成果。"创意菜谱:中华美食的饕餮盛宴"最终的成果是以班级为单位的创意菜谱,他们的优秀作品在学校进行了展出,让孩子们感受到了学习的快乐。而他们在整个项目化学习中的表现,也通过各种形式进行评价,并非单一的以成绩为评价,而是关注了各方面素养,让每个孩子都能学有所获。多样化的评价给予了学生自信,提高了项目化学习的有效性。

(上海市浦东新区福山证大外国语小学　刘瑞)

参考文献

[1] 刘双娜,洪祎君.学习素养视角下的中学地理研学活动项目化学习设计[J].地理教学,2022(11):61-64,50.

[2] 金春雷,任怡.学校项目化学习实施路径的探索:以小学语文学科项目化学习实施为例[J].教育,2022(37):21-23.

 ## 4　基于项目化学习的小学语文中高年级习作操作策略

【摘要】素养视角下的项目化学习,是学生在一段时间内,通过对真实有挑战性的问题进行持续探究,达到对核心知识的再构建和思维迁移的过程。素养视角下的项目化学习的四个特征为核心知识的再构建、创建真实的驱动型问题和成果、用高阶学习包裹低阶学习,以及将素养转化为持续的学习实践。在真实问题的驱动下,学生对写作若能产生浓厚的兴趣,将探究所得汇成优美的语言文字,提升思维能力和表达能力,培养自身素养,这是项目化学习的重要意义。根据小学中高年级学生的特点和认知水平,笔者打造了基于项目化学习的习作操作策略,从而培养学生习作兴趣和写作能力。

【关键词】项目化学习;小学语文;习作;操作策略

素养视角下的项目化学习,是学生在一段时间内,通过对真实有挑战性的问题进行持续探究,达到对核心知识的再构建和思维迁移的过程。素养视角下的项目化学习的四个特征为核心知识的再构建、创建真实的驱动型问题和成果、用高阶学习包裹低阶学习,以及将素养转化为持续的学习实践。在真实问题的驱动下,学生对写作若能产生浓厚的兴趣,将探究汇成优美的语言文字,提升思维能力和表达能力,培养自身素养,这就是项目化学习的重要意义。根据小学中高年级学生的特点和认知水平,笔者打造了基于项目化学习的习作操作策略,从而培养学生习作兴趣和写作能力。

一、寻找鲜明的读写结合点

小学课文每个单元的主题都很鲜明,文质兼美。在学习课内精读和略读课文时,教师可以结合项目化学习的驱动性问题和子问题,借助课文引导学生仿照课文中的典型段落或精彩句子进行写作。例如,四年级上学期"诗润童心——轻叩现代诗的大门"的项目化学习中,四年级的学生曾经在二三年级接触过现代诗,但对如何创编现代诗歌还不太了解。学生学习了徐志摩的《花牛歌》,知道了花牛在草地里做了哪些事,产生什么样的效果后,就可以把不同画面分段写成一首现代诗。学生通过观察生活,模仿《花牛歌》的模式,写出了《蝴蝶歌》《鲤鱼歌》等有趣的诗歌。

二、锁定薄弱的技能提升点

学生在写作时总会遇到一些瓶颈。基于这种情况,教师要关注学生的写作学情和问题,锁定学生写作技能的薄弱点,进行针对性训练。例如,在三年级开展的"小福娃漫游童话世界"语文学科项目化学习时,要求学生在福山小舞台童话剧表演时脱颖而出,然而在创编童话时学生却遇到了瓶颈。学生在创编时,想象不够奇特大胆,创编出的童话故事好像有其他经典童话故事的影子。其实,缺乏奇特的想象是中年级学生客观存在的问题,需要老师的指导。老师可以结合三年级下册第五单元课文中奇特的想象,引导学生明确大胆想象也是有方法可循的。学生根据《宇宙的另一边》《我变成了一棵树》《尾巴它有一只猫》等课文打破常规想象,结合人物的心愿想象,结合事物特点想象,结合周围环境想象等。有了方法的指导,学生的想象一下子就打开了思路,一些奇思妙想应运而生。学生会创编出人类消失后,黑猩猩开着出租车接送乘客,小黄鹂在电台广播,机器人给即将要生宝宝的猪太太接生等一连串奇特又有趣的童话故事。

三、发现有价值的情感出发点

《义务教育语文课程标准(2022年版)》指出,小学写作教学应贴近学生实际,让学生易于动笔,乐于表达,应引导学生关注现实,热爱生活,积极向上,表达真情实感。例如,在三年级下学期开展的"寻中华文化之瑰宝"项目化学习中,有位学生学习了《一幅名扬中外的画》这篇课文后,对宋代画家张择端的《清明上河图》非常感兴趣。加上他酷爱阅读历史书,经过深入地研究,在创编想象故事的时候,老师建议他创编一个《梦游开封》的故事。他把自己想象成具有现代思想的小书生,他眼中看到的开封是那么美轮美奂。他在开封樊楼开怀畅饮,对对子、看中医、看皮影戏,乘坐一乘轿子看遍宋代都城的热闹繁华,感受古代文化的魅力。有了真情实感,他的习作不仅感染了自己,也实现了"体会中华传统文化魅力"的目标。三年级下学期"创意中国节"项目化学习中,在清明节时雏鹰假日小队自发去参观四行仓库、南京大屠杀纪念馆、中共一大会址等地。老师还推荐学生阅读《革命者》书籍和观看纪录片等,深入了解当时的中华民族正处于水深火热的危难关头,革命先辈是如何挺身救国的壮举。有了这样的铺垫,有的小组写出的关于过清明节的习作催人泪下,发人深省。

四、积累有趣味的生活关键点

在"诗润童心——轻叩现代诗的大门"项目化学习中,学生在发现现代诗歌的魅力后,根据子问题"你能联系自己的生活写一首现代诗歌吗?"的要求,创作现代诗。同学们惊奇地发现,越是贴近学生生活实际的诗歌越能获得更多的投票。比如,班里有同学从小学习编程,他编了一首《我眼中的人工智能》现代诗,将他和家人日常使用人工智能科技让生活变得更便捷的画面融进现代诗歌中,表达了他珍惜今天的幸福生活,用科技造福人类的决心。有同学出门旅行,偶然被扎染体验馆悬挂的染布吸引,体验了制作扎染手帕的经历,因而在老师的指导下写出了制作扎染过程的现代诗歌《蓝白记忆》。在"创意中国节"项目化学习中,为了让中国传统节日过得有意义,有的小组举办了包饺子大赛,有的小组制作端午节的香囊,有的小组去烈士陵园祭扫革命先辈。这样的习作非常独特且富有意义。无论是日常生活,还是偶然接触的经历,或者是学生特地花心思去做的每一件事情,只要是有趣的、印象深刻的,都可以写进自己的作品,再配上图片,形成项目化学习的成果。看着自己的成果能够感染别人,学生对习作不再犯难、不再畏惧,变得更有信心。

五、开辟有品位的读后"增长点"

广泛地阅读可以积累习作素材,增强表达能力。但是一味地模仿并不能进一步提升自己的习作水平,而过于简单的习作也不够吸引读者。在"小福娃漫游童话世界"的项目化学习中,小组需要选最佳的童话改编成剧本来表演。老师巧借小组讨论的方法,引导学生通过对比阅读,发现模仿和原创的不同,提升学生的审美。比如,有一组学生在《一对兄弟》这篇习作中,出现了与《龟兔赛跑》相似的情节,因而落选。但有的同学在童话中设计了时空穿梭机环节,改写自己因懒惰而酿成大错的结局,获得同学们的好评。还有同学写的《水果王国》,只提到了水果王国热闹的场景,情节单一又缺乏中心思想。老师提议同学们来帮他改得更精彩。同学们集思广益,有的说"千鸟国入侵,水果们齐心协力抵御了鸟儿们的入侵",有的提议"水果们举办一场音乐会,挤出果汁,救济干旱缺水的灾区人民"。经过同学们的头脑风暴,他们自己发现,制造波折表现人物伟大的精神更能吸引和感染读者。同学们也因此明白了习作是需要创新思维的。有了读后的提升,学生们更加树立了习作信心,因而更加热爱习作。

六、建立激励性的习作评价机制

教师可以根据每个单元写作要素的不同设计星级评价表。评价内容包括选材、单元习作表达要素、语言、簿面设计等选项,设计一星到五星的评价。评价的主体可采用同伴、教师、家长多主体同时参与。评价指向更加具体,学生修改更具有针对性。多主体参与让学生学习更具有主动性。优秀作品可以在板报、展板、班级群、公众号上展示,利于学生互相学习,激励写作信心。

总之,项目化学习能打破传统的、常规的教学形态,重视学生的个体发展。在小学语文项目化活动中,教师应有意识地渗透习作探究活动。寻找鲜明的读写结合点,锁定薄弱的技能提升点,发现有价值的情感出发点,积累有趣味的生活关键点,开辟有品位的读后增长点,建立激励性的习作评价机制。有效激发学生习作内驱力,促使学生开展多元化、个性化的阅读和习作活动。让学生置身于真实的生活情境中,自觉主动地成为积极的阅读者、设计者,从而发展语言运用、合作沟通、深度思考等综合能力。

（上海市浦东新区福山证大外国语小学　许晓杭）

第二节　数学学科

 核心素养导向下的学科项目设计路径初探
——"跟着福娃游上海"数学学科项目设计构思解析

【摘要】在以核心素养为导向的教育时代,我们进行项目化学习活动的设计时,要在深度理解核心知识的基础上,站在学生的视角,创设真实可行的问题情境。在真实情境的问题解决过程中逐步发展核心素养,并进一步转化为可持续发展的学习实践能力。在探索三年级数学项目化学习"跟着福娃游上海"的设计路径中,采用"四问"法,通过对四个问题的解析,逐步梳理出此次学科项目化设计的构思路径。

【关键词】核心知识;核心大概念;驱动性问题;实践;高阶认知

新一轮课程改革带来了知识观的变革,也带来了教育思想的更新。近年来,项目化学习成为素养时代下基础教育领域内的重要教学方式和课程发展方向。学生通过对学科知识的综合应用和情景化的实践学习,树立起正确的价值观,培养必备学习品格,发展学科关键能力。

本项目化学习活动的主题为"跟着福娃游上海":一家三口来上海游玩,从上海虹桥火车站出发,费用需要在1000元之内,为他们设计一天的游玩行程。学生以4～6人为小组,合作完成一次绿色出行、游玩上海的策划过程。我们站在学生的视角,从情感要素发展和学科知识能力两个维度,确定了"跟着福娃游上海"这个三年级数学项目化学习主题。从情感要素的维度上来看,选择上海作为背景地,因为上海是这些孩子成长的地方,学生的角色自我认知为上海这个城市的小主人翁,以福山证大外国语小学的一名"福娃"的身份,为远道而来的客人设计游玩路线。"有朋自远方来,不亦乐乎",学生带着浓厚的兴趣意识,秉持积极主动的意愿,参与到项目化学习活动中;从学科知识能力的维度上来看,在策划游上海的情境中,需要引导学生经历从数学的角度概括事物的关键要素、有条理地制定活动规划,积累数学实践活动的经验,发展应用意识。同时在计算和调整各类费用时,学生可以锻炼运算能力,增强数感。通过这次项目化学习,还能启发学生用数学的语言表达现实世界,形成初步的模型意识,提升问题的解决能力,符合学生已有的知识经验和认知水平。

整个项目化学习的设计可以看作以发展学生的核心素养为载体,以学生已掌握的学科核心知识为出发点,经过分析核心概念、分解驱动问题、实施实践活动,呈现出项目成果,最后完成评价与反思,到达目的地。用四个问题作为导引:①学生从哪里来?②学生将要到达哪里?③学生如何去往那里?④生将获得怎样的持续发展?构建出这样一条设计结构路径:

学科核心知识—核心素养(提炼核心大概念)—驱动性问题(分解驱动性问题)—基于高阶认知的再生长。

一、学生从哪里来?——从整体结构上剖析学科核心知识

学科项目化学习不是学科的活动化,而是学科核心知识在情境中的再建构与再创造。我们需要思考的是从学生的学情出发,和这个项目化学习相关的学科核心知识有哪些,学生掌握到什么程度。也就是站在学生的角度来看,立足在哪一个起点处。

三年级学生在本学期学习了一位数乘两三位数、一位数除两三位数的基本算理之后,对乘除法计算有了初步的应用能力。当他们掌握了单价、数量、总价之间的关系后,能在简单的实际情境中,利用常见的数量关系解决问题,已在头脑中初步形成加法模型和乘法模型。在数与代数的知识结构体系中,罗列出学生已掌握的与这个项目化学习相关的核心知识点,如表2-5-1所示。

表2-5-1

A. 自然数乘除法	B. 基本数量关系
① 笔算乘法:用一位数乘两三位数 ② 用一位数除两三位数(包括有余数的除法) ③ 乘法口算:百以内两位数乘一位数及相应除法 ④ 乘加计算 ⑤ 乘法估算 ⑥ 乘法运算定律	① 总价=单价×数量 ② 总量=分量+分量

以此为据,制订出相关学科目标:

(1) 在实际应用中,进一步探究一位数乘除两三位数的计算方法,理解算理,丰富数感,正确笔算。(对标核心知识 A①②)

(2) 能较熟练地口算积在百以内的一位数乘除两位数及乘加等运算。(对标核心知识 A③④)

(3) 能自觉运用估算、验算等方法,估测或检验乘法、除法计算结果的合理性。逐步养成自觉选择合理算法和进行估算的意识和习惯,提高计算的正确率,发展计算的灵活性。(对标核心知识 A⑤⑥)

(4) 在生活情境中,进一步了解单价、数量、总价的含义,深入理解三者间的数量关系,能分析、运用数量关系解决实际问题。(对标核心知识 B①②)

二、学生将要到达哪里? ——从分析核心素养到核心大概念提炼

项目化学习倡导注重情境中的问题解决,培养学生的关键能力和素养,这已逐渐成为素养时代下新的课程观和学业质量要求。核心素养导向的教学,从根本上理解就是把知识通过教师的教学引导和学生的学习实践加工成素养的过程。这些原本在书本上的知识,最后成为学生的正确价值观、必备品格和关键能力,通俗来说,就是学生将要到达的"目的地",这正是以素养为导向的项目化学习的意义所在。

我们从"跟着福娃游上海"项目化学习的学科目标出发,分析出这个学段学生所需要发展的学科核心素养主要为应用意识、运算能力、模型意识、创新能力,再制订出与之相匹配的学习素养目标,然后提炼出核心大概念。这既是项目化学习设计的一个难点,也是一个统摄全篇的关键。

提取核心大概念,有很多种途径。可以从课程标准、核心素养、知识目标、专家思维以及教材中提炼;也可以利用教学实践的反思评价来发掘;或者立足于学生的生活经验来升华出核心概念等。"跟着福娃游上海"项目化学习的学科大概念的提炼经历了由繁至简的过程。

最开始的核心大概念是这样叙写的:

通过对乘除法、加减法、混合运算、估算、巧算、数量关系、时间等知识的应用,能在限额 1000 元的上海一日游策划中发现和提出数学问题,自觉运用估算、验算等方法,检验乘除法计算结果的合理性,逐步养成自觉选择合理算法和进行估算的意识和习惯,提高计算的正确率,发展计算的灵活性,形成模型意识和应用意识;通过对时间知识的运用,在制定旅游路线时,合理规划好景点旅游时间,培养珍惜时间的意识和习惯;在独立思考、合作解决问题的过程中发展小组的合作能力、团队意识;在经历探索分析和发展解决问题能力过程中,体会数学与生活之间的联系,感悟转化的数学思想,为之后其他类型的活动策划奠定基础,实现方法迁移。

显然这样的核心大概念局限于当前的项目化学习,大篇幅的文字看似涉及项目化

学习的方方面面，但仅仅是对学科核心素养的归纳汇总。虽然在最后提到迁移的作用，却未能呈现出核心概念的灵活与动态。核心大概念对学习具有促进意义，着眼于为学生今后的学习提供线索，并有足够继续发展思维的空间。抓住核心大概念的关键词尤为重要。在此项目化学习的核心大概念中，关键词是决策。运算、应用、创新，所有的实践活动，都在为决策做出铺垫。因此，核心大概念最后提炼为这样一句话：在所获取的信息中提取有利用价值的部分，对生成的数据进行科学分析，并作出合理的决策。

三、学生如何去往那里？——分解驱动性问题为可行性方案

起点有了，目的地有了，中间的过程当然必不可少。这就好比河的两岸都明确了，该如何过河呢？"跟着福娃游上海"项目化学习本质上就是在解决这样的一个问题：如何通过信息的收集、分析，形成具有可操作性的决策？驱动性问题：如何在1000元费用之内，为一家三口设计一个既能展现上海特色，又绿色出行的游玩方案？这个问题包含了几个要素：体现上海特色——讨论一个明确的与上海有关的主题；一家三口——在应用单价、数量和总价的数学模型时，要考虑确定的人数；总费用不超过1000元——计算费用的过程中进行估算和精算，必要时调整金额分配；绿色出行——选择步行、公交或者地铁的方式，既环保又控制了旅游成本。

这几个要素的构成，决定了驱动性问题可以分解为这样几个子问题，继而转化为可行性方案：

（1）关于主题的问题。上海有哪些特色可以介绍给游客？学生收集有关上海的特色项目，在小组内讨论并确定游玩方案的主题。

（2）关于路线的问题。怎样的路线可以称为绿色出行？学生可以围绕设定的主题，利用网络等方式查找相关交通路线，确定出行路线、时间与主要景点。

（3）关于费用的问题。如何在1000元费用之内完成一天的游玩？学生通过组内讨论，在小组内计算每个板块的费用，并根据实际费用情况调整出游策略。

（4）关于展示的问题。如何使本小组的游玩设计方案吸引到游客？学生在组内讨论适合本小组成果的展现方式。

四、学生将获得怎样的持续发展？——立足高阶认知的再生长

夏雪梅博士在《PBL项目化学习》一书中曾经提出，项目化学习指向高阶的思维能力。在一开始，本项目化学习用设计出游方案这样具有挑战性的任务，创造高阶思维的情境和学习的内动力。在"跟着福娃游上海"的项目化学习中，学生启动自我认知系统，他们清楚知道自己已有的知识经验，如乘除法、估算、数量关系、时间计算等会为这个项目化学习起到的作用，具体的知识技能被问题化、组织化了。学生在驱动性问题的导引下完成学习实践任务，最终呈现出真实的成果，即到达了"目的地"。然而，这个"目的地"是指完成这个项目化学习的结果，并不能认为就是学生思维发展的最终成果。在项目化学习实施的过程中，对学生提出了问题解决、决策、创见、系统推理和分析等高阶认知

的任务。达成这些高阶认知所对应的实践方式决定了学生在项目化学习之后能持续发展的能力和继续生长的可能性。

我们希望学生在问题解决中提高合作沟通能力，就让学生对出游方案中主题、地点、费用以及最终成果采用何种方式展开讨论。经历在讨论中的观点碰撞和冲突、与团队成员间的不断沟通协调、对自己情绪的控制，最后产生决策的过程；我们希望学生学习自主探索，具有辨别信息的能力，就让学生提出自己的想法，比如怎样的出游路线是最科学的，哪些景点可以展现上海的特色，再利用各种渠道去推理、分析和筛选有用的信息；我们希望学生具有强大的运算能力，合理使用运算策略，就放手让学生将搜寻到的活动与相关费用、时间信息等进行计算、调整，让他们大胆地对信息进行整理与重构；我们希望学生富有创造力和想象力，那么最后的成果呈现方式就要给予学生足够的空间，让他们能进行创造性的想象和多元化的表达……这些沟通能力、决策能力、运算能力、创造想象能力，都意味着项目化学习提高的不仅仅是技能，也包含对知识的深度理解。学生在这个项目化学习之后，再遇到其他真实问题，或者多种问题情境，也将经历持续性的运用实践。项目化学习旨在锻炼和培育学生在复杂情境中的灵活心智，学生在解决问题的过程中所经历的实践、获得的经验都将最终内化为学生的素养，并进一步转化为可持续发展的实践能力。

在"跟着福娃游上海"项目化学习的设计中，有对核心知识的解构、对驱动性问题的确定、对核心大概念的追求、对指向探究性的实践活动的设计，乃至培养学生可持续发展的素养能力，本质上就是在探索知识的灵活性、结构化和置于情境脉络中的应用性。以核心素养为导向的项目化学习设计，指向更深层次的知识、能力与态度的整合，为"立德树人"的根本任务培养创新型复合型人才，推动教育改革。

（上海市浦东新区福山证大外国语小学　邬小燕）

参考文献

［1］中华人民共和国教育部. 义务教育数学课程标准（2022 年版）［S］.北京：北京师范大学出版社，2022.

［2］夏雪梅.PBL 项目化学习设计［M］.北京：教育科学出版社，2018.

 6 学生视角下的小学数学项目化学习的设计与实施
——以"平面图形的认识及计算"为例

【摘要】基于学生视角的项目化学习，要立足学科课程标准，聚焦核心知识的再建构，通过实施"立足单元，把握核心目标""问题驱动，梳理学习脉络""站位儿童，凸显项目特征""依托团队，开展多维评价"等策略，充分关注学生的认知发展与情感需求，积极创建真实的驱动性问题，引导学生在解决真实问题的过程中，形成专家思维，提升数学素养和综合能力。

【关键词】项目化学习；学科素养；问题驱动；儿童立场；多维评价

《义务教育数学课程标准（2022 年版）》（以下简称"数学新课标"）指出，项目学习教学以用数学方法解决现实问题为主，其目标是引导学生发现解决现实问题的关键要素，制订合理的解决方案，经历发现问题、提出问题、分析问题和解决问题的过程，重在培养学生的应用意识和创新意识。基于学生视角的小学数学项目化学习，既能激发学生的学习兴趣和内在动力，又能站在儿童立场，聚焦学生的实际应用需求，引导学生在解决问题的过程中提升思维能力和解决问题的能力，找到数学的实际意义和应用价值。笔者以五年级上册数学学科项目"智慧教室桌椅摆放新方案设计"为例，探索小学数学项目化学习的设计思路。

一、立足单元，把握核心目标

在教学实践中，"紧扣单元内容，明确核心目标"极为关键。这不只要求教师对教材中每个单元的内容有透彻的理解和把握，更要求清晰界定各单元的教学目标，以确保学生能够一步步实现这些目标，并在此过程中全方位提升他们的数学能力。

（一）立足单元，指向素养

沪教版教材将学生学习平面图形的面积计算分为三个阶段，从图中可以看出，三个阶段之间的关系是逐步深入、逐步扩展的。第一阶段是三年级，学生学习长方形和正方形的面积计算，这是最基本的平面图形面积计算，为后续的学习奠定基础；第二阶段是五年级，学生学习平行四边形、三角形、梯形和组合图形的面积计算；第三阶段是六年级，学生学习圆的面积计算。除第一阶段外，其他平面图形的面积计算是通过转化为已学的平面图形推导出面积计算公式的。其中的转化思想尤为重要，它能够帮助学生理解和掌握知识的核心概念，而不仅仅是表面的记忆和应用。充分感悟转化思想，学生就能够更好地应对各种挑战和问题，提高解决问题的能力和效率。

（二）关注学情，锚定目标

通过课前调查发现，学生对平面图形的特征及面积计算有一定的了解，尤其是平行四边形和三角形的面积计算。然而，学生在运用面积计算公式时存在一些错误，比如未能找到对应的底和高。另外，解决问题缺乏灵活性，难以将较复杂的图形转化为简单的图形进行计算等。究其原因，不难发现，学生对于转化思想还不够熟悉。因此，根据学情，笔者确定了本次项目化学习目标：

（1）通过多种操作活动，了解平行四边形、梯形的特征，认识平行四边形、三角形和梯形的高，理解平行四边形与长方形、正方形之间的关系，体会三角形与平行四边形的不同特性。

（2）通过割补、拼摆等方法，探索并掌握平行四边形、三角形和梯形的面积计算公式，能用相应公式解决简单的实际问题，形成空间观念和推理意识。

（3）通过添画辅助线，能把组合图形合理分割、添补成规则图形，求出组合图形的面积，进一步提升空间观念。

（4）通过观察思考、练习体验、辩论表达等活动，探索等底等高的平行四边形、三角形面积的相等关系，并能熟练运用面积公式解决实际问题，逐步养成独立思考、据理判断、批判思辨的习惯。

不难发现，本次项目化学习的目标不单是使学生掌握各种平面图形的面积求法，更在于通过丰富多样的操作活动及实际操作体验，引导学生深入领会转化思想，增强其解决现实问题的能力，并最终培育出独立思考和判断的习惯。

二、问题驱动，梳理学习脉络

"问题驱动，梳理学习脉络"已成为激发学生主动学习和深入思考的重要教学策略。通过设定贴近学生实际的问题，不仅能够引发学生的好奇心和探究欲，还能帮助他们在解决实际问题的过程中构建知识体系，逐步培养其独立解决问题的能力。有效的驱动性问题如同学习的引擎，为学生提供动力，引导他们沿着知识的轨迹不断前进，将零散的知识点连接成有机的整体，形成清晰的学习脉络。

（一）聚焦生活，师生合作共同拟定项目

在确定学习主题的基础上，项目化学习必须以问题来进行驱动。这意味着在学习过程中，我们需要设计不同类型的驱动性问题来激发学习者的兴趣和思考能力。这些问题应该能够引导学习者运用不同的认知策略来解决，从而促进他们的学习和成长。

值得注意的是，在设计驱动性问题时，我们应该避免设计简单、机械的知识性问题。这些问题往往只需要记忆和重复，无法真正激发学习者的思考和探究欲望。相反，我们应该设计那些能够引发学习者思考和探究的问题，让他们主动去寻找答案并解决问题。于是，我们聚焦生活，设计了主题为"智慧教室桌椅摆放新方案设计"的项目化学习。

为了设计出最符合学生需求的智慧教室，我们决定发起一项设计挑战。我们邀请各位设计师和团队参与，为我们提供最佳的课桌组合方案。在设计时，应充分考虑空间布局，合理安排桌椅位置，方便学生进行小组讨论。同时，为了促进学生交流与合作，课桌应具有一定的可移动性，可以随意组合。商家提供了多种方案（图2-6-1），请计算每种方案的面积，并最终确定购买数量。期待最优秀的设计师和团队的加入，共同打造最适合学生的智慧教室！

（二）分解任务，教师精准设计驱动性问题

这个学科项目源于学生的学校生活。最初的设计是制作一份以"平面图形面积公

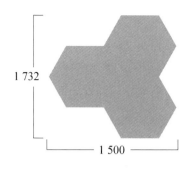
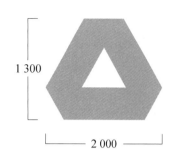

（单位：mm）

图 2-6-1 智慧教室桌椅摆放方案设计

式的推导"为主题的数学小报。因为在这个单元中蕴含着一条暗线，对学生的未来发展是非常重要的，那就是"化归"的数学思想，把未知的图形转化为已知的图形，从而使问题得以解决。这个设计是针对大多数学生知其然而不知其所以然的学情设计的。第二份设计在描述方面更贴合学生，举办一个主题为"平面图形面积公式的推导"的小型数学金点子发布会。现在大家看到的是第三份设计，源于学校新建了一个智慧教室。

在这个项目实施过程中，笔者设计了三个问题，驱动学生的学习探索。

问题一：你知道平行四边形和三角形的面积计算公式是如何推导出的？

问题二：在用多种方法推导出梯形的面积计算公式的过程中，你能找到这些方法的相同点吗？

问题三：在推导平行四边形、三角形和梯形的面积计算公式的过程中，你发现了什么？

在以上三个问题的驱动和引领下，学生们通过各种方式展示了他们对平面图形面积计算公式的理解。一些小组利用思维导图清晰地呈现了平面图形面积计算公式的推导过程。思维导图既直观又易于理解，能够帮助学生快速掌握各种平面图形的面积计算公式。另一些小组则选择用录制微视频的方式来进行介绍。他们通过生动有趣的动画和讲解，向学习伙伴们展示了平面图形面积计算公式的推导过程。这种方式不仅能够吸引学生的注意力，还能够帮助他们更好地理解和记住这些公式。还有一些小组则通过实验、游戏等方式，让学习伙伴们在创新实践中学习和掌握平面图形的面积计算公式。例如，他们设计了一个"拼图游戏"，让学生通过拼接不同形状的图形来计算其面积。这种方式既能够激发学生的学习兴趣，又能够提高他们的实践能力。

三、站位儿童，凸显项目特征

"今年暑假学校要进行智慧教室建设。商家给出了方案，请你计算每种桌椅组合摆放方案的面积，最终确定桌椅的购买数量。"像这样，创设一个真实的、富有挑战性的问题情境是学生对项目感兴趣的源动力。这个挑战性任务笔者认为有这样几个特点：

（1）富有生活性与时代性。为智慧教室设计最佳课桌组合方案，这个任务就出现在我们的身边。

（2）富有挑战性与延展性。这个任务要运用本单元大部分知识得以解决,有挑战。同时结合实际,厂商会提供课桌的一些尺寸,比如梯形的上下底和两腰的长度。当你需要的数据厂家没有给到,你会怎么办？我想,这就是我们学生未来发展的需求。

（3）富有开放性和趣味性。这个任务最终呈现的结果是不唯一的,只要正确、合理皆可。

（4）富有类比性和大观念。无论是古人计算三角形、直角梯形、一般梯形这些形状的土地面积,还是我们计算智慧教室中课桌的面积,两者都有一个相同的地方,那就是采用某种策略将问题转化,转化成我们已知的图形来进行面积计算,进而使问题得到解决。

四、依托团队,开展多维评价

在项目化学习中,依托团队开展的多维评价是激发学生潜力、培养综合素质的关键。通过团队合作,学生可以在交流和协作中发展社交能力、增强团队意识和责任感。而多角度、多层次的评价机制能更全面地反映学生的学习成效和成长轨迹,为教育教学提供反馈和调整的依据。

（一）搭建评价量表,让项目的成果熠熠生辉

无论是在制作平面图形面积计算公式推导的思维导图,还是在设计智慧教室课桌椅的摆放新方案的过程中,评价都应当贯穿其中。

在制作平面图形面积计算公式推导的思维导图这个过程中,评价起着至关重要的作用。通过评价,我们可以确保思维导图的准确性和完整性。在推导公式时,我们需要对每个步骤进行评估,以确保它们的正确性和逻辑性。此外,我们还需要对整个推导过程进行综合评价,以确保最终得出的公式能够准确地计算平面图形的面积。

在设计智慧教室课桌椅的摆放新方案这个项目中,评价同样是必不可少的。我们需要对设计方案进行评估,以确保它们能够满足教师和学生的需求。这包括评估课桌椅的布局是否合理,是否能够提供足够的空间和舒适度,以及是否能够促进教学效果的提升。此外,我们还需要考虑方案的可行性和可持续性,以确保它们能够在实际应用中发挥作用。

（二）评价学生表现,让学生的发展清晰可见

在这次项目化学习中,学生们的表现非常出色。他们不仅积极参与,而且展现出了很高的学习热情和探索精神。对于那些选择用分割法推导梯形面积计算公式的学生,他们的思考过程清晰、逻辑严谨,最终得出了正确的结果。这显示出他们对基础几何图形的深入理解和熟练掌握。对于那些选择用代数方法推导梯形面积计算公式的学生,他们的数学思维能力非常强。他们能够运用代数知识解决实际问题,这是非常难得的。对于那些选择用实验方法推导梯形面积计算公式的学生,他们的实践能力和观察力都非常强。他们能够通过实际操作,直观地感受到梯形面积的计算过程,这对于他们理解

和掌握梯形面积计算公式非常有帮助。

学生在完成智慧教室桌椅摆放新方案设计后，也需要进行评估和优化。教师可以组织学生进行展示和交流，让学生相互评价和学习。同时，教师也要关注学生的思维方式和解决问题的策略，给予指导和建议。

综上所述，无论是在制作平面图形面积计算公式推导的思维导图，还是在设计智慧教室课桌椅的摆放新方案的过程中，评价都是一个不可或缺的环节。我们应该始终将评价作为一个重要的工具和方法，以推动我们的项目化学习不断向前发展。

通过对本次项目化学习的设计与实施，笔者愈发感受到项目化学习所蕴含的巨大潜力。项目化学习是一种以学生为中心的教学方法，它以解决实际问题为目标，通过合作学习和反思评价来提高学生的学习兴趣和动力。项目化学习能够有效地促进学生对学科核心知识的再建构，以及对学生的学科思维能力进行新的迁移；能够培养学生的实践能力和创新能力，提高学生的综合素质；同时也能培养他们的团队协作能力和社会交往能力。学生们可以在驱动性问题的引导下，深入体会数学知识之间的内在联系，以及数学与其他学科之间的交叉融合。同时，项目化学习还能帮助学生发现数学与生活之间的紧密联系，使他们更加深刻地理解数学的实际应用价值。此外，项目化学习还为学生提供了更多的学习时间和空间，使学生能够在自主探索中不断成长。

（上海市浦东新区福山证大外国语小学 康逸芸）

参考文献

［1］中华人民共和国教育部. 义务教育数学课程标准（2022 年版）［S］. 北京：北京师范大学出版社，2022.

［2］夏雪梅. 项目化学习设计：学习素养视角下的国际与本土实践［M］. 北京：教育科学出版社，2018.

［3］夏雪梅. 项目化学习的实施：学习素养视角下的中国建构［M］. 北京：教育科学出版社，2020.

基于学生视角的小学高年段项目化实施研究

【摘要】在过去的传统数学课堂上，教师的教学模式有时过于细化，练习过于机械化，这样的学习往往割裂了与现实世界的联系，无法培养学生的应用能力和创新能力。本文基于学生视角，从立足真实情境、利用信息技术、开展探究活动、以实践为核心、做好成果评价五个方面，对小学高年段项目化学习的实施进行探究，意在能够更好地促进项目化学习的有效进行，从而提高学生的数学素养。

【关键词】学生视角；项目化学习；实施探究

在全球关注终身学习和核心素养发展的大背景下，新课改不断深入，形式多样的教学模式不断出现。其中，项目化学习受到了各界教育学者的广泛关注，成为推动课堂高效性的一条重要路径。然而，在这场课程变革的过程中，作为学习的主体，也是整个实施链条中最弱势的层级，学生的想法和观点往往容易被忽视。尽管许多课程变革时所制定的目标均是为了促进学生的发展，但很多时候，学生并没有得到设计者和实施者的真正重视，教师没有真正去了解和倾听学生对现阶段学习的感受和建议。而许多课程的实施研究表明，学生对新课程的理解、体验和想法，对课程的进一步实施会产生极大的影响。因此，观察学生在项目化学习中的各种表现，倾听学生的想法，理解学生的观点，其实是后续调整、完善课程的一种重要的信息来源和依据。

一、立足真实情境，贴近学生生活

项目化学习是通过设计贴合学生实际生活的驱动性问题，促使学生主动完成对相关知识的理解和应用。相比传统的教学模式，项目化学习的过程更突出学生的中心地位，也更加重视学生实践能力的培养。

小学高学段的学生，他们的知识储备与生活经验相比前两年已经有了跳跃式的变化。要设计出贴近学生真实生活的情境和问题，让学生明确解决此类问题的相关知识，并通过各种方式加以理解和应用，是影响项目化教学活动效果的重要因素。教师总在教学目标中写"通过活动让学生体会到生活中处处有数学"，"感受生活中的数学之美"等，若直接将生活作为学习的内容，用学生真实遇到的场景作为教与学的纽带，这样的实际活动才真正能培养学生知识应用、解决实际问题的能力，这也正是项目化学习的目的与成就。同时，这种通过多种方式创设的生活情境，越真实越能更好地培养学生的核心素养。

当五年级学生进入了毕业季，学校策划了一系列生动而有意义的学生活动。结合数学五年级下册"几何小实践"的教学内容，以及毕业生对于好友依依惜别、互赠礼物的真实需求，我们开展了"装载回忆的礼物盒"项目活动，让学生亲手为同伴设计并制作礼物盒。在活动过程中，学生积极主动地学习关于正方体、长方体的数学知识，利用长方体的展开图，结合网上搜集的制作礼物盒的学习视频，同时发挥自己丰富的想象力，再考虑自己想赠送的那位好友的喜好、特点，亲自设计并制作、美化这个礼物盒，最后将礼物放进这个充满情谊的礼物盒并赠送给好友，既彰显了毕业的仪式感，又给学生留下了满满的回忆。不仅收到礼物的同学会特别感动，赠送者也会因为自己将心意都制作了出来而感到快乐。这样的项目活动贴近学生的真实生活，比起过去在老师的课件上看到几个长方体的展开图，制作礼物盒的过程中，学生先画出自己需要的长方体展开图，确定长、宽、高之间的关系，礼物盒的每一个面都需要哪些数据，这样立足真实情境的项目活动在实施的过程中，让学生对长方体的组成有了更直观的体验和认识，也是对长方体的表面积这一知识点的不断强化和消化，不是为了学而学，而是为了用而学，对学生来说才更有意义。

二、利用信息技术，激发学生兴趣

项目化学习作为一种能更有效地培养学生综合能力、核心素养的教学模式，其宗旨就是更能突出学生在学习过程中的中心位置。如何更加有效地激发学生的学习兴趣，是教师在创设情境时必须考虑的问题，也是影响学习效率的重要因素。现如今，随着教育信息化的飞速发展，科学地运用信息技术手段能够有效地推动项目化学习的发展。将静态的教学转变成动态的教学模式，优化教学方法，可以快速调动学生参与项目化学习的积极性，提升学生的探究效率，帮助学生更好地掌握数学知识与探究技能。

结合五年级第一学期数学广场中《编码》这一课的教学内容，数学老师们设计了"编码知多少"的项目活动。数字编码在日常生活中作为表达信息的一种简化形式，有着不可或缺的地位。尤其在当下大数据时代，数字编码涉及生活中的方方面面，认识并学会解读编码，有助于提高我们日常处理信息的能力。当然，老师可以直接告诉学生每一种号码的含义，以及编码的规律。五年级学生完全具备了自己在生活中收集信息的能力，走出课堂，学生可以利用互联网查询我们身边最常见的一些号码的编码规律，比如邮政编码、电话号码、汽车牌照、身份证号码等，通过自己了解到的相关知识更容易记忆。

考虑到五年级的学生对身份证号码的组成并不陌生，在开展项目化活动时，我们又加入了了解图书馆索书号的内容。五年级学生都有在学校或图书馆借书的经历，但一般情况下，学生并不会在意那张贴在书脊上的纸，更不会去了解上面的字母、数字是如何组成的。当他们知道图书馆里的每本书都有它的编码，即索书号，学生首先会利用网络去了解什么叫索书号，索书号的历史，索书号的组成，图书馆如何将成千上万本书井然有序地进行排列，并能快速找到。这样利用信息技术学习新知识的过程激发了学生的兴趣，当他们再次进入图书馆的时候，会从一个不同的角度去看待书架上的每本书，甚至可以利用图书馆的电脑搜寻自己需要的书籍。利用信息科技开展项目活动，既能激发学生学习的兴趣，同时也是培养学生查询信息、筛选信息、整合信息的能力。

三、开展探究活动，促进学生思维

制定计划是项目化学习的必要步骤，也是突出学生中心地位的必要环节。在这个过程中，教师应引导学生去主动了解这个项目化学习的活动过程，也是帮助学生能顺利而有效地进行项目化实践。探究式教学活动是如今比较重要的教学方法，通过对驱动性问题的探究，教师能引导学生为接下来的实践活动做好相关知识的学习和积累。同时，这个过程也能有效促进学生自主思考、内化知识，锻炼了学生的思维能力，从而能更加顺利地推进项目化学习活动。因此，在小学数学项目化教学活动中，教师对活动计划的制定离不开学生对驱动问题的探究，立足于学生视角，推进项目化教学的实施。

三、四年级学生已经认识了时间，高年级学生也更加懂得如何计算时间、管理时间。如果我们生活在没有钟表、手机、网络的古代，时间的流逝并不会改变，那古代的人们是如何获取时间的信息呢？带着这样的疑问，学生了解了一些古代计时器，并鼓励学生进行模仿、改良古代计时器，寻找自己身边的材料学着做一个日晷、滴漏等。在这个过程中，学生自然而然就会有疑问，日晷应该如何去看？学习之后，学生会拿着自己的日晷，走到阳光底下，调整方向，试着通过日晷看出时刻。这样的探究过程让学生自主提问，再寻找答案，通过实践去验证，有效促进学生学习的思维发展。当发现自己制作的日晷上所显示的时间与实际时间相符，心中会由衷地感到高兴和自豪。项目化学习的实施本就是通过解决问题，指导学生在一段时间内对某一个知识进行深入持续的探究，从而培养学生的综合能力。所以让探究在学生身上真正发生，是项目化实施的真正关键。

四、以实践为核心，锻炼学生能力

虽然我们始终秉持着项目化学习是一种以学生为本的学习模式，但以学生为本并不是教师完全不参加，在学生实践的过程中，依然需要老师及时指导，帮助整理知识脉络，一起把握探究问题的方向。真正的关注即是陪伴，在知识的学习和积累时及时给予有效的学习方法，陪伴学生运用知识去解读、探究，实践的过程，才是项目化学习的核心关键。教师只有充分融入学生的活动中，才能看清学生的问题所在，到底是知识结构缺失，还是探究方向偏差。所以，在项目化教学的过程中，教师需要以实践为核心，同步指导方向，才能锻炼学生综合能力，从而完成实践任务。

四年级第一学期"数与量"的单元中有《从克到吨》和《升与毫升》这两个教学内容，学生在平时的生活中也喝过各种饮品，因此教师们设计了"我是小小调饮师"这一数学项目活动。联系生活实际，选择自己喜欢的饮品，找到制作这份饮品的配料表，运用自己所学的知识以及身边的工具，调配一杯属于自己的饮料。这个项目活动本在第一学期就已经结束，但在第二学期的六一儿童节义卖活动中，四年级学生再一次启动了这个项目，这一次学生能够更加熟练地找到各类饮品的配料表，利用量杯、厨房秤等工具进行调配，最后将自己完成的饮料作为班级的物品进行义卖。相比单纯的语言，这样的实践过程才让学生运用了所学的知识，真正完整地体验了一把调饮师的工作，从而增强了项目化学习的效果。

五、做好成果评价，指导学生反思

成果展示是项目化学习的重要步骤之一，无论怎样的形式，都需要教师为学生搭建一个完成任务后的展示平台。在这个过程中，教师的评价标准以及方法，将直接影响学生成果展示的效果。评价也是项目化学习目标是否成功实现的标准。项目化教学相比较传统教学，更加注重学生实践能力的培养。在这样的大背景下，教师需要积极转变评价的方法和标准，同时也要引导学生通过评价标准，反向思考自己探究问题的有效性。评价标准的转变，也能引导学生从原来单纯对知识的记忆，到现在更加注重对知识的运用。教师及时做好成果评价，能让学生在有效的时间内以正确的方法，对自己的整个项目化学习过程进行反思，从而更好地培养学生的实践能力，项目化学习的实施才有一个完整的结果。

　　无论是"古代计时器"，还是"装载回忆的礼物盒"，或是"我是小小调饮师"，每一次开展的项目化学习的最后，都会有一个给学生展示自己成果的机会。除了老师根据标准给出评价以外，更重要的是同学之间的评价，从成果本身到完成项目的过程中同学之间的合作体验，都是他们互相评价的内容。老师和同学的评价能更直接地反映出自己还存在的问题，而通过评价他人，更能引导学生反思自己是否也存在同样的问题，从而在今后的学习过程中得以改进。

　　综上所述，项目化教学是为了更进一步突出学生中心地位的重要方法。在整个教学环节的实施过程中，从教师对驱动性问题的设计，到帮助学生进行问题的探究、相关知识的学习和积累，再到通过实践活动内化所学知识，培养学生的综合能力以及核心素养的发展，最后到通过评价完善学生在整个项目化学习过程中的有效性，所走的每一步都需要教师完全立足于学生视角，听取学生的想法和观点，了解学生的学习感受和过程。只有这样，才能更准确地选择出合适的项目化学习主题，通过各种方法，做好项目化学习实施的各个环节。在小学数学的教学中，构建更好的项目化学习活动，才能满足"数学新课标"的教学理念对课堂教学的要求。

（上海市浦东新区福山证大外国语小学　徐翠）

参考文献

［1］夏雪梅.项目化学习设计：学习素养视角下的国际与本土实践［M］.北京：教育科学出版社，2018.

［2］蒋励青.小学数学项目化学习的课堂实践与应用策略研究［J］.名师在线，2022(18)，32-34.

［3］佟志红.小学数学实施项目化学习教学实践的基本因素［J］.吉林教育，2022(15)，19-20.

8　基于学生视角优化小学数学项目化学习的设计和实施

　　【摘要】项目化学习以素养发展为导向，是教与学方式的变革。笔者从数学本体性知识出发，在原有基础上进行二次迭代更新，开展了小学数学学科项目化学习。基于学生视角，确定学科项目化学习的内容及目标，设计适合学生认知的驱动性问题，以自我探索和小组合作探究为策略导向，注重用情用心的多元评价。通过不断优化项目化学习的设计和实施，激发学生与真实世界链接的需求，挖掘学生自身的潜力，助力学生体验自主学习的成就感，也实现了小学数学新课程标准在这方面的相关要求。

　　【关键词】学科项目化学习；学生视角

近年来，伴随着互联网的发展以及我国课程改革深化，项目化学习正在由理论层面向实践层面过渡。夏雪梅博士在《项目化学习设计：学习素养视角下的国际与本土实践》中提出了学科项目化学习的概念：学科项目化学习是基于学科中的关键概念和能力的项目化学习，它将项目化学习的设计要素融入学科教学，将低阶认知包裹入高阶认知，在不降低学科学业成绩和保证基础类知识与技能不损失的情况下，通过项目化学习的设计，同时培育学生的问题解决、原认知、批判性思维、沟通与合作等重要的能力。《义务教育项目化学习三年行动计划》提出以项目化学习的实践和研究为着力点，以活动项目、学科项目、跨学科项目为载体，促进义务教育学校教与学的变革。新数学课程标准中也提出小学数学"综合与实践"部分主要包括主题活动和项目学习等。数学项目化学习是教与学方式的变革，与核心素养密切相关。

一、精心确定学科项目化学习的内容及目标

《义务教育数学课程标准（2022年版）》在情感态度与价值观这一具体目标中提到："学生在数学学习过程中，体验获得成功的乐趣，锻炼克服困难的意志，建立自信心。养成认真勤奋、独立思考、合作交流、反思质疑等学习习惯。形成坚持真理、修正错误、严谨求实的科学态度。"所以在小学数学项目化学习中，目标和内容的设置是数学课程标准中情感态度与价值观的要求，学科知识和目标的设定也是尤为重要的。

通过对二年级下册小学数学教材进行系统梳理，明确与新课程标准相关的核心知识点，再关联学生需要掌握的数学核心素养。在此基础上，聚焦在当前传统课堂中停留在概念层面的浅层学习，而事实上却与学生真实生活密切相关、实际运用性很强的数学概念，如时间和质量的初步认识等，作为项目化学习的适合主题，入选二年级数学学科项目化学习资源库。基于教材知识的梳理，我们在二年级第二学期开展了数学项目化学习"我的时间我做主"。

"居家生活我做主"数学项目化学习是基于"我的时间我做主"，再次开展的数学项目化学习。以"制定一份适用于居家学习生活期间的合理、科学的一周时间安排表"为切入点，用驱动问题引领学生审视自己的兴趣点和不足之处，了解时间安排的合理性和科学性，制定适合自己的居家生活学习时间安排表。

我们可以根据小学数学教材编排的特点，从单元教材教法分析入手，确定单元目标，并以此寻找项目化学习的核心知识，形成本质知识。考虑学生的学习兴趣、确定一个意在解决实际问题的主题，集中实现某一方面的项目化学习目标，才能使学科素养落到实处。

二、合理设计适合学生认知的驱动性问题

现实情境将某核心知识放还到它发挥作用的现实问题情境中，发现人们是如何在情境脉络中运用或者综合它与其他知识来解决一个真实问题的。小学数学学习要建立学科知识与真实的生活世界多种情境间的联系。数学学习中的问题产生于真实情境，是学生学习与生活的真正需求。积极的教学情境不仅能激发儿童的学习欲望,而且还有利于学生主动地观察和积极地思考,体现小学数学学科德育。

数学项目化学习对学生来说是极具生活价值的,从课本限制的情境走向丰富多彩、奇思妙想的真实情境中去育人或育己。在"时间的初步认识"这单元教学内容中,时间对于孩子来说并不陌生,但时间的认识抽象性很强、知识零散。低年级学生只能理解和掌握那些和实际生活最为接近的时间单位,如时、分、秒。随着年龄的增长,学生逐步了解更大的时间单位,如:年、月、日。而对时刻和时间段的认识是小学数学学科重要的学习内容和目标,旨在提升学生对时间的感知和辨别计算的能力,进一步培养时间概念,提升对时间的规划能力。

利用解决问题的 KWL 量表[①]来评估学生的先前知识,帮助老师根据对学生学情和实际情况来设计,也重点关注了学生将如何获取知识。因此在设计驱动性问题时,基于学生视角,梳理了关于时分秒的 KWL 量表,将学生提出的真实问题和老师提炼优化问题相结合。因此基于以上综合因素,笔者设计了"我的时间我做主"数学项目化学习的驱动性问题:你能做时间的小主人,为自己制定一份快乐且有意义的周末作息时间表吗?"居家生活我做主"数学项目化学习的驱动性问题则为:制定一份适用于居家学习生活期间的合理、科学的一周时间安排表。

用驱动性问题引领学生审视自己的兴趣点和不足之处,学生更深刻地体会到数学与真实生活的紧密联系。我们聚焦驱动性问题设计了问题链,引导学生经历有意义的学习实践过程,助力学生循序渐进地达成对问题的解决。这样的项目化学习打通了知识与知识、学科与学科、知识与生活的体系,极大提升了学生的综合素养。

三、以自我探索和小组合作探究为策略导行

在小学数学课堂中,我们经常让学生分组学习,当小组合作拥有了共同意向时,小组就构成了一个团队。对于数学学习来说,协作能力的重要性不言而喻,《上海市大中小德育一体化德育目标》中提到"人格养成"的"自强合作"就是学生在实践中不断改进、内化为自身的一种能力和素养。

双减背景下,随着项目化学习研究的推广和深入,教师把不同水平的学生组成一个小组团队。在探究之初,学生研读美国教育家汤姆·马卡姆在《PBL 项目学习:项目设计及辅导指南》一书中列出的"团队的五大本质"这一内容,并讨论如何使自己的团队更好地合作,形成本团队合作的准则,以便日后作为对团队合作评价的依据。

在线上教学时开展的项目化学习"居家生活我做主"中,学生利用线上会议模式,进行分组探究。各个小组由组长组织,统一好主题,安排好各个成员的任务,共同完成小组的探究活动。两个班级的 11 个小队都制作了演示文稿(PPT),利用线上的班会与晨会

---

① KWL 量表是一种学习策略和思维工具,其中 K 代表"知道"(What I know),W 代表"想学什么"(What I want to learn),L 代表"学到了什么"(What I learned)。

课,各组将自己的探究成果进行展示(如图 2-8-1)。

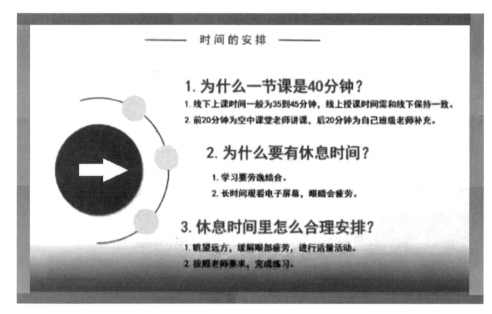

图 2-8-1　小组进行线上探究成果汇报

通过这样的自我探究和小组合作的过程,学生真正在学习中自主探究,合作学习,快乐交流。对小学数学的学习,将不再止步于教材,困顿于课堂。探究阶段充分发挥了学生的学习自主性,提高了学生学习自信心。教材不再是唯一的课程资源,课堂不再是获取新知的唯一渠道,学生家长、课外书、网络等都成了学生学习的资源。

四、注重用情用心的多元评价

在开展"我的时间我做主"的复盘和反思中,笔者也发现诸多需要改进的地方。其中,在评价环节增加学生主体对项目化学习内容和形式等方面的评价,以期在科学有效地评估学科项目化学习质量方面有所突破,也为数学学科项目化学习的二次迭代提供依据。

作为"我的时间我做主"的 2.0 版本,"居家生活我做主"这个项目化学习除了关注对学科项目化学习中的学生主体进行全程评价外,还着眼把学生作为评价主体。学生借助评价量规、问卷调查等形式,对学科项目化学习的实施的全程进行评价;以学生的反馈改进学科项目化学习设计流程和实施品质,在评价环节增加学生参与对项目化学习内容评价的制定。学科项目化学习的作业评价中,可对团队成员、合作过程进行互评和自评;既有教师评价,也有学生互评、学生自评等。

老师提供了评价量规。通过完成这份时间管理评价表,学生对自己居家以来的时间管理方面得到了更全面的剖析和反思。居家学习以来,家长对学生的学习掌握情况最直观,因此邀请家长一同参加评价,帮助学生认识到自己时间管理方面的问题。

学生完成了一周的时间安排的真实记录后,我们便开展了第二次学习评价:同学互评环节。以同伴的视角来评价学生的时间安排情况。班级学生人人参与对同伴的评价，既是对同伴提出改进，也是反思自己在时间安排方面的不足与学习别人优点的一种好的途径。

评价作为学习的重要组成环节，评价表的内容由学生和老师共同参与制定，这也是此次项目化学习的一个挑战和创新之处。基于之前的学习评价，老师邀请学生来制定评价内容，鼓励学生在此次项目化学习过程中，分享原创性的学习与收获。老师结合学生提出的想法和设计，整合内容，最终共同完成小组评价表。小组成员利用在线课堂功能，不但线上组织自评，还与其他小组进行互评，真正做到了多元评价。

利用线上平台将学生的作业进行展示和共享，使学生在生活实践中运用所学数学知识解决问题，提升自信心，使学生对数学学习产生更加浓厚的学习兴趣，有利于学生数学学习情感的提升。

项目化学习中的评价贯穿整个学习过程。评价形式、评价主体、评价内容丰富多样，既关注过程也关注结果，既有教师评价，也有组内同伴间评价和自我评价，必要时也邀请家长参与评价。基于项目推进需要和学生成长需要，教师在不断开展评价和获取评价信息的过程中，要引导学生调整学习方向，以优化学习成果。

随着学科项目化学习研究的深入，项目化学习必将成为现代课堂中一种重要的学习方式。学生学中做、做中学，在运用知识解决问题的同时也在获取新的知识。数学项目化学习助力完成学生对数学认识从表层认知到深层研究的递进，并借助项目成果的多样化、趣味性、创造性，激发学生对数学知识的不断深入地探讨，进而培养相关的数学学科核心素养。学生在学习中主动建构知识，积极发展能力，并有意识地进行方法能力的迁移。学生在循序渐进的数学课堂中感悟数学学科的价值，树立正确的世界观、人生观和价值观，增强学生综合素质，促进学生的全面发展，这才是学习的本质。

（上海市浦东新区福山证大外国语小学　陈婷）

9 立足学生视角的学习支架设计与应用

把驱动性问题分解成子问题是整个项目化学习中最为关键的环节。在这一环节中，项目化学习强调应给予学生更多的自主权，使得学生拥有更多智慧生长的机会与空间，从而更好地提升学生复杂问题解决能力。对于"学习支架"的分类没有统一的标准，我们结合项目学习的特点，将学习支架根据表现形式分为：范例支架、问题支架、建议支架、图表支架、资料支架等。

本文以"居家生活我做主"项目化学习为例，试论学习支架在项目学习中的运用。教师在研习教材的基础上，结合学生的年龄特点，对于教学环节与支架提供进行了设计，具体如表2-9-1所示。

表2-9-1　驱动性问题解决过程中预设的学习支架

问题解决阶段	学习环节	学习支架	支架类型	支架设计意图
探究和理解	想一想	思考:空中课堂的课表为什么这样设计?	问题支架	帮助学生理解课表设计要遵循的科学原理。
	学一学	网络资料:时间四象限法则、人体的黄金时间、左脑与右脑的功能与特点以及番茄学习法等。	资料支架	对于相关知识有更深的了解,帮助学生设计出更合理的时间安排表。
表达和构思	理一理	讨论:科学合理地制定一周时间安排表,需要考虑哪些因素?	问题支架建议支架	帮助学生有逻辑地梳理问题。
		利用思维导图呈现关键要素	图表支架	帮助学生确定主要解决的问题。
	评一评	哪些是好的时间安排表	建议支架范例支架	利用公微发布,钉钉提交点评等形式,帮助学生深入探究,并能根据评价改进已有的作品。

一、提出问题,构建项目学习思维环境

问题支架是项目学习过程中最常见的一类支架,是教师在学生无法独立解决问题时提出的引导性问题。这些问题可以帮助学生进一步构建完整的知识体系,分解任务难度,提升抽象和分解综合问题的能力。

在入项阶段,结合线上学习的实际问题,向学生提出了一个思考任务:空中课堂的课表为什么这么设计? 这是一个很复杂的综合性问题,很多学生感觉无从下手。因此,教师接着提供多个问题支架,引导学生从生理特征、心理特点等多角度去思考,把综合问题分解成一个个小问题,激发学生的探索欲望,构建了一个"从大到小,逐步细化"的思维环境。

二、提供资料,拓宽项目学习维度

资料支架是对于学习内容的一种补充,老师根据任务需要,提供教材之外相关内容的资料,拓宽了项目学习的维度,帮助学生在探索的过程中有了更多的指导。此次项目化学习中为学生提供了多个学习支架,分别为时间四象限法则、人体的黄金时间、左脑与右脑的功能与特点以及番茄学习法等,为学生对空中课堂课表的时间进行探究提供了帮助和指导。

三、适时建议,引导项目学习方向

建议支架是问题的陈述性转化,是教师对学生做出的提示与说明。在学生自主学习任务开始前,适时的建议为学生提供了方向与指引,让学生在自我探索的过程中有规可循。当学生们了解空中课堂时间安排的合理性之后,老师引导学生讨论:科学合理地

制定一周时间安排表，需要考虑哪些因素？

四、巧用图表，厘清项目学习要素

图表支架通常是以表格、图片或流程图等方式将信息进行描述与呈现，有助于学生更清晰地记录与展示思维活动。在经历小组合作交流各自一周的时间安排之后，学生们用思维导图等形式呈现了思考成果。相比于文字，思维导图能够帮助学生厘清思路，使学生的思维有序且完整。图 2-9-1 所示为学生设计的思维导图。

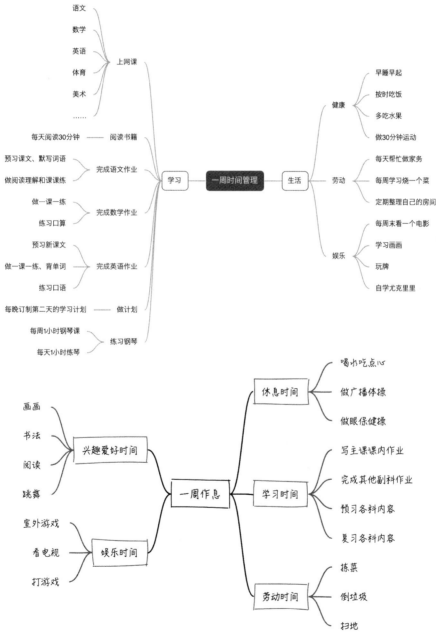

图 2-9-1　学生设计的思维导图

五、提供范例,完善项目学习成果

范例支架与建议支架类似,旨在帮助学生找到正确的前进方向。项目成果初步形成之后,我们选择了一些较为优秀的作品,由学生展开讨论和学习。把此类支架放在评价环节,是考虑到不同基础和能力学生的学习需求。

项目学习的成果是要求"制定一份适用于居家学习期间的、科学合理的一周作息表"。学生们从自己之前记录的真实一周作息表出发,进行合理地安排与设计,完成了属于自己特点、符合自己家庭情况、结合自身兴趣爱好、适合居家生活学习的一周时间安排表。老师选取了部分优秀作品进行展示,为学生提供了学习范例。如表2-9-2为王某某同学设计的时间表。

表2-9-2 三年级第一学期居家学习作息表

三1班 王某某

时间	周一	周二	周三	周四	周五	周六	周日
07:30~07:45	起床、洗漱	起床、洗漱	起床、洗漱	起床、洗漱	起床、洗漱	睡觉	睡觉
07:45~08:00	背古诗、打拳	读英语、跳绳	背古诗、打拳	读英语、跳绳	背古诗、打拳	睡觉	睡觉
08:00~08:40	早餐、远眺	早餐、远眺	早餐、远眺	早餐、远眺	早餐、远眺	起床、洗漱、早餐	起床、洗漱、早餐
08:40~09:00	升旗仪式	晨会、广播操	晨会、广播操	阅读、广播操	练声、广播操	读英语	群文课本
09:00~10:00	语文课、远眺	语文课、远眺	语文课、远眺	语文课、远眺	语文课、远眺	打扫卫生	户外活动
10:00~11:00	数学课、眼操	数学课、眼操	数学课、眼操	数学课、眼操	道法课、眼操	复习语数	户外活动
11:00~12:00	体育课、远眺	道法课、远眺	体育课、远眺	体育课、远眺	体育课、远眺	户外活动	户外活动
12:00~12:30	午餐	午餐	午餐	午餐	午餐	午餐	午餐
12:30~13:00	自由活动	自由活动	自由活动	自由活动	自由活动	看电影	自由活动
13:00~14:00	作业、远眺	作业、远眺	作业、远眺	作业、远眺	作业、远眺	看电影、远眺	手工游戏
14:00~15:00	英语课、远眺	语文课、远眺	英语课、远眺	英语课、远眺	英语课、远眺	户外活动	户外活动
15:00~16:00	美术课、眼操	音乐课、眼操	美术课、眼操	音乐课、眼操	自然课、眼操	阅读	阅读

（续表）

时间	周一	周二	周三	周四	周五	周六	周日
16:00~17:00	自然课、作业	信息课、作业	作业、户外	信息课、作业	作业、远眺	户外活动	户外活动
17:00~18:00	户外活动	体育课、户外	户外活动	户外活动	户外活动	户外活动	户外活动
18:00~18:30	晚餐	户外活动	晚餐	晚餐	晚餐	晚餐	晚餐
18:30~19:00	阅读	晚餐	阅读	阅读	阅读	洗碗	洗碗
19:00~20:00	自由活动	自由活动	自由活动	自由活动	自由活动	自由活动	自由活动
20:00~20:30	洗漱、泡脚	洗漱、泡脚	洗漱、泡脚	洗漱、泡脚	洗漱、泡脚	洗漱、泡脚	洗漱、泡脚
20:30~21:00	睡前故事	睡前故事	睡前故事	睡前故事	睡前故事	睡前故事	睡前故事
21:00	关灯睡觉	关灯睡觉	关灯睡觉	关灯睡觉	关灯睡觉	关灯睡觉	关灯睡觉

总之，在事先对问题如何解决有了充分理解的基础上，尽量预设学生问题解决过程中可能遭遇的困难或障碍，并为之系统设计了相应的学习支架，以帮助学生最终形成更为合理的问题链。最后需要特别说明的是，所有支架的设立都是为了达成一个共同目标，即促进学生思维能力的转变、提升自学能力，从接受学习转变为发现学习、探索学习。支架知识是教师搭建的一个桥梁，学生最终目的达成之后，教师就可以"过河拆桥"了。

（上海市浦东新区福山证大外国语小学　申慧芬）

10 基于学生视角的项目化学习实施
——以"编码知多少"为例

项目化学习作为一种新兴的学习形态，更鼓励学生在实际问题中综合运用不同学科的知识和技能，培养学生的批判性思维、创新能力、沟通能力和解决问题的能力。而基于学生视角的项目化学习，更是将重点放在学生的主动参与和学习过程中的个性化需求上，关注以学生发展为本的育人理念，让学生在学习过程中处于更为主动的地位。

一、何为基于学生视角的项目化学习

对学生而言，项目化学习意味着一种更加主动、更具实践性和综合性的学习方式。

学生可以根据自己的兴趣、目标和能力,选择与他们相关的项目主题,并在整个项目的执行过程中参与决策和规划。

在项目化学习的过程中,教师通过倾听学生的意见和反馈,了解他们的学习需求、兴趣和学习风格。根据学生的兴趣和需求,与他们一起确定适合的项目主题,同时鼓励学生自主探索和解决问题,培养他们的批判性思维和创造力,让不同层次的学生都能获得真实的、最大限度的成长。

二、在项目化学习的实施中体现学生视角

下面将以五年级第一学期所开展的"编码知多少"这一数学项目化学习活动为例,从基于学生学习环境的变化调整和基于学生的反馈适时提供支架两个方面,结合项目化学习的实施进行阐述。

(一)基于学生学习环境的变化调整

学习环境的变化意味着学习方式的改变。

线下学习无法实时面对面地与学生进行交流指导,只能通过线上方式了解学生们的活动情况。因此在项目化学习期间,我根据学生分组建群,通过群聊消息实时跟进每个小组的任务进展,避免有组员未上线或不配合的情况发生。分组建群的模式打破了学生小组间交流的空间屏障,便于组员间的任务分配和问题讨论。在实践过程中,学生们因为无法实时在电脑前接收消息,所以往往有消息滞后的情况发生。针对这一情况,大家设置了群聊的时间,并避免因长时间使用电子设备而影响视力。

(二)基于学生的反馈适时提供支架

在完成学习实践活动一的过程中,学生需要初步了解身份证号码中数字编排的结构和含义。由于身份证号是比较隐私的话题,不适合互相分享。针对这一情况,我让学生们尽可能地去收集自己家人、亲戚的号来进行分析,同时也可以通过采访长辈来进一步了解身份证号码中隐藏着的秘密。

学习实践活动二需要学生寻找生活中的编码。五年级学生对网络的使用已经比较熟练了,但仍有部分学生表示不会查询或查询不到。针对这一情况,我分享了几个相应的网址供查找分析。对于不方便上网查询的学生,我把班级所有学生的学籍号整理成文档发给学生,让学生可以探究学籍号的编码方式。

学习实践活动三需要学生在小组内交流毕业证书号码中需要存储的信息,并设计小组内统一的编码方式,每个人根据小组设定写出自己的编码并交流展示。在此阶段活动过程中,有的小组无从下手。针对这一情况,引导学生结合已知的编码方式,同时结合去年毕业班学生的毕业证号讨论并升级组内编码方式。

三、项目化学习实践反思

在学习活动实践中,学生经历收集、整理数据的过程,认识编码、解读编码,继而形成推理意识,在与家人交流的过程中获得开展数学实践活动的经验,进一步形成模型意识，提高应用数学的意识和创新意识。

由于线上项目化学习开展的局限，本次活动中，小组合作探究、团队互动研讨方面体现得不够充分，且评价也较为单一。后续，项目的改进将重点从探究的形式、探究内容的丰富性、评价的发展性三个方面着手，使得项目化学习在促进合作交流的能力、提升学习探究的品质和激发创新思维等方面发挥更加显著的作用。

（上海市浦东新区福山证大外国语小学　叶蕙瑄）

11 预留探究空间，激发学习潜能
——以"装载回忆的礼物盒(1.0版)"为例

在传统的数学教学中，教师通常扮演着讲解者的角色，而学生则处于被动接受知识的状态。然而，随着新课标的落地与推进，越来越多的课堂教学开始关注学生的个性化发展，试图通过项目化学习来激发学生的学习兴趣和潜能。在这个过程中，教师需要站在学生的角度，精心设计有趣且具有挑战性的项目，引导学生主动参与、自主探究，从而实现知识的内化和能力的提升。下面我将以"装载回忆的礼物盒"为例，探讨教师如何基于学生视角进行项目化学习的设计和实施。

一、了解学生需求，激活空间意识

教师需深入理解学生的需求和兴趣。我知道他们对手工制作有着浓厚的兴趣，因此，我设计了一个以礼物盒为主题的项目，让他们在制作礼物盒的过程中接触和理解数学知识。同时，我也预留了个性化的空间，让每个学生都能根据自己的兴趣和能力进行创作。在项目实施过程中，我引导学生进行头脑风暴，思考他们想要在礼物盒中放入哪些回忆和情感。

二、引导思维创造，培养空间观念

在设计项目时，应该鼓励学生发挥创造性思维。五年级认识长方体、正方体，增加了"面"这一要素，此时对立体图形的认识就要从面、棱、顶点这些要素的形状、大小、数量、位置关系全方位进行思考，寻找图形各要素之间的关系。通过搭一搭、围一围、展开与折叠、切割与堆积等方式认识长方体的特征，获得长方体的表面积和体积的计算方法。因此，在长方体、正方体的表面积和体积的学习中，学生可以借助一维图形、二维图形度量的知识结构和认知路径，自主设计展开图的样式：141型、222型、231型、33型等。大多数的礼物盒形状以长方体、正方体为主，但放手让学生自主探索后，我们却发现，只有少数学生是根据长方体、正方体平面展开图设计的，更多学生利用推理，发散思维，画出了其他不同的展开图，如圆柱体、锥体、球体等具有创意的平面设计图，图2-11-1展示了部分学生的设计学习单。

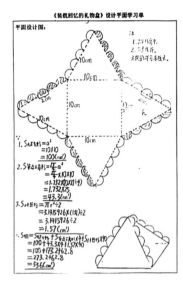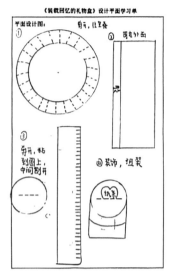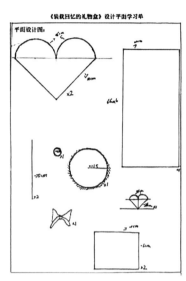

图 2-11-1　形状各异的平面设计图

三、开展实践探究,发展空间观念

动手实践活动是空间观念形成和发展的必要途径,而实践也是探究活动最核心的环节。通过动手操作,学生不仅能更加直观地观察到物体或图形的形状,形成更加深刻的几何认识,还能更加轻松地触及知识的核心与本质,提升空间观念,激发探索空间的自发性和学习热情。为了让每个学生都能在项目中找到自己的价值,我提供了个性化定制的选项。学生们可以自由选择盒子的形状、颜色,以展示他们的个性和审美。通过绘画、裁剪、粘贴来美化自己的礼物盒。学生在项目实施过程中,充分发挥了自己的主观能动性。他们不仅积极参与到项目的各个环节中,还勇于尝试新的方法和技巧。

项目末期以小组活动的方式,搜集学生意见和需求,根据学生的需求和反馈,适时调整项目的方向和难度,确保每个学生都能在项目中找到自己的位置并取得进步。我通过线上作业功能,逐一收集学生作品,提出修改意见,协助他们改进自己的平面设计图。在确定自己的平面设计图后,开展实施制作。在制作过程中,学生们碰到了许多难题:盒子大小在实际操作过程中有偏差,盖子无法与盒体完美重合;设计的平面展开图不能通过折叠、粘贴的操作变成一个立体图形;设计过程中只考虑到了盒子本身的表面积,没有预留出粘贴的部分等。根据学生需求,教师给予引导,共同解决难题,获得成长。

通过这个项目,我深刻体会到了教师的角色不仅仅是传授知识,更重要的是激发学生的学习兴趣,引导他们主动探索和发现。项目化学习,以皮亚杰的建构主义学习理论为指导,强调学生动手“做”的能力,注重对学生多元智能的提升。通过探究性的、调控性的、社会性的数学实践,引发学生有意义的数学互动与交流,从而使学生看待世界的视角更加数学性、多样化,更有效地激发学生的学习兴趣和潜能,提高他们的实际操作能力和团队协作能力,培养他们的创新意识和实践能力。

(上海市浦东新区福山证大外国语小学　蒋佳怡)

12 基于学生视角的数学项目化学习实施

——以"节约用纸小卫士"为例

项目化学习作为一种新的教学方式,凸显学生在学习中角色的转变,由被动的老师"要我做"转变为主动的"我想做"。基于学生视角的项目化学习更能引发学生主动投入学习,特别是在项目化学习的实施阶段。对于新学习方式的理解和体验,会影响他们在新学习形态中的状态与表现。下面以"节约用纸小卫士"为例,探讨如何基于学生视角调整完善项目化学习的实施。

一、基于学生表现,调整实施内容

"节约用纸小卫士"项目入项活动安排了家长进课堂,开展"走进奇妙的纸世界"主题讲座。陶行知说过:学习只有通过生活才能产生作用并真正成为教育。发现问题后,老师及时调整第一项实践活动,未再让学生去搜集网络信息,而是让学生通过收集自己家庭的用纸数据,从自身情况出发加强感知,多维度理解节约用纸的意义。首先让学生体会这一项目化学习的出发点,思考为什么要进行家庭用纸数据收集,追寻问题的根本。

虽然低年级学生第一次面临这种新的学习方式和挑战,但老师并未在一开始就框定收集数据和记录的标准模式,而是让学生自己在探索实践的过程中发现问题、解决问题。所以在最初进行数据收集记录时,同学们又产生了各种各样的问题,例如:如何更好地收集用纸情况的数据呢? 部分同学碰到了难题,表示自己不在家的时候如何知道家里的用纸情况呢,如何去统计呢? 记录数据时,我们使用哪种记录法? 记录几天还是几周的数据? 伴随着这些项目推进过程中的实际问题,基于学生的能力现状,在实践活动实施阶段,我们增加了数据统计周期和方法等的讨论环节,来制定数据收集与统计方案。这一调整不仅解决了部分学生的困惑,帮助到基础比较薄弱的学生来理清思路,在头脑风暴讨论的过程中也更好地激发出学生的潜能和内驱力。触动内在知识体系及关键能力发展机制,发挥小组团队精神想方设法解决问题,促进项目化学习阶段成果的实现。

二、有效渗透核心知识,让学习更高效

在项目化实践活动中,明确个人在项目化学习中的主体责任,更主动地投入到项目活动中,内促项目化成果的实现。根据驱动性问题,分析项目任务,确定任务支架,让学生对知识的理解更深入透彻,更容易在新情境中进行数学知识的迁移。在实践活动条形统计图绘制阶段,学生通过自己的观察,考虑多个方面的知识去主动思考条形统计图

应包含哪些要素。根据一周记录的家庭用纸情况，合理统筹绘制条形统计图并给出自己的分析。教师汇总阶段性成果后，发现学生绘制的条形统计图丰富多样。学生根据自己的理解和所学到的知识选定了不同的统计形式，有的按日期，有的按用纸的种类等，灵活地应用数学知识解决问题。个性化的学习任务真正做到以学生为本，让不同学习程度的学生都能在活动中获得成长。

三、关注项目化成果，提升核心素养

此次项目化学习活动中，每位学生都能全程参与，感受统计源于生活，又服务于解决生活中的实际问题。学生在学习中不仅需要独立思考的能力，同时也需要培养合作意识。各项阶段性成果展示时，学生以小组为单位进行合作交流，对同学存在的问题提出质疑，指出他人方案的不足之处，同时也对自身方案的可行性进行判断，最终制定出节约用纸最为合理的建议方案。成果展示阶段增加了投票环节，投票分为班级初选和年级组网络票选。整个活动过程中，学生们积极参与讨论，选出大家心目中认为各方面都符合要求的优秀作品，最终开展了一场由自己制作的节约用纸方案及其实施成效的宣讲会。学生在这样的学习氛围下，共享知识、平等交流，提升了倾听他人和合作沟通的能力，公平行使了自己的权力，使校园成为一个小小社会。

（上海市浦东新区福山证大外国语小学　金晶）

 第三节　英语学科

13 基于学生视角的英语项目化学习设计和实施
——以"用英语戏剧讲中国故事"为例

【摘要】项目化学习是一种新的学习形态，是教育教学改革的新趋势。巴克教育研究所将项目化学习定义为：学生在一段时间内研究并解决真实的、有吸引力的和复杂的问题、课题或挑战，从而形成对重要知识和关键能力的理解。为达到有吸引力的目标，主张基于学生视角设计项目化学习活动。"用英语戏剧讲中国故事"这一学科项目化设计和实施，充分考虑并落实了学生视角。本文以此为例，阐述如何基于学生视角更好地进行学科项目化学习的设计与实施。

【关键词】学生视角；学科项目化学习的设计；学科项目化学习的实施

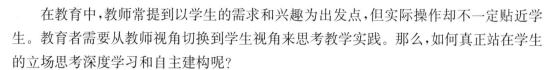

在教育中,教师常提到以学生的需求和兴趣为出发点,但实际操作却不一定贴近学生。教育者需要从教师视角切换到学生视角来思考教学实践。那么,如何真正站在学生的立场思考深度学习和自主建构呢?

学生视角是指以学生为中心,尊重他们的感知和体验,让他们自主构建知识的意义,表达个人感受和经验。这一理念强调多元性。"用英语戏剧讲中国故事"学习活动以出色的学生视角设计,考虑了学生的核心素养,并权衡了即时效益和终身发展的价值。教师团队深入研究学生需求和喜好、学习内容的重要性、学习方式选择、核心概念掌握等问题,基于对学生网课情况和表现的观察、分析和沟通,正式启动了云上学科项目化学习:"用英语戏剧讲中国故事——The Dialogues We Make in Mulan"。

一、项目学情分析:以学习者为本体,明确项目目标

(一)基于学生心理需求找准开展项目化学习契机

2022年春季,再次迁移到网课的教师、学生和家长,尽管已有网课经验,仍面临一些心理问题,包括小学四年级学生,伴随兴奋度逐渐减弱,还出现以下三种心理状态。

1. 网课焦虑突出

学生在网课中感到缺少真实的互动,尤其是硬件有限的学生更容易紧张和不自信。一些学生缺乏自我管理能力,容易受到干扰,表现出出勤不稳、不积极参与、学习拖延等问题,导致焦虑情绪,陷入低效学习困境。

2. 同伴效应缺乏

同伴效应是指年龄和背景相似的青少年相互影响的现象。在学校,同伴效应可以促进学习。但在网课中,学生缺少同伴互动,可能感到疲倦和不愉快,影响学习情绪。

3. 被认可的点面变窄

四年级学生正处于自我评价意识发展阶段,渴望被认可和鼓励。网课限制了与教师的互动,使关注点更狭窄,通常只注重出席率和作业完成情况。然而,一些学生希望得到更多的关注和认可,愿意在学习中付出额外努力,而不仅仅是完成任务。

因此,云上英语学科项目化学习"用英语戏剧讲中国故事——The Dialogues We Make in Mulan"应运而生。这个项目的目标是激发学生的学习兴趣,学生通过自己编写、导演和表演的花木兰对话式戏剧来庆祝儿童节,传承中华传统文化,讲述中国故事,增强文化自信心。该活动为学生提供了展示才华和获得认可的机会,鼓励他们更积极地参与学习。

(二)基于新课标要求强化学生语言能力增长

《义务教育英语课程标准(2022年版)》(以下简称"英语新课标")强调要引导学生乐学善学,不仅关注学习内容,还要考虑学生的学习兴趣和方法。

1. 语言能力增长点之一:新课标对学生阅读语篇的要求

根据新的课程标准,学生需进行课外阅读。教师从教材中盲人摸象的故事出发,引导学生探究中国传统故事，关注正能量人物花木兰，并引入《花木兰》动画视频以激发学生兴趣。

教师基于花木兰的故事选择了一个 12 分钟的英语视频，总词汇量约为 1 670 个，其中生词约为 70 个。通过这个视频，学生能够理解故事的大致情节。教师引导学生使用关键词（如"who""when""where""what"）来整理故事结构，同时让他们关注人物对话，以理解角色形象和故事主题。

2. 语言能力增长点之二：新课标对学生语言技能的要求

根据新的课程标准，学生需要具备一系列表达性技能，包括朗读、介绍、描述、表演、表达等。项目探究的早期阶段，学生观看了花木兰故事动画视频，了解了故事梗概，并进行了集体分析。然后，项目进入了语言表达技能的训练阶段，要求学生独立创编故事中的对话。

在这个过程中，学生选择他们最喜欢的场景，并根据合理的推断创编这个场景中角色之间的对话，这需要在理解故事和人物的基础上进行。学生关注于丰富故事情节和完善人物形象，确保对话的连贯性。

3. 语言能力增长点之三：戏剧教学对学生配音的要求

戏剧教学法是将戏剧元素融入教育，以情境表演、戏剧游戏和角色扮演等方法，培养学生的创造能力、表达能力和合作能力，提高他们主动学习的积极性。

为了适应线上展示，教师建议以有声方式呈现花木兰的场景片段，让学生不必在镜头前出现，只需用声音表演，以减轻学生的压力。

在《40 条实用的英文绘本阅读技巧》文章中提到，英文绘本阅读包括与学生讨论故事主题、表演场景、绘画喜欢的情节、大声阅读、改编故事和角色对话练习等活动。这些活动可以帮助学生发展语言能力，激发创意。

二、项目实施分析：以学习者实际表现，逐步推进项目实践探究步骤

将核心知识整合到真实情境中，并转化为具体的问题。学生能够在解决这些问题的过程中展开探究学习，有助于推动项目学习。

（一）开端部分：体现独立和合力创作相融合的项目化探究形式

自主学习、探究学习、合作学习是新课程大力倡导的三种主要学习方式。项目化学习主要以小组合作探究的方式进行，但也要兼顾训练学生自主学习中独立思维能力。

1. 基于学生自身水平的独立创作和改进

项目启动初期，学生首先讨论了项目的主要步骤和顺序，即了解分析、组队分工、练习排演、分享完善、交流展示。对于步骤 1 和 2，学生最初存在分歧，其中一部分学生主张先进行组队分工。教师提出了加入"独立创作"步骤的建议，以解决争论，并帮助学生培养独立思考能力。在教师帮（协）助下学生确定了最有效的步骤顺序。

由于在项目推进步骤中加入了"独立创作"，每个学生都特别认真地对待第一个步骤"了解分析"。根据教师布置的 4 个问题：Q1：What is the story about? Q2：Which character do you know well? How is he/she? Q3：Which scene（场景）do you like best? Why? Q4：What dialogue between the characters is impressive（令人印象深刻的）?有的反复看花木兰英文动画视频,有的自己搜索相关资料了解故事内容梗概,四个问题引导学生关注故事主题、人物角色、场景和对话台词,对故事主干有一个初步了解,以积累必要的信息素材,为后续的独立创作做好准备。

进而,鼓励学生自主学习和独立尝试对话创作,以培养独立思考能力,这是成功创作的必要条件。学生的第一稿可能不完美,但反映了他们的实际水平,为教师后续辅导提供了重要参考。这奠定了分享完善步骤的基础,鼓励学生独立思考和合作解决问题。

2. 基于学生感兴趣场景的分组合作完善

学生在场景选择表上选最想尝试的场景并确认,第一稿对话创作提交后,同场景学生根据人数和必需角色自由组队,基本 3～5 人一组,热门场景可有 2～4 组,教师微调特殊情况。根据兴趣点分组,不同水平但相同兴趣,有利于小组形成凝聚力。

教师提供关注角色对话台词创编的专题辅导,反馈第一稿修改建议,学生根据修改建议完成第二稿。学生对比分析两稿,观察自身进步。各小组分享和讨论第二稿,梳理亮点再修改,整合出小组最终稿。小组练习排演的正式稿基本成型,后续排练可继续完善。

这种先分后合方式优点多,学生集思广益,表达观点更自信。独立再合作方式产生高品质迷你剧本。合作学习奠定后续排演基础。

（二）实施部分:体现放手和辅导相结合的教师项目化的教学

项目化学习教学环节黄金法则包括七大核心要素。教师需放弃课堂掌控,信任学生,赋予更多掌控权。教师仍需授课,但要成为学生主动学习的指导者、帮助者和促进者,以学习者实际表现,逐步推进项目实践探究。

1. 基于学生需求安排专题培训

项目设计时预设了教师辅导环节,专题辅导关注台词创编,强调深入角色表达。在实施过程中,四年级组教师根据项目过程中学生的实际需求共安排了三次专题培训:

（1）How to make your script better?——第一稿反馈,重点在对话创编和语言表达技能。这一次专题培训是项目初就定在计划中的。

（2）Ways to show your script!——展演方式赏析,解决学生关于展示形式的疑虑。

（3）Control your voice better!——声音表现赏析,提升戏剧表演技能。

这些培训满足了学生的实际需求,丰富了教育内容,专业指导使学生在最终展演中表现更自信。学生反馈表明他们在创编和表演方面有了明显的提高,感到充实和激动。

2. 基于学生能力预留学习空间

在这次项目教学中,教师采用了留白方法,给予学生自主选择和思考的自由,同时提供了更多能力发展的机会,尤其在三次专题辅导课上。

首次专题培训聚焦在对话台词的创作,而不是停留在直接修改学生的第一稿。教师以教材故事和儿歌作为示例,先以已学的"The fox and the grapes""The blind brothers and the elephant""The tortoise and the little bird"为例,引导学生回顾创编对话的要点,如深入角色思考、强调人物性格、围绕主题等,然后集体尝试对教材上一首儿歌中的人物做对话创编。通过学生互相讨论和分享,大家共同领悟创编技巧改进第一稿,以更丰富的细节和元素表达创作。这种留白方法为学生提供思考和选择的空间,有助于全面发展他们的创作技能。

第二次专题培训"Ways to show your script!"——故事戏剧对话台词线上展演形式赏析。学生通过观看视频和图片,交流各种展示形式的优势,找到适合自己小组的方式。除有声展示外,其他决定权完全下放给学生,留白操作给小组更多创新空间。在年级优秀作品中,有的小组将视频加入配音展演中,帮助观众理解游戏过程;有的小组将场景分镜头画出来做背景,用纸偶代替自己在台上表演,自己配音和操控纸偶;有的小组利用修图工具给场景配上动画效果;有的小组尝试影子秀方式;有的小组录制时举着自己扮演的角色头像,保持人物情绪和表演同步。

第三次专题培训"Control your voice better!"——故事戏剧对话台词的表现赏析。培训侧重于提高学生的配音技能。培训分为三个层级:音准和音量,朗读技巧(包括连读、失爆、停顿和节奏),以及声音表现力。教师提炼了练习要点并分层,每个层级有具体要求,引导学生根据自身能力设定目标层级。通过展示学生优秀作品,让学生体会标准要求。培训后,学生开始有针对性的练习,小组内互相帮助、纠错和示范,伙伴间互帮互助、互相促进在这时候得到和谐的体现。在优秀作品中,个别组在配音上下足了功夫,最后呈现了完美的配音作品。

在项目实施过程中,教师时刻关注学生需求和能力,逐步推进如何助力学生建构有助于迁移的知识框架,争取要教学生真正认识"A",更要教学生明白学了"A"有什么用、怎么用"A"去认识类似的"Aa、Ab、Ac…"。教师也在欣赏学生成果中,感受到授之以渔和授之以鱼的大不同。

写在最后:在项目化学习中教师有多种角色,是学习的专家、导师、激励者和评估者。无论是哪种角色,眼里必须关注学生,从学生视角出发,选择教学内容包含的知识做出教学决策,以帮助学生更好地理解新的概念;与学生就项目开展沟通交流,并监督项目的进行情况;根据学生表现挖掘新的资源并提供指导;建立支持项目化学习的课堂文化;同时扮演课程开发者和项目经理的角色。针对这类线上的云项目化学习,时时关注,步步放手,框定得越少,探究得越深。原本我们对学生此次线上项目化学习的成果期待是PPT加声音,可实际学生的能力让我们刮目相看。基于学生视角,留下该有的空白,才能理解于无声处造就的精彩……

（上海市浦东新区福山证大外国语小学　顾萍）

参考文献

[1] 中华人民共和国教育部. 义务教育英语课程标准(2022年版)[S].北京:北京师范大学出版社,2022.

[2] 夏雪梅.项目化学习设计学习素养视角下的国际与本土实践[M].北京:教育科学出版社,2018.

[3] 薄全锋.项目化学习教学指导手册设计篇[M].上海:上海科学技术教育出版社,2021.

 基于学生视角的项目设计与实施初探

——以"英语标识我设计"为例

【摘要】本研究旨在以学生视角为基础,探索英语学科项目设计与实施的方法与策略。以福山证大外国语小学二年级学生英语学科项目"英语标识我设计"为例,通过项目化学习活动,分析学生在项目中的参与表现与反馈。结果显示,项目设计应充分考虑学生的兴趣和需求,鼓励他们积极参与,并促进他们的创造思维和跨学科能力。这一发现对教育实践具有重要意义,能够提升学生的学习体验和综合能力。

【关键词】学生视角;项目设计与实施;学生参与;创造思维;跨学科能力

近年来,文化教育领域的项目设计和实施日益受到重视。作为教育实践的重要组成部分,项目设计和实施对提高学生的学习体验和综合能力具有重要意义。然而,这个领域的研究大多是从教师的角度进行的,忽略了学生在学习中扮演的关键角色。因此,有必要从学生的角度探讨项目的设计和实施,以便全面了解有效的策略。基于学生视角是指在项目设计和实施过程中,将学生的兴趣和需求作为首要考虑因素,促使学生积极参与,并促进他们的创造思维和跨学科能力的发展。

一、以"英语标识我设计"为例分析项目设计与实施的具体过程

(一)项目实施策略与步骤

首先,项目的实施应充分考虑学生的兴趣和需求,只有充分了解学生的兴趣爱好,才能确定项目的主题和内容,以提高学生参与的积极性和主动性。在"英语标识我设计"项目中,我们发现标识是学生很感兴趣的一个话题,也是生活中非常重要的组成部分,特别是在与自身生活相关的情境中。我们进行了调查研究和访谈,了解学生对英语学习和标识设计的态度和期望,将上海版牛津英语教材二年级上册中街道标识相关单元的学习(2BM4U3 In the street),与上海的城市特色与真实需求相链接,让学生主动发现

生活中标识的不合理性,从而自己动手设计清晰、醒目、合理的英文标识,为社区中的外国友人提供生活便利,也为打造上海城市名片尽自己的一份力量。

在项目设计阶段,我们设计了学习实践活动 1:生活中,你见过哪些重要的英语标识?老师先抛砖引玉,给学生一些生活中常见的英语标识,通过学习了解这些标识的含义和在生活中的作用,讨论生活中还见过其他哪些英语标识?然后制作英语标识一览表。

其次,项目的实施应鼓励学生积极参与,并促进他们的创造思维和跨学科能力的发展。在"英语标识我设计"项目中,我们采取了多样化的实施方法,考虑到学生之间的个体差异、英语学习水平等,采取以小组合作的方式来完成项目。学生以小组为单位进行探究学习,在解决问题的过程中习得、巩固知识与技能。5 或 6 名学生一组,以小组为单位进行实地考察、设计展示等,来激发学生的创造力、想象力和小组合作沟通能力。我们设计了学习实践活动 2:在你们所见过的标识中,哪些标识是合理的,哪些是不合理的?你是如何判断的? 老师提问:怎么样的标识是合理的? 引导学生说出:图画清晰醒目,容易理解,表达准确不会引起歧义等。老师提问:怎么样的标识是不合理的? 引导学生说出:看不懂,无法理解,图画不清晰,超出认知范围,色彩搭配不合理,不够醒目等。例如:卫生间的标识五花八门(有的写 WC,有的是男人女人图像,有的是烟斗高跟鞋图像,有的是长颈鹿和大象,没有统一)。小组内讨论后合作完成汇报视频。通过这些活动,学生不仅能够提升自己的英语水平,还能培养解决问题的能力、团队合作意识以及对于跨学科知识的理解。

第三,项目的实施需要根据实际情况进行灵活调整。在"英语标识我设计"项目的实施过程中,我们遇到了一些问题,如时间安排、资源调配等方面的困难。针对这些问题,我们采取了及时的反馈与调整策略,保证项目的顺利进行。比如,我们通过与家长的合作,与信息老师的合作,充分利用家长和学校资源,解决了学生实地考察中可能遇到的困难。

最后,在项目实施的过程中,我们重视对学生参与度与学习成效的评估和分析。通过调查问卷、组内评价、组间评价等方式,对学生在"英语标识我设计"项目中的参与度和学习成效进行了全面的评估。我们设计了学习实践活动 3:你能动手帮助组里队员改进标识作品吗? 小组合作讨论标识成品并提出改进意见,制作标识成品。老师鼓励学生从简短评价开始发表意见;鼓励学生提出改进的意见;鼓励学生听取别人的表达,从而受到启发。评估结果显示,学生在项目中的参与度和学习成效较高,证明了该项目实施策略与步骤的有效性。

(二)项目实施过程中遇到的问题及解决方法

在项目实施过程中,我们注意到一些学生的兴趣和需求与项目的设计有一定的不匹配。这可能导致学生的参与度不高,影响了项目的整体效果。在解决这个问题时,我们采取了以下措施:

首先,我们在项目设计阶段充分了解了学生的兴趣和需求。通过开展问卷调查和小组讨论,我们了解到学生对英语学习的兴趣点主要集中在生活实践和跨学科学习上。因此,我们重新调整了项目的内容,将生活中的实际情境与英语学习相结合,以满足学生的兴趣和需求。

其次,我们在项目实施过程中注重激发学生的主动性和创造思维。为此,我们设计了一系列的任务和活动,鼓励学生发挥自己的想象力和创造力。例如,我们设置了二年级英语标识设计的竞赛,让学生们能够自由发挥并展示自己的设计才能。通过这些措施,我们增强了学生的参与度,提高了他们在项目中的积极性和创造性思维。

另外,我们在项目实施过程中注意引导学生进行跨学科学习。通过与其他学科的老师进行合作,我们将英语标识设计与科学、美术等学科内容相结合,让学生在实践中能够实现知识的综合运用。这不仅拓宽了学生的视野,还促进了他们的跨学科思维和能力的培养。

二、"英语标识我设计"项目实施的效果与影响

首先,学生的参与度对项目设计的成功非常关键。在"英语标识我设计"项目中,学生的参与度较高,达到了百分百。这一结果表明,项目设计在满足学生兴趣和需求的同时,也激发了学生对英语学习的积极性。学生在项目中的积极参与,提高了他们的学习效果。

其次,学习成效是衡量项目设计与实施的重要标志。根据调查和评估的结果,本研究发现,"英语标识我设计"项目对学生的学习成效产生了积极影响。项目中的设计和实施策略充分关注了学生在语言学习中的需求和难点,创新的教学方法和资源的使用,提高了学生的英语水平和综合能力。具体表现为,学生在语言表达、文化理解和创意思维等方面取得显著进步。

进一步分析发现,学生参与度与学习成效之间存在着显著的正向关系。学生参与度越高,他们的学习成效也越明显。这一发现表明,学生的积极参与是项目设计与实施的关键因素之一。只有鼓励学生主动参与并提供良好的学习环境,才能够更好地提升他们的学习效果。

此外,学生参与度和学习成效的提高还受到其他因素的影响。例如,教师的指导和激励对学生参与度和学习成效的提升起着积极的作用。教师能够引导学生积极参与项目,提供个性化的学习支持,并及时给予合理的反馈,这些都能够促进学生的学习成效。同时,项目的评价和反馈机制也对学生参与度和学习成效具有重要影响。及时的评价和反馈不仅可以帮助学生更好地了解自己的学习进展,还能够激发他们的学习动力,提高学习效果。

三、结语

本研究以学生视角为基础,以"英语标识我设计"为例进行了深入分析。我们发现项目设计应充分考虑学生的兴趣和需求,鼓励他们积极参与,并促进他们创造思维和跨学科能力的形成与发展。同时,我们还发现了一些项目设计与实施中的优势与挑战。

从结果来看,本研究对教育实践具有重要意义,能够提升学生的学习体验和综合能力。学生的直接参与,能够更好地满足他们的学习需求,激发他们的学习兴趣,培养他们的创造力和跨学科思维能力。

然而,本研究也存在一些不足之处,值得我们进一步研究和改进。首先,本研究在项目设计与实施过程中,仅选取了"英语标识我设计"作为案例进行分析。未来的研究可以扩大样本范围,选择更多不同类型的文化教育项目进行研究,以更全面的视角认识项目设计与实施的方法与策略。其次,本研究侧重于学生参与度和学习成效的分析,而对教师和家长的角色以及其他相关方面的影响较少涉及。未来的研究可以进一步探讨教师和家长在项目设计与实施中的作用,以及项目实施对学校教学和学生学习的更广泛影响。

基于本研究的发现,我们提出以下几点实践建议。首先,教育实践者应加强对学生视角的重视,充分考虑学生的兴趣和需求,在项目设计与实施中给予他们更多的参与和决策权。其次,项目设计者应注重培养学生的创造思维和跨学科能力,通过跨学科的设计和实施,激发学生的创新意识和综合能力。第三,学校和教育管理者应提供有效的支持和资源,鼓励教师和学生参与文化教育项目的设计与实施,从而提升学生的学习体验和综合能力。

我们期待本研究的结果能够为其他文化教育项目的设计与实施提供借鉴和参考,并对教育实践提供启示和指导。

（上海市浦东新区福山证大外国语小学　季秋颖）

参考文献

[1] 陈然.高职英语"项目化教学"之独学流程设计与实施策略:以《新世纪英语》综合教程第五版Unit 2 为例[J].疯狂英语(理论版),2018(1):92-93,113.

[2] 李卡.游戏化教学的模式设计与应用研究:以小学英语课程为例[D].天津大学 2019.

[3] 吴蕊.《展望未来》与《牛津初中英语(上海版)》教材语法设计的对比研究:以时态知识为例[D].上海师范大学,2019.

[4] 华丽芬.基于"深度学习"的 STSE 项目设计与实施:以"设计海水综合利用产业园"为例[J].教学月刊(中学版),2020(4A):19-23.

[5] 于家宁.指向深度学习的项目化学习设计改进研究[D].华东师范大学,2021.

[6] 刘红.聚焦小学生协作能力提升的项目化学习设计与实施研究:以成都市 Y 小学科学课程为例[D].四川师范大学,2022.

15 以评促思，授生以渔

——以教学研讨课"Transformation of Seeds(种子的变化)"为例

【摘要】本研究旨在设计学习评价的项目化学习方案，重点培养小学英语学生的探究和多元化能力，形成系统性和可迁移的评价经验，提升自我评价反思能力和学习效率。课程包括任务前、评价(任务中)和总结(任务后)三个阶段，学生在任务中阶段通过使用评价量规进行同伴互评，教师提供评价示范和语言支架，并指出存在的问题和建议，新增"真实性"这个维度。评价引导学生反思，提高内省能力和深度学习，教师得以在教学过程中探索增值评价、表现性评价等方式，帮助学生实现自我实现和整体提高。

【关键词】项目化学习；自我评价；多维度评价；观察报告；深度学习

一、引言

（一）以评价改革促进育人方式转变

《义务教育课程方案(2022年版)》提出改进教育评价，倡导评价促进学习，提高学生自我评价和反思能力，引导合理运用评价结果。评价是学习的一部分，英语学习强调实践和项目化，学生以小组形式解决现实问题，积累知识和技能。学生以小组为单位进行探究学习，在解决问题的过程中习得、巩固知识与技能。这样的学习活动能增强学生的探究能力，也有利于培养和发展学生的多元化能力。我们进行了"基于学习评价的小学英语项目化学习"的研究，旨在通过形成性评价方案，融合关键学科能力和素养，优化小学英语项目化学习的设计和实施，提供学习反馈和未来行动指南。

（二）创设授生以渔的评价课堂

本文介绍了市级课题"基于学习评价的学科项目化学习的研究"下的小学英语项目中的评价课。在这门课上，学生观察种子生长，用英文记录生长过程，巩固语言知识，培养问题解决能力。多元智能理论指导多维度评价学生表现，学生参与评价，明确学习目标和方法，促进从"学了"到"学会"和"学到"的转变。这个项目化评价课以学生为中心，鼓励深度参与和自主探索，提高学习效率和兴趣，形成可迁移的评价经验。

二、基于项目背景和学情分析设定教学目标

（一）项目背景

实践探索型的项目化学习强调真实的情境和任务，关注学生在生活中的自主探究能力，即学生为了实现该项目化学习任务而进行的活动，以及所涉及的行为、情感、话题等，都要与现实生活中的活动一致。学生在项目主题下，依据老师的指导和要求，通过感

知、体验、实践、参与和合作的方式探索和发现事实,并对结果进行记录总结和归纳。

为此,我们为项目创设了如下背景:上海辰山植物园准备以"自然之美"为主题,开展中美小学生友好交流活动,参与方需提交一份自制的主题纪录片。我校拟请学生以"种子变形记"为题制作一份英文纪录片,学生将以小组为单位,完整、生动地描述种子到植株(自选草本种子)的生长过程。项目依托小学英语牛津教材中的自然主题,要求学生借助信息化技术进行观察记录,并用英语描述不同种子的生长过程,引导学生在观察过程中了解种子的外形特征、生长条件、阶段特点以及整个生长过程,感受大自然孕育生命的奇妙,着力在语境中培养学生的实践探究能力,提升学生的跨学科思维能力。

(二)学情分析

开展项目化学习的学生来自小学三年级。经过项目前两期的学习和实践,已记录所选植物种子的外观、播种方法,以及在不同生长阶段的状态,形成了"种子和种植"以及"芽和生长"两个阶段的观察日志。然而,日志反映出学生普遍在以下方面仍有较大进步空间,一是准确理解和应用前期评价量规,二是按照观察报告类说明文的逻辑架构,运用所学语言结构和语篇知识介绍种子的生长过程,因此教师需要重点关注这两方面并加强指导。

(三)评价课教学目标设定

我们根据项目推进情况和学情分析,首先设定学科目标:①学生能够利用所学知识流利描述种子、芽和植株的外观;②准确描述种子生长的外部条件和生长过程;③尝试系统、完整和有创造性地描述种子种植的过程;④通过参与项目引发对英语学习持续的兴趣。

随后,我们提出学生核心素养发展目标:①文化意识:了解种子形态各异的特点和繁衍后代的功能,感受对植物的喜爱之情和大自然的热爱之情;②思维品质:在探索和发现事实信息后,能进一步发展自我评价和反思意识,对探索型项目有多样的、深入的思考;③学习能力:能提出并澄清问题,建立新旧知识、真实情景和社会性联系,进行基于证据的多元表达;④其他素质:发展探索、沟通、合作、审美、逻辑、批判、创造、深度阅读和有效写作的能力。

基于学情分析,我们认为教学过程中可能存在的难点如下:①学生能理解和运用评价量规进行分析和评价;②学生能按照观察报告类说明文的逻辑架构,运用所学语言结构和语篇知识,介绍种子的生长过程。

三、授生以渔的小学英语项目化评价课

(一)任务前阶段

复习旧知,进入评价。

任务前阶段的主要教学活动是复习与导入,教师带领学生回顾核心词汇和向日葵的生命周期。首先,教师展示了项目初期分发给各小组的种子,以及种子长大后的效果图,以此激发学生对"种子变形记"项目的热情。然后,教师带领学生复习了向日葵的生命周期及其相关的英语词汇。接着,教师请学生运用过渡词 first、next、then、after that、at last,复述向日葵的生长周期,为后续学生在进行描述时注意衔接连贯做好语言铺垫。复习完向日葵的生长周期后,教师向各小组抛出问题链,引导学生分享各自种子生长的现状。问题链包括:How are your seeds? Do they have buds? How are the buds? Do they have leaves? How are the leaves? How tall are your plants?学生按照问题链顺序,积极、热情地分享了种子的生长情况。教师总结道,大家的种子目前处于芽的生长期,这节课我们会从不同角度评价大家前阶段的观察报告,即 Stage 1: Seeds and planting 和 Stage 2: Buds and growing。

（二）任务中阶段

出示量规,学习评价。

使用评价量规进行同伴互评,是一项重要的社会性实践。进入到任务中阶段,教师请学生拿出组内评价表进行组内评价。组内评价开始前,教师参考夏雪梅博士的项目化研究,就如何开展同伴评价向学生提出四点建议:①尽可能多地挑选优点,并对这些优点进行分析;②依据评价表写下自己观察到的优点以及想提出的建议;③评价语言控制在 6～10 句话;④避免争吵,若有争议及时请求教师的帮助。这些建议为学生在开展同伴互评时做出了明确的行为规范。

框架搭建,支持评价。

教师向学生展示了第一阶段"种子和种植"的一份观察报告,并将语言、逻辑、创新和布局四项评价维度以板贴的形式展示给学生,引导学生从这四个维度对该报告进行评价。教师做出评价示范:①语言方面,报告从颜色和形状角度比较清晰地描述了种子,建议再增加尺寸角度,描述刚种下的种子,不宜用 plants 来描述,而应当用 seeds。love、hope、can't wait 等动词表达了学生观察植物生长时的激动心情;②布局方面,需要增加种子的图片,建议在版面中增加细节描述,如种子的生长环境、天气情况以及照顾种子的一些具体活动等;③逻辑方面,尽管总体描述非常细致,但还是建议增加 first、next、then、after that、at last 等逻辑词,使描述过程的逻辑衔接更加连贯,表达更有层次性;④创新方面,整体上按照前期模板完成了观察报告。

方法引导,运用评价。

教师完成评价示范后,向学生展示另一份第一阶段的观察报告。教师还提前为学生后期的点评提供了语言支架,TIPS:①I like this diary because its description/logic line/picture … is very clear/vivid/… For example … ②It would be much better if it can show … /add … /describe …学生可以按照这个支架,先指出报告的优点,然后提出自己的建议。从课堂反馈看,有了教师的"扶",学生能够较为流利地从四个评价维度进行评价。比如,学生谈到语言方面,报告从颜色、形状、尺寸等多个角度描述了种子;布局方面,配上清晰的种子图片,并详细描述了种子的生长条件和自己对种子的照顾细节,建议再增加一张关于种子种植的配图。

教师总结,提炼评价。

教师直接给出第三份观察报告,请学生完成评价。学生已经能够比较熟练地运用前期提供的各项辅助信息完成评价。教师表扬学生在报告中观察到的创新之处。学生提到,在第三份观察报告中,"We heard that seeds don't like water, so we water a little"写得很生动。事实上,这里撰写报告的学生无意中使用了拟人手法,在教师没有专门教授过的情况下,的确算得上是一种创新。这也被学生在评价过程中敏锐捕捉到。教师随后指出了报告中存在的一处问题,即关于种子的表述,使用 teeny-tiny、hairy、rough skin等词汇,教师向学生展示了同类种子的实物,学生们发现报告中的描绘与实物不符,应当将此处的形容词替换为 a little big、thin、long、smooth。学生因此提出,可以在评价表中增加"真实性"这个维度,全体同意。

(三)任务后阶段

任务驱动,夯实评价。

完成第一阶段三份观察报告的评价后,教师请学生拿出组内评价表和组间评价表,继续进行第二阶段两份观察报告的评价。从课堂反馈看,评价第一份报告时除了常规分析,其他小组成员还提出,描述第二阶段的种子生长过程,形容词可不可以使用比较级来表达"更……",比如 taller、stronger、greener、bigger。还有学生提出,可以模仿之前有创新点的那份报告,在描述天气时,除了 sunny,可以增加语句,如"I move the pot outside to let the baby plants enjoy the sunshine""I hear that my buds are thirsty, so I water them a lot"。评价第二份报告时,有学生认为"The seeds has roots. They are not thick, but it can help the seeds get the nutrition from the soil"这句记录了观察过程中查阅到的科学知识。

思维呈现,内化评价。

从第一阶段的"扶"到第二阶段的"放",教师引导学生完成对评价的学习、支持、运用和提炼。教师随后分别请两组学生上台朗读修改后的观察报告。最后,教师分发了KWL量表①,让学生反思一个月来的项目化学习过程,谈谈自己已经知晓的内容(What I know)、下阶段想要学习的内容(What I want to learn)、通过项目化学习学到的内容(What I learned)。教师课后收集 KWL 量表,形成问题清单,为下一阶段项目活动的设计与实施提供参考。

四、思考和总结

评价的过程就是学习的过程,学生的内省能力在教师评价、生生互评、学生自评的过程中得以提高,同时学生的学习过程也得以在合理运用评价结果的过程中持续改进。

---

① KWL 量表是一种学习策略和思维工具,其中 K 代表"知道"(What I know),W 代表"想学什么"(What I want to learn),L 代表"学到了什么"(What I learned)。

课例中，教师构建了一节观察报告改进课。课堂上，教师充分运用评价的导向作用，引导学生通过图片和语言点评反思表达，促进逻辑衔接和语段组织。此外，学生在反思过程中得以进一步开展深度学习。

我们认为，授生以渔的课堂，应当更加凸显学生学习的自主性、探究性、合作性和体验性。我们希望，基于教师观察和记录到的证据，既评价项目化学习的成果，也评价学生在项目化学习活动过程中展现的探究和实践行为，关注学生真实发生的进步，进一步探索增值评价、表现性评价等评价方式，这也是我们的项目化课题今后探求的方向。

（上海市浦东新区福山证大外国语小学　胡梦琦）

参考文献

[1] 陈素平，缪旭春.基于学科的项目化学习设计与实施样态[J].上海教育科研，2019，389（10）：38 - 43.

[2] 李会丽.G 小学项目化学习个案研究[D].上海师范大学，2020.

[3] 张军瑾.深度统整与持续优化：项目化学习的系统设计与实施[J].中小学管理，2020，357（8）：20 - 22.

[4] 于家宁.指向深度学习的项目化学习设计改进研究[D].华东师范大学，2021.

[5] 郭晶晶.项目式学习中的表现性评价设计案例研究[D].华东师范大学，2022.

16 以评促学，落实核心素养
——以一节区域小学英语项目化学习研讨课为例

【摘要】 本文通过实践课例阐述评价在项目化学习中对学生学习产生的积极促进作用。由自评、评他、复盘和互评构建评价任务，形成评价体系，将评价贯穿于教学，推进项目化的学习。评价过程中促进学生学习任务目标的达成，体现"以学生为本"的教学理念，实现核心素养的培养。

【关键词】 项目化学习；评价任务；以生为本；核心素养

随着新课标的落地，小学英语教学已悄然发生了变化，"教-学-评"一体化设计已成为小学英语教学在当今时代的需求。《义务教育英语课程标准（2022 年版）》明确指出：坚持以评促学、以评促教，将评价贯穿英语课程教与学的全过程。本文以一节区域小学英语项目化评价课为例——沪教版牛津小学英语教材三年级下册 Module2 Unit1 Animals（P2）Be a good English narrator for Animal Photo Show（动物照片展：我是小小解说员），进行阐述与分享在项目化学习中以评促学，落实核心素养的体现。

一、基于项目背景和学情分析设定教学目标

（一）项目背景

本单元的学习主题是 Animals（动物）、人与自然。原课本语篇的内容比较简单，核心句型是 Do you like …? Yes, I do. /No, I don't（你喜欢……吗？是的，我喜欢。/不，我不喜欢），介绍动物的语篇用的也是简单句型，这些知识点在一二年级的时候均已学习过。因此，通过获取与梳理、概括与整合，形成了新的知识结构，最终将这一板块的主题动物拓展为海、陆、空三大类，进行语篇再构，以评价信息、描述情况、询问喜欢动物的理由为线索，进一步介绍动物，并借助学校自然周（Nature Week）的契机，展开项目化学习，进行自然周动物照片展的系列活动，契合单元主题。

（二）学情分析

授课对象为三年级学生，在之前的学习经历中，学生们已经感受过相关的农场动物、常见的野生动物以及昆虫等，能用 to be 句型、can 句型、like 等结构描述与表达自己的所见、所行以及喜好；同时，也能运用 What do you like? Do you like ...?等进行简单的喜好问答，但对于介绍动物的先后顺序在逻辑上存在欠缺。教材内容主要围绕简单的动物介绍，缺少较全面和准确的输出。基于学情，在项目化学习中融入真实情境动物照片展的解说员，鼓励学生建立完整的动物介绍的正确逻辑及语序，学会用英语进行解说介绍，以此来培养自信和抒发对动物的热爱。

（三）评价课教学目标设定

本单元以自然周为主轴线，划分为四课时：

第一课时：How do we know different animals?任务：To make a mind map for your favourite animal（制作一张最喜爱动物的思维导图）；

第二课时：How do we like different animals?任务：To polish the mind map and be an English narrator（完善思维导图并成为小小解说员）；

第三课时：How do we share an animal story?任务：To share an animal story with friends（和朋友分享一个关于动物的故事）；

第四课时：How do we enjoy an animal photo show?任务：To finish the postcard and enjoy the photo show（完成思维导图反面的明信片并参观照片展）。

教师根据项目的学习和推进，将第二课时（本文阐述的课例）确定主题为：Be a good English narrator for Animal Photo Show（动物照片展：我是小小解说员），并融合课本知识点确定教学目标：

（1）能朗读含辅音字母组合-ck 的单词，了解读音规则，能初步朗读语音儿歌。

（2）在进一步运用第一课时所认识的海、陆、空等常见动物类词汇的基础上，借助语境学习、理解与较具体地介绍动物，在此过程中理解与运用 smart、fierce、clever、naughty

等内容描述喜欢的动物,以此作为动物介绍的闪光想法。

（3）能在语境中,借助思维导图,来归纳排序介绍动物的先后顺序,正确表达动物介绍;通过同伴的互相介绍,改进自己的思维导图及动物介绍。

（4）通过学习,进一步感受动物的不同以及特点的多样,表达对动物的喜爱之情。

在确定教学目标后,设计了指向教学目标的教学活动与评价任务,让教、学、评三个维度都有据可依。以目标为导向,以评价推进英语教学活动,逐步递进帮助学生内化语言,最终提升学生的语用能力,让学生应用结构化新知在新情境中解决问题,促进能力转化为素养。

二、以评促学,评价贯穿教学

在本课例中,评价贯穿于整堂课和每个教学环节,由教师设计的几个评价任务将教学的每个环节紧紧相扣,实现教学螺旋上升,体现以评促学。

（一）评价任务一（自评）

学生在第一课时体验了用不同感官认识动物的活动,并以思维导图的方式把了解的动物名字和基本特征表述出来。在本课时的教学前期,老师对第一课时的作业进行了复习总结,同时学生根据自己所制作的思维导图在评价表（myself 一列）上对信息进行勾选。在这个过程中,还未引出好的想法,学生对这一项会存在疑问,这也为之后的教学留下了伏笔。

（二）评价任务二（他评）

评价贯穿课堂,教师的教学通过评价三位熟悉的同学（Ramon, Alisa, Tristan）的动物介绍解说,逐步帮助学生建立正确的介绍动物的顺序和逻辑思维。课堂中展示的三位同学的解说,形式不同,通过层层递进,由扶到放,让学生在评价他人的解说中有意识地进行自主归纳和总结。

1. 观察与判断,勾选评价项

学生通过观看第一位同学（Ramon）对鹦鹉（天空动物）的解说视频,同时完成评价表（Ramon 一列）,勾选评价项。通过观察判断,培养学生的思维能力。学生对动物介绍的信息进行勾选,并能判断出所缺少的信息。在核对学生所听到的信息后,引出好的想法,激发学生发现动物身上的特质,并迁移学生善于发现自己喜欢动物的好的想法,此时让学生核对自己的思维导图上是否有好的想法。完成评价后,教师引导学生如何更好地修改该同学的解说词。

2. 阅读与理解,勾选评价项

学生通过阅读第二位同学（Alisa）对鲨鱼（海洋动物）的解说词和思维导图,完成评价表（Alisa 一列）,勾选评价项。通过阅读理解,培养学生的阅读能力。学生对动物介绍的信息进行勾选,并能判断出所缺少的信息。完成评价后,教师引导学生如何更好地修改该同学的解说词。学生发现该同学的解说缺少"大小"和"颜色",而启发学生思考在哪里可以加入介绍大小和颜色时,教师不是给学生固定思维,而是给了两个建议,让学生感知这两项的顺序。

3. 排列与编号,提炼评价项

在完成和讲解前两位同学的解说评价后,学生将第三位同学(Tristan)对猴子(陆地动物)的解说进行排序和评价。通过阅读、思考和排序,培养学生概括和总结的能力,提炼出介绍动物的正确顺序,培养学生的语言组织能力。排列顺序不是固定不变的,学生通过对前两位同学解说的评价,及在教师的引导下,已经开始感知到介绍动物时通常需要先说明所讲解的动物名字,Feature 部分包含 size、colour、body parts,这里可内部调整顺序。同样的,More 部分包含 food、ability、place,这三个小点也可内部调整顺序。在请同学尝试介绍猴子时,会出现语序不一样的介绍,但是整体逻辑顺序正确,说明学生对动物介绍的顺序和逻辑已经有了自己的想法。

通过评价这三位同学的动物解说,在教师的帮助下,学生已经提炼出了正确的思维逻辑,这也为下一步修改第一课时的思维导图做了铺垫。

(三)评价任务三(复盘)

根据之前的评价,师生以思维导图为基础,总结出正确的介绍动物顺序和逻辑,同时通过课堂最初对自己思维导图的初评,现在复查是否还有补充和修改部分。学生根据老师的指导示范和提示内容,完善自己的思维导图并再次对其进行评价。

(四)评价任务四(互评)

教师通过同学互助和个人展示的评价任务,培养学生运用目标语言进行知识迁移和输出及培养团结协作的精神。本节课,改变了之前学习结束之后再评价的观念,而是将评价活动融入教学活动的每个环节。在课堂评价活动中,注重发挥学生的主观能动性,评价贯穿教学,推动教学。最后的个人解说展示很好地体现了学习效果评价,体现了教学目标的达成。

三、以学生为主体,落实核心素养

项目化学习以生为本。在本课时的教学过程中,教师将评价贯穿教学,打破原有的教学常规,设计了一系列以学生为中心的教学活动,推动教学螺旋上升。这些教学活动的开展,体现了以学生为本的教学理念,充分发挥了学生的主体作用,激发了学生的学习兴趣和参与的积极性。通过课堂评价表和课堂互动,教师可以随时观察学生的学习效果,对学生的问题及时查漏补缺。在评价任务的设计中,教师将思维品质的培养根植于每一个学生活动中。在课堂教学中,教师不仅让每个学生积极参与到"争做动物照片展小小解说员"的实践活动中,而且更让学生发现问题,主动积极思考问题。例如,在第一次提出好的想法时,有学生就提问什么是好的想法,教师先用英语解释了意思,随后借助学生手里的 mind map 进行举例。在这个过程中,学生已经发现问题,并主动思考和提问,最后通过答疑解惑解决问题。同时,在本课时教学中,学生还以自主或以同伴互助、小组合作的形式解决问题,并在此过程中达成教学目标。

四、实践总结

本节区域小学英语项目化评价课的教学实践中,教师根据新课标、学情和教材内容,契合学校自然周制定了项目化学习目标,将项目化教学融入日常课堂,同时融入评价体系。学生在评价中不断优化思维,将所学转化为自己的知识,助力学生语言综合运用能力的发展和实现学科育人。在今后的英语教学中,教师们应该积极构建目标导向下的"教学评"一体化课堂,创设学生身边的真实情境,以评促学,落实核心素养。

(上海市浦东新区福山证大外国语小学　王蓓)

参考文献

［1］顾晓菊.小学英语项目化学习模式的应用[J].教师博览(科研版),2019(10):36-37.

［2］张丽宁.小学英语项目化学习的实践与思考[J].江苏教育,2022(17):52-54.

［3］社智华.基于核心素养的小学英语课堂教学探讨[J].学苑教育,2023.11.

［4］郭美阳.核心素养视域下小学英语新型评价体系的构建[J].基础教育研究,2019(5):42-45.

17 基于学生视角的项目评价实施

——以"理想之家我设计"为例

【摘要】 解说词评价在项目化学习评价体系中占据了不可或缺的地位。这一评价方式特别强调了学生对自身知识和技能的自我检验能力,使他们能够更加真实地感知和反思自己的学习进度和成果。学生互评是项目化学习评价体系中不可或缺的一环,它特别强调了小组活动过程中学生间的互动和沟通。过程评价,作为学生自主评价的核心环节,为我们的教育体系带来了一种全新的视角,它鼓励学生从传统的被动接受者角色,转变为评价过程中的主导者,从而挑战了长久以来的教师为中心的评价模式。

【关键词】 自评;师评;互评;过程评价

项目化学习的评价指向核心素养,以此提升项目化学习设计和实施的质量,评估和促进学生真实的学业成长。项目化学习评价支架设计旨在为项目化学习提供评价框架,以评估学生在项目中的具体表现和学习成果。该支架包括项目目标的明确、评价方法的选择、评价标准的制定以及评价结果的反馈,以帮助学生全面掌握知识和发展技能。

一、深度学习评估:解说词评价在项目化学习中的关键作用

解说词评价在项目化学习评价体系中占据了不可或缺的地位。这一评价方式特别强调了学生对自身知识和技能的自我检验能力,使他们能够更加真实地感知和反思自己的学习进度和成果。为了使这一评价方式能够更加具体和系统,专门设计了解说词自评和师评表(参见表2-17-1)。这套评价工具不仅属于学习性评价的范畴,而且经过实践证明,具有出色的效果,能够真实、全面地评估学生的学习状态。项目化学习是一种强调学生主动性和探究性的学习方式,在其中每一个学习环节,都需要有针对性的评价来为学生提供指导和反馈,帮助他们更加明确目标,调整学习策略。当项目结束时,解说词评价不仅能够帮助教师和学生了解学习的收获,还能检验学生是否成功达到预定的学习目标。而评价表格中所涵盖的内容,不仅包括了对设计思想的具体描述,还融入了英语课堂知识的应用,如语法、句式、词汇等,这使得评价既具有专业性,又不失实用性,确保学生在项目学习中能够全面提高自己的能力和水平。

表2-17-1 解说词自评和师评表

评价内容	评价指标	自评	师评
Homes /Houses /Rooms /Apartments we design /for our family	能够运用描述关于房间的布局、结构、功能和意义等语言,语法准确地描述设计的房子。	★★★	★★★
	句式能够丰富多样,信息量多,文字拼写正确,字迹端正。	★★★	★★★
	能够运用合理的逻辑架构进行解说,能够使用自己学过的衔接词,使解说词层次清晰。	★★★	★★★
	能够使用准确的语法进行表达。	★★★	★★★
	能用英语清晰地叙述自己设计理想之家的原因。	★★★	★★★
	能用英语表达出理想之家的主要特征。	★★★	★★★
	In this task, I actually get _____ Stars. My work in this task. My introduction for this project is □Good □Great □Excellent (Excellent: 30～36 Great: 20～29 Good: 10～19)		

二、学生间的评价互动:构建协作学习环境

学生互评是项目化学习评价体系中不可或缺的一环,它特别强调了小组活动过程中学生间的互动和沟通。这种协作学习环境鼓励学生们跳出自我,不仅相互衡量彼此的学习能力和习惯,还能深入探讨和分享彼此的学习心得。这种深度的交流,帮助学生们更为全面地了解自己和团队成员的优点和不足,使得课堂变得更加生动活泼,同时也为团队协作打下坚实的基础。为了确保这种评价方式的实际效果,特地设计了一套详细的评价成果的互评和教师评价表(参见表2-17-2)。这套评价工具的独到之处在于它综合了多个评价维度,如口语表达的流畅度、内容的丰富度、团队合作的互动性及创新点的独特性,这样的设计确保了评价的全面和深度。在这套评价体系中,含同伴互评、

教师评价等不同的评价主体,这样的评价方式不但可以保证学生学习的主体地位,也能够使评价客观公正,并能多视角全面地进行评价。量规制作的目的关键在于运用,在项目化学习中,过程性的监控与反馈至关重要,评价量规就是最好的载体。学生在完成每个进阶任务过程中,通过评价量规给予指引、反馈,可以及时改进、优化,更好地完成任务;也可借助评价量规反馈每个团队成员的表现,适时调整项目的进度,让作品朝向更好的方向发展,提升整个项目的质量。量规的使用贯穿项目化学习的始终,推动整个项目化学习进程。

表2-17-2 互评和教师评价表

Items	Assessment contents (评价内容)	Stars (小组互评)	Stars (教师评价)
Speaking (口语表达)	Pronunciation & Intonation (语音语调准确)		
	Fluency & Speaking loud/clearly (语言流畅,声音清晰)		
	Correct grammar & Perfect expression (语法准确,表达完整)		
	Appropriate length & behaviors (长度恰当,举止得体)		
Content (内容)	New or sharp ideas (观点新颖独到)		
	Interesting & sufficient information (选材有趣有效)		
	Perfect design (设计精当)		
Cooperation (合作互动)	Team work in performance (协作意识强)		
	Interaction with others (与他人有效互动)		
Creativity (创新或亮点)	Creative performance (创新表现)		
Stars(总星数) _____			

三、学生自评:主导自身学习与成长

过程评价,作为学生自主评价的核心环节,为我们的教育体系带来了一种新的视角,它鼓励学生从传统的被动接受者角色,转变为评价过程中的主导者,从而挑战了长久以来的教师为中心的评价模式。而这种新颖的评价方式,不只满足于对学生基础知识和技能的评估,更进一步地关注学生的综合素养,如批判性思维、问题解决能力和创新精神。在学生自主评价的引导下,他们得到了更多机会,去深入地反思自己的学习过程、挖掘自身的潜能,并更为主动地调整学习策略。项目过程评价表(学生自评表)(参见表2-17-3)为学生提供了一个细致而全面的自我评价平台,鼓励他们从一个更为公正和客观的角度去审视自己的学习过程和成果。这样的自评不仅加深了学生对自己学习状态的认知,还培养了他们的自我反思和自我管理能力。评价表中详尽地列举了各种评价维度,从学生的情感态度、合作精神,到项目的成果展示等,为学生提供了一个全方位的自我评估框架。更为值得一提的是,这种自我评价方式也已成为教师了解学生学习状态的重要途径,为教师提供了及时的反馈,使他们能够更为精确地调整教学策略。随着项目的深入推进,学生在项目实施中遇到的问题和需求会逐渐显现出来,如对某些专业词汇的掌握程度或对特定主题的理解程度等。在这种评价背景下,学生们在一个相互合作和竞争的环境中,不断地挑战自己,激发出更多的创新思维,相互之间取长补短,以期在项目中达到最佳的学习效果。

表2-17-3 项目过程评价表(学生自评表)

在项目实施中,我能够:

评价项目	评价标准
情感态度	积极参与,主动认真,克服困难。
合作交流	1. 在绘本图片的帮助下理解文本大意。 2. 从绘本中选择一处房屋,将它画在纸上或者用其他材料(纸盒、胶泥等)做成小模型。 3. 认真倾听,配合同伴,相互协作,能吸收同伴的好建议。
问题解决	1. 收集、归纳和提炼绘本中所描述的房屋的信息,并且利用思维导图进行重构。 2. 在看图写解说词中,想象出更多与之符合的信息。 3. 提出自己的想法与做法,尝试主动解决问题。
动手实践	认真参与调查,绘制平面图后用橡皮泥添置自己想要的设备和摆设等(可借助橡皮泥、绘画、制作PPT、乐高积木拼图、设计软件制图等,形式不一)
成果展示	1. 通过拍摄视频(vlog)的形式(有解说词和成品),向其他国家的小伙伴们介绍自己为家人设计的满意之家,在文化交流中提高语言运用能力。 2. 合理美观,展示自信有条理,语音语调优美。
总评:我在这次项目化活动中的收获和不足有哪些?	

四、改进和未来展望

综上所述,这个项目的实施取得了良好的效果,学生们在实践中获得了丰富的学习经验和技能提升。通过项目的评价,可以进一步了解学生的学习情况,为今后的教学提供指导和改进的方向。同时,项目的成功也鼓励着学生们在未来的学习中更加积极主动地参与项目化学习，培养更多的综合能力和创新思维。

（上海市浦东新区福山证大外国语小学　黄立）

参考文献

［1］彭丹.多元智能理论在小学英语教学中的探索[D].上海：华东师范大学：2023.
［2］徐洁.对行动导向课程改革若干问题的思考[J].北京劳动保障职业学院学报，2009，3（4）：2.

18 基于学生视角，确定项目主题
——以"跟着福娃去旅行"项目为例

【摘要】项目化学习是以学生为中心的教学方式，在学习的过程中，需要发挥学生主观能动性，综合运用的能力，以达到提升解决实际问题能力的目的。主题是 PBL 项目化学习的地基。项目化学习一般是从教师提供情境及驱动性问题出发，因此，情境和主题是否能吸引学生的学习兴趣，是否能引发学生对于知识的思考就十分重要。项目化学习的主题需要以学生的实际生活出发；项目化学习不能脱离核心知识；项目化学习是主题式的。

【关键词】项目化学习；以学生为中心；核心知识；主题式

项目化学习是以学生为中心的教学方式，在学习的过程中，需要发挥学生主观能动性，综合运用以达到提升解决实际问题能力的目的。主题是项目化学习的地基。项目化学习一般是从教师提供情境及驱动性问题出发，因此，情境和主题是否能吸引学生的学习兴趣，是否能引发学生对知识的思考就十分重要。笔者以四年级"Follow me 跟着福娃去旅行"项目为例，阐述英语学科项目中基于学生视角的主题确定。

一、项目化学习的主题如何选择

项目化学习的主题需要从学生的实际生活出发。教师用现实中的问题激发学生思考问题、探索问题，从而顺利解决问题。学习活动开展前，需要教师提供真实的、有价值的情境。主题可以选择当下流行的社会问题，学生关心的话题或者教材中实践性强的单元知识主题。

二、真实情境，熟悉事物——链接学生情感需求

上海作为旅游热门城市，也是很多福娃出生长大的城市。证大福娃对上海这座城市非常熟悉，有着天然的亲切感。针对四年级的学生，教师以上海这座城市为背景，设定了一个真实的问题情境：上海是外国友人来中国旅行的热门地，如何为他们设计旅游攻

略，帮助他们更高效地游览上海，并深入了解上海。这样的真实情境给了孩子们代入感，福娃们跃跃欲试，能作为城市主人翁向外国友人进行介绍，他们感到十分光荣。项目主题"Follow me 跟着福娃去旅行"也由此引出。在此主题的学习探究过程中，学生们不仅能体会语言的实际交际功能，更能提升传播中华文化的能力，增强民族荣誉感。

三、从知识到概念——链接具有迁移性的学科知识

项目化学习不能脱离核心知识。如果脱离了课本知识教学，忽略了知识能力建构，开展的活动只能是"表面热闹，内里空洞"。在项目化学习中，教师是否仅仅是在问题情境下，在解决问题的过程中，开展单一知识点的教学？答案一定是否定的。知识点是割裂的、零碎的，而概念是融合的，在情境中，让学生通过对概念的运用解决实际的问题。项目化学习并非直接指向知识点，而是在学习中达到知识点的迁移，形成更高阶的思维。因此选择主题时也应该定为概念性的主题。

为外国友人设计旅游攻略虽引起了学生的兴趣，也满足了学生的情感需求，但主题是否是恰当的、概念性的，能否帮助学生在课堂中完成知识迁移，仍需老师再三斟酌。

该项目开展时间拟定于 2022 学年第一学期，面向四年级学生展开。在主题拟定时，老师们研读四年级上册牛津教材，分析课本教材中的理论知识，提取每个小节中的教学目标，进而对项目化学习主题的选择提供依据。经过讨论发现，M3U2 Around my home 主要学习内容为 in/on/at/near/behind/next to/between 等方位介词，此单元的教学目标是能使用方位介词介绍某一地点的方位。4A M4U1 A visit to a farm 的课本内容涉及规则的复习，4A M4U2 At Century Park 的主要学习内容渗透自然学科公园文化、绿植分布、鸟类认识。学习后，学生通过介绍世纪公园的描述性文本，掌握语篇介绍，进行语篇的模仿、再创。

方位、规则、地点介绍，这些正是旅游攻略的组成部分！学生在学习后，能将这些碎片化的知识点串在一起，形成融合的大概念。老师们这才敢将主题正式确定，并在大主题"Follow me 跟着福娃去旅行"下，又制定了小主题，将他们分为制定最优路线，介绍某一景点，制定场馆内游客要遵守的规则等。同时，老师们经过研讨，考虑到学生已学过关于物品单词的知识，决定加入罗列物品清单这一小主题，帮助学生在课堂中复习旧知，达到对以往知识的迁移。

项目化学习是主题式的。主题即大概念，串联着项目化中的各个学生活动。选择准确的主题能吸引学生，帮助学生达到知识的迁移。准确的主题是地基，有了稳固的地基，后续的砖瓦才能垒得更高、更稳，项目化活动才能进行得更顺畅。

（上海市浦东新区福山证大外国语小学　冯卓颖）

参考文献

夏雪梅. 项目化学习设计：学习素养视角下的国际与本土实践[M]. 北京：教育科学出版社，2018.

其他科目

19 连环画项目教学在小学德育教学实践中的开发利用

——以"经典永流传——连环画我来 HUA"为例

【摘要】连环画这种艺术形式在我国传承已久,它以小见大、图文并茂、内容丰富、寓教于乐。优秀传统文化是中华民族的血脉,是我们振兴中华的重要力量源泉。连环画无疑是传统文化和经典的重要载体,那么如何挖掘连环画在传统文化教育中的作用和其具备的文化价值,有效拓展课堂空间,提高教学实效,促进德育活动化、课程化,增强德育的实效性呢? 本文以党史主题连环画为切入点,以项目化学习点燃学习思维,探讨了利用连环画这一文化资源在小学德育教学中的实践与探索。

【关键词】连环画;项目化学习;实践路径与方法

一、背景及意义

2021 年适逢中国共产党百年华诞,我校以"百年奋进铸辉煌 薪火相传谱新章"为主题,依托外语节文化周活动,开展了一系列的综合德育校本研究实践活动。上海是中国现代连环画的发源地,虽然连环画对于这个年龄的学生来说已经略显陌生,但连环画却是他们爸爸妈妈、爷爷奶奶一辈童年难忘的美好回忆。在那个战火纷飞的年代,红色经典系列连环画讲述了革命前辈们为了祖国不怕牺牲、可歌可泣的革命战斗精神和奋勇杀敌的大无畏英雄气概,宣扬的是正义和勇敢的价值观,并且具有强烈的时代情怀。

习近平总书记曾说,"少年儿童培育和践行社会主义核心价值观,要适应自身年龄和特点,做到记住要求、心有榜样、从小做起、接受帮助"。百年党史正是最好的德育教科书,那么我们可以用怎样的方式为孩子打开这本教科书呢? 由此,我拟定了"经典永流传——连环画我来 HUA"的单元主题项目探究活动,以连环画为载体,深入挖掘连环画在传统文化教育中的作用和其具备的文化价值,让师生全情参与,使德育活动生动而丰富,学生通过"主题认知—欣赏借鉴—学习探究—创作表达"的途径进行了综合性的项目化学习。此活动既是校园党史学习教育的大胆创新,也扩展了学校的艺术教育资源,拓宽了社会主义核心价值观的教育途径。把美育与道德教育有机地结合起来,有利于他们更好地传承中华民族传统文化,在弘扬中华优秀传统文化、培育和践行社会主义核心价值观方面，具有重要地位和意义。

二、探究的内容

本单元教学对象是中高年级年龄段学生，以"连环画里的百年党史"为主线，带领学生对相关党史连环画作品做一系列深入的探究学习，开展了"经典永流传——连环画我来 HUA"的单元主题项目探究活动。

学生通过了解连环画的发展历程，重温了中国共产党发展中先进共产党人的事迹故事，传递了积极的价值观和道德观念，促进了学生的全面发展和道德修养；在筛选整理、编排绘制的过程中，又学习了连环画丰富的艺术语言：线条、色彩、构图及其独有的图文搭配叙事的形式；在集体合作创作的过程中，学会了谦虚好学、互相帮助的良好品德，树立正确的合作观念。

三、"连环画我来 HUA"的学科项目学习概述

在本项目的学习过程中，学生围绕驱动问题，通过做一回小小少儿出版社编辑，了解相关党史连环画，并以小组为单位，自主分成绘画组、脚本组、审校组等，从选题的筛选到一辑内容脚本的确定，再到故事描绘，最终完成一辑短篇红色英雄主题连环画创作。通过"四个一"子活动，即诵读一本连环画，讲一个连环画小故事，画一本连环画，办一场连环画展览，让每一位师生都能在沉浸式的项目体验中真正参与其中，了解和学习中国共产党的百年历史，锻炼了学生们的思辨能力和批判思维，培养独立思考和判断的能力。图 2-19-1 为学生绘制的多格红色主题短篇连环画作品和经典红色连环画故事绘本。

四、连环画在德育实践中的价值

（一）优化课堂教学提升学生核心素养

《义务教育艺术课程标准（2022 年版）》与以往的课程标准相比，有一个重要变化，即将核心素养贯穿始终。核心素养是课程育人价值的集中体现，是学生通过课程学习逐步形成的适应个人终身发展和社会发展需要的正确价值观、必备品格和关键能力。基于核心素养的美术教学的重要特点是"做中学"，它不是让学生学会美术知识与技能之后，再布置创作任务，而是在创作任务驱动下，对所需知识与技能的主动学习、相互联系的过程性学习。通过"读、讲、演、创"等一系列连环画创作活动，结合语文等学科实践，以外语节主题为契机，使社会主义核心价值观，融入一幅幅优美的图画和一个个生动的故事中，自然内化为每一名学生的精神追求和自觉行动。

（二）有效树立正确的人生观和价值观

2019 年 12 月，"学习用典——中国优秀经典故事全国连环画作品展"在中国人民革命军事博物馆开幕；2021 年 5 月，"永远跟党走——庆祝建党百年连环画体验展"在上海金茂大厦 88 层观光厅展出；2021 年 7 月，"日出东方——庆祝中国共产党成立 100 周年连环画展在"在上海人美社对公众免费开放……为庆祝中国共产党成立 100 周年，美术

图 2-19-1　学生创作的经典红色连环画故事绘本

界掀起集中创作、展示红色连环画的热潮，推出了一批又一批的红色连环画系列展览、丛书等。其中，红色经典、传统文化、优秀人物、历史地理等题材都有效地将社会主义核心价值观的内涵和要求用以图话史的方式展示了出来。优秀传统文化是中华民族的血脉，是我们振兴中华的重要力量源泉。连环画作为中华优秀传统文化的重要组成部分，被誉为"具有中国特色的艺术之花"，在弘扬中华优秀传统文化、培育和践行社会主义核心价值观方面，具有不可或缺的重要地位和作用。

　　"历史是最好的教科书，党史是最好的营养剂"，在那个峥嵘岁月中，红色题材连环画一直都是连环画创作的重要主题，连环画就像一部天然的党史课堂。聪颖的老艺术家们将复杂的故事用生动的图文方式表达了出来：贺友直的《山乡巨变》、汪观清的《红日》、韩和平的《铁道游击队》、顾炳鑫的《渡江侦察记》和华三川的《永不消逝的电波》等，梳理红色题材的连环画作品，也是学习党史的过程：党的伟大历程、经典英雄人物事迹都在其中。这不但有深刻的教育意义，而且人物造型也是生动严谨、构图考究、设色巧妙，极具艺术魅力，加上通俗易懂的图文方式可以让学生直观地了解中国共产党百年奋斗历程,重温共产党人艰苦奋斗的精神,学习革命英雄事迹和革命传统,树立正确的世界观、人生观、价值观,传承红色基因。

(三) 建立本国文化自信,激发爱国情感

连环画中生动的画面、有趣的故事情节和鲜明的角色形象,能够引起孩子们的情感共鸣,这样的情感体验有助于培养孩子的同理心和关怀他人的能力。通过观察发现,大部分学生在课余时很喜欢临摹或绘制一些卡通动漫人物,为此这些绘本中有的手绘质量上乘,但也有内容简单粗暴、形象怪异或概念化严重的。纵观我国传统的连环画绘本,老艺术家们慢工细活,反复推敲斟酌,一笔一画亲手绘制,其价值不言而喻。老一辈连环画家们具备的这种精神品质,在今天依然需要传承发扬。

学生在参与本项目活动的过程中,通过学习描摹创作功勋人物《杨靖宇》、与敌人斗智斗勇的《鸡毛信》、少年小英雄《闪闪的红星》《小英雄雨来》等连环画,学习了主人公自信、坚强、勇敢的优秀品质;又带着对古典传统的文化朝圣与崇敬之情,描摹创造了《通天河》《大闹天宫》《九色鹿》等这些新中国成立后的经典连环画封面。他们从这些经典连环画中不仅能了解历史、获取知识,更是获得了一种精神的力量。通过这一系列形象直观的艺术实践经验,重塑了其精神品质、国家意识和民族情感,对于他们的审美能力与趣味的提升,文化自信和民族自豪感的提高都有着积极的促进作用。

五、连环画在德育实践中的创新路径与方法

(一) 构建多元实施体系,增强德育实效性

以外语节主题文化周活动为契机,通过综合实践活动、社团活动、融合型课程活动等进行活动设计与实施,突出学科融合,立足育德树人思想。如亲子漫 HUA、听爷爷奶奶讲一讲那个年代的故事、在爸爸妈妈的帮助下一起动手画一画等,在丰富多元的体验活动中,孩子们走入革命英雄的世界,感受了那段红色的峥嵘岁月。这些活动在促进技能提升的同时,进一步提升了孩子们的情感态度与价值观,既实现了家校共育,又拉近了亲子关系。

(二) 模拟故事场景,在体验中提升情感态度价值观

每一本连环画都是由一个个丰富生动的故事组成,而每个故事又由静态的一页页单独的画面来表现故事的发展。对于学生来说,在梳理单幅图片上下衔接的过程中,形成有步骤、有逻辑、有条理、更趋于完整的绘画形式,对他们的识图表达力和对故事的表述技巧都起了促进作用。

项目化学习主张让学生在真实的情境中学习并解决问题,在赋予学生"小画师""分镜脚本师"等角色后,从确定一个故事,到根据故事内容编写脚本、台词、情节等,再将文字转换成图画形象,强调学习过程中小组合作的重要性。其中,我通过创设"读赏演创"的场景再现方式,对照经典连环画作品中人物造型、构图的方式方法,进行小组交流和探究。故事中典型人物形象的动态、典型人物与典型环境情景的关系表现等都可以通

过"导"与"演"的方式来分析探究，通过引导学生品读、演绎，分析了画面的取景构图、人物动态等，感受其不同表现的效果。

（三）实施综合性的评价方式　激活连环画资源优势

通过综合性的评价体系的构建，以过程性评价为主，运用活动展示型评价、学科质量评价等，课堂内评价与体验活动中评价相补充，增强评价的形式、内容、效果。通过在德育实践活动的考察，激发学生了解连环画的热情，激活学生利用生活中的各种资源为探究素材，激励学生树立本民族的文化自信。在中华优秀传统文化和党的光荣革命传统中，理解日常生活的道德规范和文明礼貌，初步形成规则意识和民主法治观念，养成良好生活和行为习惯，在优秀的连环画中逐渐习得诚实守信、友爱宽容、自尊自律、乐观向上等良好品质。

六、实践活动过程中发现的问题

把我们优秀的连环画资源应用在小学德育课程中，可以通过情感共鸣、传递道德价值观、培养道德判断力和建立行为模范等方式，帮助学生们获得道德认知、品德提升以及人际交往等方面的发展。然而传统的连环画虽造型精湛，但多数以白描线条为主，相对于色彩艳丽的现代儿童读物来说不够吸引学生。在传承经典的同时，如何吸引更多的青少年去自发地阅读，是作为教师的我们需要思考的。在今后的教学中，美术教师是否可以和信息老师进行跨学科项目化整合，以探讨更丰富的教学内容与形式：如在信息技术的支持下，将平面的连环画形式改编成三维动画效果，或利用易操作的 APP 给连环画配音、配声效等，利用"数字连环画"的形式，使学生获得全新的情感体验，发挥美术学科特有的教学功能，体会美术学习的广泛性。

上海市特级美术教师、浦东新区美术教研员瞿剑宛老师提出：连环画创作是集合创作者综合素养的训练方法，正像如今大力提倡的项目化学习实践研究，通过对真实问题的解决，跨学科思维、综合能力运用，让学生获得关键性能力与必备品格。将连环画作为中小学美术"造型·表现"领域的学习内容，旨在让学生了解连环画及连环画的创作过程，培养学生项目化学习的整体性思维与创造性实践能力，提高学生综合素养。其中，可以更好地引导学生认识连环画的线条、色彩等美术语言以及其独有的图文配合方式，以连环画特色课程的开发与实施进一步弘扬连环画精神，用连环画独特的艺术语言讲好美好生活，画说中国文化、中国故事、中国精神。

综上所述，开发利用连环画资源能让青少年了解历史、传承传统文化，很好地贯彻体现习近平总书记对少年儿童提出的要求，亦是对在少年儿童培育和践行社会主义核心价值观进行的一次重要的创新实践。在体验式德育的教育实践中，借助连环画资源中有育人价值的资源，能充分发挥课程育人、文化育人、实践育人的育人功能，增强德育的实效性。在新时期德育活动中，我们还可以从鲜活的时代背景中选择表现社会主义核心价值观的内容、表现祖国新兴发展成就的内容、表现新时代人民的精神面貌的内容,以激发学生对党、祖国和人民的热爱。

(上海市浦东新区福山证大外国语小学　滕华夏)

参考文献

［1］朱泽钧. 发挥连环画在传统文化教育中的作用[J]. 新课程(小学版),2012(5):130.

［2］上海市教育委员会. 上海市小学美术学科教学基本要求(实验本)[M]. 上海:上海书画出版社,2018.

［3］房清. 小谈初中美术教学中的德育教学——关注课堂过程,渗透德育教育[J]. 文理导航,2016(3):84.

20 基于学生视角的问题链的设计

——以小学自然学科项目化学习为例

【摘要】 项目化学习作为一种新的学习形态,要求学生运用问题解决策略,将一个真实而复杂的问题分解成若干个子问题,并通过解决问题链获得最终的探究结果。笔者在分析了以往问题链设计中存在问题的基础上,明晰立足学生视角设计问题链的价值,结合自然学科项目的案例,从问题预设、问题生成以及关注问题的延展性三个方面进行深入探讨,以期对于当前基于学生视角的问题链设计有所启示。

【关键词】 项目化学习;问题链;学生视角

项目化学习作为一种新的学习形态,不仅能够引发学生更为主动地投入学习,做出积极的学习决策,更是改变了学生学习的知识性质,提升了学生学习的高阶性。[1]在项目化学习的过程中,学生作为项目的学习主体,需要学会运用问题解决策略,将一个真实而复杂的问题分解成若干子问题,通过解决问题链来获取最终的探究结果。因此,项目化学习中的问题解决过程,也是对问题链的求解过程,问题链的设计对于实现知识的深度理解具有重要意义。

一、问题的提出

知识的获得来源于对问题的认识和解决过程。在项目化学习中,为了实施更高质量的学习,我们的每个项目都以驱动性问题为导向,以问题贯穿整个教学过程,促使学生在设问和释问的过程中萌生自主学习的动机和欲望,在分析和解决问题的过程中获得知识和技能,逐渐形成问题解决能力。[2]在问题解决的过程中,教师需要引导学生创设一系列的问题,形成螺旋上升的问题链,通过逐层解答,最终达到解决问题的教学目的。

问题链是一串层层推进的问题，是解决问题的阶梯。[3]

问题链中的每一个问题都需要有一定的驱动作用，问题与问题之间存在着逻辑性和激发性，能展现和揭示学习过程和思想方法，使问题的解决过程具有普遍的知识性和方法论的意义。在学习活动过程中，教师应该引导学生科学、合理地创设问题链，帮助学生在不断地提出问题、解决问题的过程中获取知识和方法，培养积极思维的习惯。

然而在实践层面，问题链的设计往往存在误区较多、效果较低等现象。例如不少教师将问题链理解为"提问教学"，所提的问题往往只需要学生对知识进行简单的回忆和确认，缺少更深层次的认知功能和驱动价值；问题链的设计缺少了学生的参与，没能激发学生学习的积极性；问题设计不具有程序性，缺乏一定的逻辑性，使学生不能有阶可上。以我校四年级自然学科开展的"校园雨水收集与净化装置"项目为例，在1.0版本的项目中，围绕"如何为学校设计和制作雨水收集和净化装置"这个驱动性问题，设计了这样的问题链。问题1：地球被称为"水球"，是不是所有的水都可以用来生活？问题2：在上海这个地区，如何获取更多的淡水资源？问题3：如何收集雨水？问题4：怎样获取更为干净的雨水，用于浇灌或擦黑板等？看似合理的四个子问题，在复盘整个项目时，我们意识到：这个问题链背后的底层逻辑，还是教师的教学思维。以教师为主导，牵引性太强，开放性不够；而且几个问题之间内在的逻辑关联不够，驱动性问题无法包裹子问题1、问题2的探究。这样的项目化学习，和传统的课堂教学比起来换汤不换药。学生经历这样的项目化学习后，在分析和解决真实问题的能力方面难以有所发展。而导致这些现象的主要原因在于，教师在问题链形成阶段，虽然强调了学生是项目学习的主体，但在实施时却往往忽略了学生的想法与观点，未能立足学生视角进行问题链的设计。因此，基于学生的视角进行问题链的设计是非常必需的。

二、立足学生视角的问题链的价值

项目化学习有一定的复杂性，立足学生视角和真实情境提出来的驱动性问题，需要学生基于自己的背景知识和技能完成思维的碰撞，运用高阶的认知策略解决问题。因此，立足学生视角分解出来的驱动性问题链，除了能够有效地驱动和组织问题解决的过程，促进学生的认知发展，改变原来学科学习主要在低阶学习附近徘徊的特点，还激发了学生持续探求答案的兴趣，培养学生获取信息、筛选信息、分析信息的能力；真实还原科学研究的过程，使学生感受到问题解决过程的思路和方法，等等。[4]

（一）促进了学生的认知发展

低阶认知是指利用记忆、计算、简单理解等较低层次的认知思维来学习事实性知识，完成记忆和练习任务，解决问题的心理特征。[5]在项目化学习中，立足学生视角设计的问题链，需要学生根据自身的背景知识和技能，通过对数据的收集、整理和分析，明确问题的解决方案，了解问题产生的原因，分析适合现状的问题解决方法和其他低阶策略，并在此基础上进行加工，结合调研、实验、系统分析等方法，实现对思维的逐步抽象和深化,从而达到从具体思维向抽象思维发展,能够解决复杂问题的高级认知活动。

（二）增加了学生学习的积极性

作为项目化学习的主体,学生在问题链的设计中起着举足轻重的作用。教师在预设驱动性问题的分解路径时,要考虑到学生的认知水平,以学生为出发点和归宿。既然问题是为学生的"学"服务的,那么,问题设计的基本前提就是要围绕学生来进行。要以学生已有的知识和心理发展水平为基点,从学生发展的角度出发,设计接近学生"最近发展区"的问题,才能激发学生持续探究的兴趣,真正起到问题所起的导学、导思的作用。

三、基于学生视角的问题链设计

教学实践表明,以指向问题实质的、符合学生认知发展的驱动性问题链为活动主线能够促进学生认知的发展。

（一）从学生的角度来预设问题

项目化的教学方式始终坚持了学生为主体的教育原则,教师通过问题和任务的提出,为学生指明学习的方向和趋势,并给予一定的指导,主要的教学活动都是需要学生自主、自发地完成。因此,教师在预设问题时,要善于换位思考,即这一驱动性问题涉及哪些内容? 学生会在哪些地方产生疑问? 这些问题中哪些可以转化为小组讨论的问题? 哪些可以作为学生延展学习的素材? 等等。这些都是教师必须提前关注的。

例如,在经历了 1.0 版本的"校园雨水收集与净化装置"项目之后,我们发现:立足学生视角设计问题链,关键的一点,是要立足"学"的设计思维、解决问题的思维分解子问题。教师在分解子问题前,首先要把自己换位成学生的角色,想一想:如果我遇到这样的问题,我有什么真实的困难? 还原问题最真实的状态,贴近学生的认知和经验,一步步地去预设问题的拆分。于是,我们对 1.0 版本的项目,以驱动性问题为起点进行了优化,设想后续开展 2.0 版本的优化时,可以将雨水收集与净化装置的单学科项目拓展为融合自然、美术、语文、数学等跨学科项目,从真实的学校生活切入,链接节约淡水资源的社会问题,提升学生的公民意识。

如驱动性问题可以设计为:校园里我们每天擦黑板、冲厕所、浇灌树木需要用到大量的淡水资源。作为地球的小卫士,我们怎样做,才能为节约地球的淡水资源尽到应有的力量? 问题链的设计可以根据学生的生活背景预设。问题1:目前学校一天、一月、一年的淡水使用量大致是多少? 运用数学学科的统计方法来解决问题。问题2:从自然学科角度出发,这些淡水一年的使用量,和地球的淡水资源比起来,意味着什么? 问题3:如果你是校长,你觉得我们可以在哪些方面做出努力,节约我校的淡水使用量? 从自然、美术、语文、数学等学科的角度去思考可以做什么?

改进后的驱动性问题,不拘泥于雨水收集与净化装置的设计,改成了在校园内如何为节约淡水资源做贡献,基于真实生活,更加具有开放性。问题链的设计,提供给学生解决这个问题的层进性支架,从数学、自然学科的角度对真实生活事件进行深入分析,再将解决问题的思路引向更多的学科。比如，美术学科的节水小贴士和海报制作，语文学科的节水倡议书，还有自然学科雨水净化装置的设计，等等。通过一个个相对开放而具有挑战性的驱动性问题，融合、串联起多学科的探究学习，让学生在系统分析问题、解决问题的过程中，提升解决问题的能力，发展学科的核心素养。

（二）把握学生自发生成的问题

项目化学习活动开始前，教师都会对驱动性问题的分解路径进行预设，这些子问题本身就是基于学生视角来设计的。考虑到学生认知的发展性和多样性，在活动开展初期，教师可先安排学生根据驱动性问题的关键词，进行"头脑风暴"，充分发表对问题的分析与解决设想。"头脑风暴"结束后，教师就要适当地做好问题链的总结和调整工作，这就是我们常讲的"生成"。有效而巧妙的生成，需要教师关注学生的背景知识和技能，在充分预设的同时，把握学生自发生成的问题，以此作为素材，引导学生展开讨论，生成更加符合学生认知需要的问题链。

以我校自然学科开展的项目"烦人的声音"为例。在项目引入、问题确立阶段，教师通过情境创设后，引出了项目驱动问题：如何帮助高架桥附近的居民减少噪声带来的影响？教师虽然预设了驱动性问题的分解路径，但并未直接告知学生，而是引导学生进行了"头脑风暴"，针对该驱动性问题中的关键词句，充分发表对问题的分析与解决设想。学生围绕这一驱动问题，就过程中需要解决的问题进行了激烈讨论：什么是噪声，它对人产生的影响有哪些，阻挡噪声的方法以及怎么用模型体现降噪结果等。教师根据学生"头脑风暴"后生成的问题，结合自己预设的问题链，进行梳理和优化，最终形成任务解决的问题链。问题1：高架桥周边的居民遇到了什么样的噪声问题？什么是噪声？它会对人产生什么影响？问题2：声音是怎么传播和被阻挡的？降低噪声的方法有哪些？问题3：如何帮助高架桥附近的居民减少噪声带来的影响？怎么才能让我们的方案落到实处？将学生自发生成的问题充分融入问题的解决过程中，才能更好地激发学生的探究兴趣，促进学生的认知发展。

（三）关注问题的延展性

在项目化学习问题分解的过程中，教师一方面要注重学生对问题的剖析和生成，同时也不能忽视预设问题。预设问题可以让教学更具目的性，同时还能让生成更有效。即教师要从预设出发，对学生生成的问题进行整理和选择，要将那些有驱动、有逻辑的问题作为学生生成的素材，让生成作为预设的完善和发展。此外，教师要让生成的问题发挥实效，就要注意这些问题的延展性。

例如，上文问题2中提到的"声音是怎么传播和被阻挡的？"这一问题是某一小组在"头脑风暴"中生成的。然而在预设的问题链中，我们却忽略了这一点，没有考虑到学生对声音的已有认知。声音有很多种，有的是使人舒服的声音，有的是使人不舒服的声音，使人不舒服的声音是噪声，它也是声音的范畴。所以想要了解噪声的降低原理，首先要了解到声音是怎么传播和消失的。该问题的提出让我们意识到，教师在预设问题链时,不能只考虑到目标的完成,还要关注问题的延展性,从而更有助于深化学生的认知。

问题是思维的起点,也是项目活动推进的核心。基于学生视角的问题链设计,增强了学生对项目化学习的关注度与参与度,帮助学生更好地理解和掌握知识,进一步培养了学生的思维能力。

(上海市浦东新区福山证大外国语小学　陈楠)

参考文献

[1] 夏雪梅. 在学科中进行项目化学习:学生视角[J]. 全球教育展望,2019(2):83-94.

[2] 胡久华,郁乐. 促进学生认识发展的驱动性问题链的设计[J]. 教育科学研究,2012(9):50-55.

[3] 王后雄. "问题链"的类型及教学功能——以化学教学为例[J]. 教育科学研究,2010(5):50-54.

[4] 蒋雄超. 驱动性问题视角下项目化学习中子问题的分解设计[J]. 教学与管理,2022(5):26-28.

[5] 邓鹏. 面向高阶认知发展的成长式问题化学习(GPBL)研究——概念、设计与案例[J]. 远程教育杂志,2020(3):76-85.

21 基于学生视角的项目化劳动课程实践与评价探究

——以项目化学习"中草药种植劳动"为例

【摘要】基于学生视角,以项目化设计为思维方式,构建真实、开放、互动的中草药种植课程,在实践导向下,促进学生主动、深入、持续地开展种植劳动,引导学生在劳动中探究中草药的奥秘,初步建立文化自信意识。同时跟进劳动评价,注重评价实效,提升劳动素养,培养综合能力。

【关键词】项目化学习;种植课程;实践导向;素养评价

2018 年全国教育大会上,习近平总书记要求把劳动教育纳入培养社会主义建设者和接班人的总体要求之中,明确提出构建德智体美劳全面培养的教育体系。德智体美劳"五育"并举,才能提升学生的核心素养和关键能力,才能促进学生全面而有个性的发展。劳动教育与德智体美教育一样,需要通过精心设计的教育活动,且活动应具备情境性、问题性、操作性等,而这与强调在一种真实学习情境下获得知识、经验及技能的项目式学习模式极其相似。

我校在"活力劳动乐园"校本劳动教育课程实施途径中,项目化学习方式为学校劳动教育课程的落实、落地带来了新的机遇。学校将劳动教育与传统教育相融合,以项目

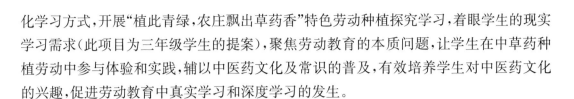

化学习方式，开展"植此青绿，农庄飘出草药香"特色劳动种植探究学习，着眼学生的现实学习需求(此项目为三年级学生的提案)，聚焦劳动教育的本质问题，让学生在中草药种植劳动中参与体验和实践，辅以中医药文化及常识的普及，有效培养学生对中医药文化的兴趣，促进劳动教育中真实学习和深度学习的发生。

一、项目化学习与劳动教育课程融合的主要依据

(一)劳动教育与项目化学习内在价值的一致性

劳动教育和项目化学习都以"立德树人"为根本，两者都着眼于学生的全面发展，在价值基础和目标两方面具有一致性。

劳动教育与项目化学习都强调学生的实践能力培养、综合能力培养、责任意识培养和实际应用。这些共同特性使得劳动教育和项目化学习成为互补的教育方式，能让劳动探究更具深度化，进一步内化劳动的自觉性和主动性，能够更好地促进学生的全面发展，并使其懂得劳动的价值和意义。

为此，学校把劳动教育和项目化学习进行融合，以真实问题为驱动，根据新时代劳动工具、劳动技术、劳动形态的新变化，内化劳动的自觉性与主动性，聚焦知识架构，关联学科知识体系，让劳动探究深度化，使劳动教育成为行为、认知、情感、意志等的高度融合与协调统一。

(二)项目化设计有助于劳动教育课程的实施

通过项目化理念对劳动课程内容进行重构，可以使学生在真实的情境中进行实践学习，从而实现"做中学"的目标。在校园、家园、社园等多场景的劳动场域中，学生可以协同创新、创造，培养劳动技能，并且有机地融入劳动意识和劳动态度的培养，从而充分发挥劳动育人的实效。

同时，项目化教学可以提供多维的知识内容，包括丰富的高阶认知策略，如分析、决策、创见、问题解决等。此外，还可以采用多元的实践方式，如探究性实践、技术性实践、审美性实践等。这样的教学方式可以持续贯通在劳动教育实施过程中的感知、体验、提升、反思等环节，从而满足劳动课程建构的价值取向。

二、草药为"媒"，指向实践的项目化种植课程实施

学校在生产劳动课程群中通过开发项目化劳动种植课程，丰富了校园文化的内涵，提升了学生的综合素养，增强了学生对中华优秀传统文化的认同感，将文化自信的种子润物细无声地播种在每个学生的心里。

(一)种植课程为基，实现融合育人

学校在三年级劳动课程中首次尝试了以项目化学习方式开展中草药种植劳动，通过成立中草药种植课程项目小组，将种植课程与自然、数学、美术等学科课程相融合。

在项目化劳动种植课程的学习中，学生通过观察校园中、社区里的常见中草药，测算植株间距、进行中草药写生等形式，将各学科知识融入其中。既学习到了中草药种植

的基本知识和技能，同时也培养了他们的观察力、测量能力和艺术创造力，使学生更加全面地了解中草药种植。通过这种项目化学习的方式，旨在构建一个学生能听懂、有特色、重体验的种植劳动课程。同时，通过与其他学科的融合，学生也能够更好地理解学科之间的联系和应用。

（二）驱动问题"汇智"，形成文化认同

基于学生视角，基于真实生活情境的问题和任务，是种植课程项目高效开展的驱动力。带着问题和任务的学习，学生能够从发现问题开始，主动建构知识获取技能和经验，手脑并用，在劳动中体验解决问题的全过程，从而在劳力的同时更能劳心，培养自主探究、综合分析等解决问题的关键能力。因此，基于"你是否能成为一名出色的种植小能手"驱动问题，项目小组设计了以下 5 个子问题链。

（1）生活中常见的草药，你认识吗？

通过引导学生观察身边常见的草药植物，了解它们的特点和用途，培养学生对草药的认知。

（2）为什么我们看到的草药植物和中药房里看到的不一样？

通过引导学生了解中药材的采集、加工和贮存过程，让学生明白中药材的形态可能与生活中的草药植物不同，培养学生对中药材的认知。

（3）怎样在植物—中草药—传统文化之间建立初步的有效链接？

通过引导学生了解中草药与传统文化的关系，如中草药在中医治疗中的应用、中草药在传统节日中的使用等，培养学生对中草药与传统文化的联系的认知。

（4）你将开展哪种草药的种植？

通过引导学生选择一种适合在校园农庄种植的草药，并了解该草药的生长环境、种植方法等，培养学生对草药种植的实际操作能力。

（5）你是怎样解决种植过程中出现的问题的？

通过引导学生在实际种植过程中遇到问题时，进行观察、分析和解决，培养学生的问题解决能力和团队合作能力。

在项目设计和实施过程中，给学生提供必要的学习支架，辅助学生在探究中解决可能遇到的问题，在任务进阶中鼓励学生进行持续性、深入性的探究。以"小步走"的方式帮助学生实现项目的素养目标，激发学生在学习过程中围绕任务单持续性思考、不断地探究。

（三）种植实践"激趣"，提高劳动能力

劳动项目的设计最终要落实到实际操作层面，学生的学习参与度以及探究的深入程度，决定着项目的效果和质量。

在三年级的雏鹰假日小队探秘活动中，学生们通过任务驱动的学习模式，收集、整理了生活中常见的中草药，并确定了各班种植的草药。在这个过程中，师生和家长共同参与了耕地、播种和管理的工作。

学生通过这个活动初步认识了白苞蒿、薄荷、萱草、迷迭香、垂盆草、金荞麦、蒲公英、龙芽草等中草药幼苗的形状和识别方法，并了解了它们的生长过程。

通过实践和任务驱动的学习，学生不仅学习到了田间管理，如追肥、培土和清除杂草等，夯实了中草药种植的基础知识，提升了劳动能力，还培养了他们的团队合作意识和责任感。

三、指向实践的评价，让项目化学习更聚焦劳动素养发展

坚持实践取向既契合劳动教育的本质属性，也是构建劳动教育评价体系的必然诉求。在"植此青绿，农庄飘出草药香"项目化学习种植课程中，项目小组始终把实践置于评价的核心，聚焦中草药种植中的实践问题，培养学生的实践意识、实践知识、实践能力和实践智慧。

（一）评价目标注重培养实践意识

劳动教育评价是培养实践意识的重要抓手，实践意识对行动有引导作用。在本次项目化学习中，我们通过驱动问题"你能成为一名出色的种植小能手吗？"来激发学生的实践意识，并将其作为评价目标。引导学生以实践为基石，如种植过程中的种植技能掌握、实际操作的准确性和效果等方面，让他们理解实践的重要性。这样，他们才能够成为出色的种植小能手，并在实践中不断成长和发展。

（二）评价内容强调形成实践知识

实践知识是劳动教育评价的核心内容，而实践知识还需要相应的理论知识从认识层面到实践层面进行经验的集合。在种植过程中，学生面临了诸多意想不到的困难和突发状况，如梅雨季节连续雨天，用什么方式给草药的种植田排涝等问题。学生需要根据实际情况去收集、学习相关排涝知识，建立相应的知识结构。再通过实践，挖深沟或疏通沟渠，保证雨后种植田无积水。因此，只有将理论知识融入具体的实践情境和实践问题的解决中，把抽象的实践知识内化为学生自身的思维结构，才能提高学生对实践知识的关注度。

（三）评价过程重视提高实践能力

劳动实践能力包括正确使用劳动工具的能力、处理劳动实践中的人际关系能力和开展创造性劳动的能力。因此，劳动教育过程评价需要重视提高学生的实践能力。在本次项目化学习种植实践中，始终凸显学生的主体地位，从子任务问题的选择：探秘草药—辨识草药—建立中医药文化理念—种植草药—解决种植中产生的问题，到实施和解决，都通过学生在小组合作中自主完成。学生在劳动探究中学习植物学和中医药学的相关知识，自主探究中草药的奥秘。通过项目化学习方式开展劳动实践活动，学生充分感受到种植和养护等劳动的艰辛和收获的喜悦，形成主动探究意识，提升实践能力、创新思维和科学素养，激发学生热爱中草药文化的情感，发挥劳动教育的价值，更好地助推学生的全面发展。

（四）评价结果关注发展实践智慧

劳动教育是一个漫长的过程，学生在劳动实践中更需要拥有实践智慧。他们需要在真实的情境中不断地进行反思和感悟，以及灵活机智地处理问题。以三年级2班种植的薄荷为例，后期出现了虫害问题，学生们通过讨论一致决定喷洒农药。然而，这又引发了新的问题：喷洒农药后会不会影响隔壁班级责任田里的植物？如果其他年级的同学不小心碰到喷洒了农药的薄荷怎么办？

面对这些实践中产生的问题，学生们集思广益，共同讨论，并最终得到了统一的解决办法：首先，他们决定在自己班级的责任田安插醒目的警示牌，提醒其他班级薄荷已经喷洒了农药，请勿用手触碰。其次，在每天的农庄开放时间，他们派轮值的团队成员进行巡逻，提醒其他班级的同学请勿靠近。

通过反思和改进实践，学生在生动鲜活的实践情境中逐步学会了解决问题，丰富了对劳动教育的认知。这个过程不仅培养了学生的实践能力和创新思维，还加深了他们对团队合作和责任的理解。劳动教育的目的就是通过实践，逐步生成实践智慧。

新时代劳动教育背景下，基于项目化学习的劳动教育也在改变着教师的教学方式。教师要将项目实践与各级、各类德育活动有机融合，充分整合、创新劳动教育课程，打造劳动教育品牌，完善劳动教育评价体系，开发具有学校特色的劳动教育课程新模式，点燃学生的劳动热情，实现培养学生创新思维、劳动素养和实践能力的目标，最大化发挥劳动教育的意义和价值。

（上海市浦东新区福山证大外国语小学　褚丽琴）

参考文献

林克松，熊晴.走向跨界融合：新时代劳动教育课程建设峰价值、认识与实践［J］.湖南师范大学教育科学学报，2020（2）：57－63.

立足学生视角，保证个性化、创造性的实践空间
——以"校园迷你马拉松路线制定"项目为例

自然地形跑是一项利用现有地形条件进行耐久跑的运动，学生在练习时会出现怠懒、不想跑的消极想法。本次项目化设计通过抓住三年级学生的心理特点，让实践与评价相结合，使得学生愿意做、主动做，激发对跑步的兴趣，奠定终身体育的基础。同时强调学习与真实情境的联系性，强调跨学科而非单一学科，从而帮助学生实现知识的融会贯通、深层学习和知识迁移。

对三年级学生来说，设计这样一条线路难度不小。激发学生的好奇心，让学生主动

去做就显得非常重要。所以在开始便引导学生思考需要解决的问题。对此有学生一针见血地问出："三年级的校园'迷你马拉松'距离是多少？"我反问道："大家觉得多少比较合理呢？站在你们的角度看，多长距离是适合三年同学的呢？"有些孩子直接回答道："我们可以参考'上马少儿迷你马拉松'的距离，是 4.2 公里。"也有孩子直接反驳道："我围着小区跑一圈，大概 2 公里，就很累了。不能超过 2 公里，可能最长距离在 1 公里更适合大多数同学。"我回答道："你的个人体验和经验都挺好的，值得我们参考。其他同学还有什么建议？"这时就有同学说："老师，区里小学的运动会比赛最远的距离是 800 米，我觉得我们三年级不能超过这个距离。"

最终三年级的同学们把距离确定在了 600～700 米范围，理由有二：

（1）三年级的孩子跑动距离不能超过区里比赛的距离。

（2）600～700 米让更多的同学都能勇于参与，不至于听到距离就退缩。

这时我发现，放开讨论，从孩子的视角，得出最后的距离还是挺科学的。同时本项目学习的具体应用将学生成功地带入学习现场，问题导向的最终目的也与学生息息相关，使得学生的学习兴趣充分激发，学习动力明显增强。

真实情境激发学生解决问题的灵感，小组合作则是解决问题的钥匙。面对盲区，小组成员分工合作，测量校园时就会出现拉尺、定位、记录等这样一个流水线的成熟模式，即使因设置起终点会有不同的意见，最后也能协商出共同的结果:将起终点放在 A 楼和 B 楼之间的校牌前比较好，并给出了两点理由：

（1）道路比较宽阔，起跑时候不会因为拥挤而出现有人摔倒的情况。

（2）有足够大的场地留给观众，同学们可以为自己加油，氛围感比较足。

在这个环节中，主要体现了在个人思维火花的碰撞下团队携手共进、团结协作。教师仅需要在其中设定少量规则，给予学生想象的空间，并鼓励其进行实践，在过程中给予提示，在实践中及时修正。

在整个项目实施过程中，即使教师从不同的方面考虑到各个问题，但还是要针对学生的差异性提供对应性的引导，切忌一以贯之，保证学生的个性化和创造性。

（上海市浦东新区福山证大外国语小学　方元君）

23 立足学生视角，保证个性化、创造性的实践空间
——以"'野兽派'风格板报的设计和制作"为例

四年级开展的美术学科项目化学习，内容是"野兽派"主题板报的设计和制作。学生们每 6 人左右成立了一个设计小组，组员们自主搜集整理"野兽派"的背景资料，并向班级同学以多媒体交互的形式，交流"野兽派"的风格和对当代审美风格的影响。每个组员

都尝试了个人绘画创作，并进行了小组内部的互评打分；还为最终的板报评比制定了评价量规；最后，由小设计师和小编辑一起完成"野兽派"主题板报的文案和小幅风景画的排版，并进行校园展示。学生们不仅体验了团队合作、懂得了分工互助的重要性，也都获得了丰富的艺术体验和巨大的成就感。

"'野兽派'风格板报的设计和制作"作为项目化学习，整个过程历时 6～8 周。整个过程都紧紧围绕着艺术教育核心素养——即审美感知、艺术表达、创意实践、文化理解——开展。作为美术学科项目化学习，我们更要保证学生在项目活动中拥有创造性的实践空间。为此，我们做了以下设计和尝试：

一、课前进行前测问卷，关注学生兴趣点。

为了更好地了解学生需求，美术组在教研活动进行研讨，设计了线上平台的前测问卷。通过前测数据分析，我们更好地了解到学生对相关知识的掌握程度，以及学生对本堂课的兴趣点。以此为基础设计整个项目的细分任务，照顾到更多学生的能力和意愿。

二、在分解任务中，设置个性化创作任务

我们的最终成果是一份小组合作完成的"野兽派"风格板报。在项目活动初期，在小组学习初步了解了"野兽派"的风格的过程中，我们特意安排每位学生都进行了"野兽派"风格小幅画作的创作。这些画作由组员独立完成，可以充分发挥个人的创造性，充分表达个人对"野兽派"风格的理解。同时这些小幅创作画又为各个设计小组完成最终成果——"野兽派"风格板报，提供了最主要的图片内容素材。

三、让学生参与讨论并进行评价量规制定

项目的最终成果是小组合作完成"野兽派"风格板报，板报的评价量规是全部由学生讨论制定的。立足学生视角，确定板报设计与制作的评价指标，尤其是讨论撰写评价指标的描述，给予他们充分的空间发挥创意，提出创作目标，并明确自己努力的方向。整个过程即通过评价前置来促进学生的自主学习。

四、鼓励学生小组合作探究，各尽其能

每个设计小组在项目入项阶段就进行了组内分工，到了完成整个板报的设计和制作的阶段，组员更需要各尽其能，完成自己擅长的部分。比如，美工要负责报头的书写美化，设计师要负责排版，小编辑要撰写文案内容，组长要负责最终协调等。每个成员在自己负责的部分里，都有充分的空间进行个性化的艺术表达和创意实践。

美术学科项目化学习"'野兽派'风格板报的设计和制作"，是一次富有挑战和乐趣的艺术探索。学生们通过小组合作，不仅了解了"野兽派"的历史背景和艺术特征，还体验了从创意到实践的全过程。他们在色彩、形式、内容和表达上都展现了自己的个性和创造力，也收获了美的感受和审美能力的提升。这样的项目化学习，让学生们在美术课堂上找到了快乐和成就感，也为他们今后的艺术学习和生活打下了坚实的基础。

（上海市浦东新区福山证大外国语小学　张黎）

24 立足学生视角，预设学习支架

在自然组的项目化学习中，动手操作是必不可少的环节，但在实际操作过程中，学生之间的动手能力有非常大的差距。为了更好地让学生参与项目化学习，自然组立足于学生视角设计了许多支架，提升学生的动手能力，支撑学生的深度学习。

一、案例一：校园净水器制作

校园净水器项目化活动是针对四年级的学生设计的，学生需要通过自己调查设计，制作出一个简易的净水装置。四年级的学生已经具有一定的动手能力，能够独立完成简单制作。但净水器的制作比较复杂，基于以上情况，自然组设置了三个支架帮助学生完成项目化活动。

1. 支架一：明确设计方案

净水器项目从校园内浪费水的现象出发，引导学生思考怎样利用身边的材料进行节水工作。学生在制作过程中的混乱，很大程度上是对自己需要做的任务不够明确。在本项目中，由于学生需要自己设计净水器，所以任务也需要由学生自己设定，通过引导学生明确方案中的每一个步骤，可以尽可能地帮助学生完成初步的方案设计，这也是动手制作的第一步。

2. 支架二：小组内设置分工表和任务完成表

由于制作周期较长，许多学生可能并不会参与每一项任务。如果按照往常的小组合作形式，教师仅能看到小组作业的成果，无法评估小组内每一位成员的完成情况。通过设置分工表，学生可以根据自己的实际情况合理分配工作；在阶段检查时，教师可以通过量表直观地看到每一位学生应该完成和实际完成的内容，并指导学生应该做出怎样的调整。

3. 支架三：课堂嵌入制作环节

动手操作中的一部分内容是可以在课堂上进行的，例如与课堂内容相关的过滤装置的制作，各种工具的使用方式等。将一部分难度较大的动手操作内容在课堂上先进行简单尝试，再让学生在课后完成完整的制作，便于学生掌握制作的要领。

二、案例二：家乡桥梁知多少

本项目是基于学校外语节活动开展的，面向全校学生，各个年级学生的动手能力差异较大，主要参与的是二年级和五年级的学生。同一个项目根据学生的不同能力展开的任务探究不同，需要搭建的支架也有所区别。

二年级学生动手能力较弱，且水平差距较大，二年级的项目化活动大致是基于课本上对于桥梁的学习展开的。我们额外加入了使用真实材料——木棒——搭建桥梁的制作内容。学生发现虽然使用的材料从纸张变成了木头，但承重能力却没有变好，进而引导学生思考怎样提升木桥的承重能力。二年级的学生在收集资料和思考改正的过程中，能力还较弱，这时我们适时引入古人搭建木桥的动画视频，引导学生观察并找到关键诀窍。

五年级的学生动手能力已经得到了一定的训练，但我们认为现在学生对于资料收集的能力还不够完善，主要体现在收集信息的可信度较低以及信息呈现碎片化。于是我们将前期的关键信息收集作为本次的一个重点。将信息进行汇总后，所有的信息收集需要标明信息的来源，学生针对信息的可信度进行讨论后将信息进行分级，按照信度从大到小的顺序进行参考。

在制作过程中，五年级学生遇到的问题主要是现实材料和模拟材料的差距。例如现实中的桥梁大多是钢筋混凝土的，学生难以找到完全一致的材料进行制作，于是找到替代材料就是非常重要的一个环节。我们需要引导学生思考新型材料的外形、特性，根据特性找到身边具有类似特性或具有其中某一种特性的替代品，才能够更好地完成制作。

三、利用教学支架创造性解决问题

学生们在动手制作环节往往有非常高的热情，但因为失败等原因产生挫败感，从而不再进行制作。通过支架的设计，学生在制作过程中的脉络变得更加清晰，即便失败了也能够通过支架分析原因，找到问题所在并且进行突破。

学生动手能力的提升不是一蹴而就的，根据学生的学情不同，支架设计也有所区别。项目化学习是开放性的，学生需要从不同角度进行思考，得到的解决方案也各有不同。通过设计不同的支架，我们能够帮助到每一个参与学习的学生，让他们得到真正的提升。

（上海市浦东新区福山证大外国语小学　顾巍蔚）

25 基于学生视角的中草药项目探究
——以"中草药龙牙草的班本实践"为例

一、案例背景

中国中草药栽培历史悠久，它凝聚着中华民族几千年的博大智慧，是我国医学的宝贵财富。为了传承我国优秀文化，践行科学探索精神，加强学生劳动教育，在我们校园的一角，开辟了一块中草药的天地，各班选种一种中草药进行体验和探索。

二、案例描述

（一）立足学生视角，确定种植品种

中草药品种繁多，在此项目刚开始阶段，我们就给学生们设计了两个子问题和相应的主任务：子问题1，生活中常见的草药，你认识吗？相应的主任务是寻找我们身边的草药植物（假日小队社区找寻草药）；子问题2，为什么我们看到的草药植物和中药房里看到的不一样？（中药、草药连连看）通过这两个主任务，学生们对一些常见的草药有了一定的了解，也让他们认识了更多的中草药。接着就是子问题3，你将开展哪种草药的种植？此项任务一出，我们班的学生们就开始各种搜寻，有的上网查，有的翻阅书籍，想通过更深入的了解来确定我们种植哪种草药。在一番查阅之后，大家对这几种草药的生长环境和功效等有了一个初步的了解，再根据各自所感兴趣的草药在班级内进行投票选举，最终我们以35票的高票数确定选取龙牙草来进行种植和探究活动。

（二）立足学习实际，推进项目实施

在此项任务启动阶段，我们根据驱动性问题"校园农庄即将开辟中草药的种植了，你能成为一名出色的种植小能手吗？"开始一步步进行探究学习，在我们确定种植龙牙草之时，就已经基本完成了前面三个子问题及相关的主任务、责任分工和评价等。接下去就是主要解决子问题4：你是怎样解决种植过程中出现的问题的？同时根据预设的评价知识与能力，学生们也真正开始了种植龙牙草和探究其特性及功效之路。

1. 开始种植，开启探究

3月10日，我们七彩星中队在活力农庄里播种下了第一批希望的种子——龙牙草。

学生们以雏鹰假日小队为单位，定期聚在一起，通过网上学习、实地勘测等形式，初步了解龙牙草种植的基本方法；接着，又在老师和家长义工的带领下，定期在农庄进行种植实践，掌握了填土、种植、养护等各个环节的要求和技能。

2. 做好"活力小农夫"，认真填好记录表

种植龙牙草只是我们此次探秘行动的第一步，虽说在此之前对于如何种植等，学生们都几乎一无所知，但是大家都勤学好问，在种植期间谨遵导师的指导，利用课间，经常结伴到农庄里给中草药施肥、浇水、除草，并用心观察、详细记录了这些可爱的小苗苗一天天长大的过程。通过一段时间的种植、观察和记录，最终各小队都上交了一份详细、全面的"活力小农夫探究记录表"，如百灵鸟小队的探究记录表（见图2-25-1）。从这些记录表来看，孩子们在这次探秘活动中都收获颇丰，对龙牙草的认识也更加深入和全面了。

活力小农夫
（三年级）

"植"此青绿，农庄飘出草药香
草药探究记录表

班级：　　三(7)

小队：　　百灵鸟

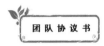

团队协议书

我们的承诺：

1.每次活动都要倾听同伴的意见，尊重同伴。

2.有不同意见时及时分享自己的想法，共同协商友好决定，必要时寻求班主任或家长的帮助。

3.去农庄必须在教师或家长志愿者的陪伴下方可进入农庄，不得单独私自行动。

4.开展种植活动，安全规范使用劳动工具切勿拿劳动工具当玩具在同伴间相互打闹。

5.劳动结束后，清理周围垃圾并分类投放，清洗劳动工具并集中放在固定、安全的地方。

团队成员签名：

草药小名片

名称：龙芽草

科属：蔷薇科

功效：具有收敛止血、解毒、补虚的功能，具有抗肿瘤、降血糖等药理作用，有防治蛔虫及小麦锈病之效。

应用：可用于吐血、痃疾等，可作驱蛔虫特效药，还可用作农药，捣烂水湿液喷洒。

种植技能 学一学

播种方法：把土地深翻一遍，去除多余土块和乱草，用一些肥，然后就可以种植了。

土壤要求：选用土质肥沃、土层深厚且疏松的沙质土壤种植为宜。

阳光和水分：生长期喜温暖湿润的气候，耐热耐寒对土壤、光照的要求不严。

浇水规律：及时浇水必不可少。但也不宜过多夏天时段2-3天一次，冬天时段4-5天一次。

种植实践 做一做

时间	植物的变化（文字和照片）	植物观察、探究过程记录
4/3—4/8	第1周，把土地进行深翻一遍，去除一些多余的土块还有一些乱草。然后就把龙牙草的小苗种到土壤里。	记录员：石瑞豪、廖喜伊
		天气情况：阴
		土壤环境：温暖、湿润
		是否需要除草：除草
		是否需要浇水：少量水
		其他描述（如虫害情况等）：种下龙牙草小苗
4/23—4/30	3周后，龙牙草长高到5-7厘米左右了。把那些长势过密的小苗拔掉，把一些弱苗和病害苗全部拔除。	记录员：王俊皓、万羿晨
		天气情况：晴
		土壤环境：温暖、湿润
		是否需要除草：少量除草，拔掉弱苗和病害苗
		是否需要浇水：少量水
		其他描述（如虫害情况等）：拔掉弱苗和病害苗
5/15—5/22	6周后，长出茂盛的龙牙草再进行拔草，并进行施肥，适当的加上一些钾肥和钾肥。	记录员：周芮屹、王宸轩
		天气情况：晴
		土壤环境：温暖、湿润
		是否需要除草：是
		是否需要浇水：浇水
		其他描述（如虫害情况等）：加上一些钾肥和钾肥

（可复制此页加页）

我们小队的探究小报告

　　这次活动，我们小队的同学选择了有代表性的草药——龙牙草，进行了草药资料的收集、草药种植、草药种植的观察和总结。

　　龙牙草的种植过程并不复杂，但是要让她长的好也并不那么简单。要注意土壤、气候、浇水等多个方面。

　　通过这次活动，我们了解到草药的学问真是博大精深，动手做一做让我们很有成就感；也感受到种下小小的种子、小树苗，悉心照料培育他们，就能长成有用的草药，这让我们体会到了植物的奥秘和伟大。

　　我们共同认为，我们一定要好好学习、多多实践，在实践中学习和成长，增强我们的本领，未来做一个对社会、对国家有用的人。

图 2-25-1　百灵鸟小队的探究记录表

3. 总结交流，视频汇报

不知不觉地，同学们种植的中草药已有一个学期了，龙牙草在同学们的养护下苗壮成长。最后各小队进行视频汇报，总结此次种植和探秘过程中遇到的问题及解决方法。从这些视频中我们能感受到：各小队的成员们在这个过程中，付出了辛劳的汗水，倾注了无比的热情，收获的是成长的喜悦和感动，更是团队合作带来的责任感和成就感。

（三）我们的收获

通过亲手种植，精心养护……我们三7七彩星中队的同学们，不仅收获了浓浓的"药香"，也深刻体会到了中国中医药的博大精深，更收获了对生命的感悟、对自然的观察、对优秀中医药文化的认可和对成长的感恩。

（上海市浦东新区福山证大外国语小学　郁姝）

案例篇

指向核心素养，深入学科实施

《义务教育课程方案(2022年版)》在课程实施板块明确指出,学校要深化教学改革,坚持素养导向,强化学科实践。注重"做中学",引导学生参与学科探究活动,经历发现问题、解决问题、建构知识、运用知识的过程,体会学科思想方法。加强知识学习与学生经验、现实生活、社会实践之间的联系,注重真实情境的创设,增强学生认识真实世界、解决真实问题的能力。我校各学科教师以学科项目化学习作为开展学科实践、落地课程方案的主要途径,依托校园生活、家庭生活乃至社会生活中的一个个真实问题,引导学生在分析解决复杂的、具有挑战性的真实问题的过程中,开展学科知识深度学习,学科能力深度建构,领会学科学习之于真实生活的价值,在解决问题的过程中发展关键能力,提升核心素养。

● 第一节 语文学科

 "小水滴历险记"项目实践(二年级语文)

项目简介

《义务教育语文课程标准(2022年版)》提出,应立足学生核心素养发展,充分发挥语文课程育人功能,以识字与写字、阅读与鉴赏、表达与交流、梳理与探究等语文实践活动为主线,整合学习内容、情境、方法和资源等要素,设计语文学习任务群。本项目将统编版语文二年级上册第一单元的《我是什么》和第七单元的《雾在哪里》《雪孩子》等课文进行整合,开展单元项目化设计。《我是什么》围绕"大自然的秘密",引领学生了解关于大自然的科学知识。第七单元中的《雾在哪里》《雪孩子》围绕想象进行编排,帮助学生获得初步的情感体验。三篇课文都围绕水展开了丰富的想象,通过水的神奇变化,赋予水不同的性格与形象。

本项目以二年级学生为主体,设计驱动性问题:在神奇的大自然中,水的变化千姿

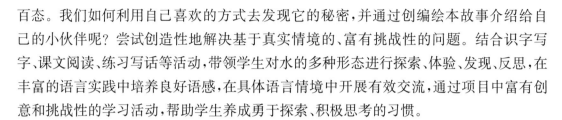

百态。我们如何利用自己喜欢的方式去发现它的秘密，并通过创编绘本故事介绍给自己的小伙伴呢？尝试创造性地解决基于真实情境的、富有挑战性的问题。结合识字写字、课文阅读、练习写话等活动，带领学生对水的多种形态进行探索、体验、发现、反思，在丰富的语言实践中培养良好语感，在具体语言情境中开展有效交流，通过项目中富有创意和挑战性的学习活动，帮助学生养成勇于探索、积极思考的习惯。

第一部分：项目设计

（一）项目目标

1. 学科目标

（1）识字与写字：认识与水相关的字词，喜欢学习汉字，培养良好的书写习惯和兴趣。

（2）倾听与阅读：能认真倾听别人讲话，了解内容。能借助插图，读懂课文和绘本故事，联系语境和实际生活理解文中词语的意思，并进行积累。

（3）想象与表达：引导学生探寻"我是什么"，通过展开想象，借助图画和写话表达，培养学生的自信心，敢于积极参与讨论交流。

（4）评价：培养学生乐于发现、积极合作、主动探究的品质，并学习评价。

2. 素养目标

（1）合作与沟通能力：能交流分享各种学习方法；能够进行组内合作。

（2）审美创造能力：能感受语言的优美，理解、欣赏、评价文学作品，培养审美能力。

（3）思维能力：逐步培养深度思考和高阶思维能力，有好奇心，能积极思考问题，分析比较不同形态的水的特征，激发想象力和创造力。

（4）价值观：明白水资源的珍贵，逐步养成实事求是、崇尚真知的科学态度。

（二）学科大概念

想象与表达是一种主动、独创、富有新意的思维方式。在阅读和写话中进行想象，可以让我们更好地感受语言文字的生命力，获得美好的情感体验。

（三）驱动性问题

1. 本质问题

根据想象与表达这一核心概念，在"我是什么"的情景任务中，将识字、阅读、想象写话等内容进行整合，感受生动有趣的想象给语言文字带来的生命力。

2. 驱动性问题

在神奇的大自然中，水的变化千姿百态。我们如何利用自己喜欢的方式去发现它的秘密，并通过创编绘本故事的形式介绍给自己的小伙伴呢？

第二部分：项目实施

（一）入项活动

1. 科学小实验

通过人工降雨和冰块实验，激发学生对水的探究兴趣，引导学生提出问题，初步了

103

解水的不同形态。

2. 分角色朗读课文

引导学生把课文《我是什么》读正确、读流利,通过配乐朗读、角色扮演等形式,获得初步的情感体验,为进一步开展项目化学习打下基础。

3. 指导绘本阅读

指导学生阅读绘本故事《小水滴的快乐旅行》和《水的旅行》,通过有趣的画面和文字,启发学生想象,感受水的千变万化,交流自己的收获。

(二)项目推进

1. 学习实践活动一:回顾故事,聚焦形象

交流读故事的感受,对于小水滴的多变、雾的淘气、雪孩子的善良,学生在表达喜爱之情的同时,了解水的形态变化。根据课文内容,发挥想象,画一画水的三态变化以及雾、雪、冰雹等形成过程,并用一两句话进行介绍。

2. 学习实践活动二:观察生活,探寻秘密

学生走进大自然,走进生活,对小水滴进行揭秘实践活动:观察和拍摄与小水滴有关的照片;在自家厨房、浴室里捕捉升腾的水蒸气……将探索过程通过照片、视频等形式进行交流展示。

3. 学习实践活动三:品读语言,体会想象

结合"责任杯"教学比赛,由瞿晶莹老师执教《雾在哪里》一课。以《我是什么》引入,通过朗读指导"无论……还是……都……"的句式训练、体会不同标点符号所表达的不同语气等方法,让学生体会到雾的淘气。课后,学生根据老师的指导查找资料,知道雾形成的原因和种类,尝试创编绘本的其中一部分内容:淘气的雾。

4. 学习实践活动四:融合情感,表达想象

在线上教学期间,老师们对三篇课文、两本绘本故事的内容进行复习,指导学生自己创编绘本:借助课文中的图画、词语或者线索展开想象,结合查找到的资料,运用学过的句式、创意编写,来表达小水滴的历险过程。学生通过找一找、读一读、想一想、写一写、画一画,以富有创意、图文并茂的绘本《小水滴历险记》呈现探究的成果。

第三部分:项目成果与展示

(一)阶段性成果及展示

1. 第一阶段成果

绘画作品。

2. 第二阶段成果

摄影作品。

3. 第三阶段成果

线上交流。

4. 第四阶段成果

创编绘本《小水滴历险记》。

学生通过创编绘本，将前期探究所得与自己的想象结合起来，以富有童趣的语言、充满稚气的画面和创意满满的想象，表现小水滴的形态，揭示小水滴的秘密，呈现小水滴的历险，体验成功的喜悦。

（二）最终成果及展示

在本次项目化学习中，我们始终秉持以学生为主体，教师为主导的方式，通过让学生交流读书感受，提高语言运用能力；通过朗读和表演让学生喜欢上小水滴，产生了解它、探究它的好奇心；通过照片、视频分享等形式，解密水的不同形态；通过查找、选取资料，自己创编绘本故事。作品完成后，学生通过视频进行交流，相互评价、探讨，了解自己的不足，共同成长。学习中，我们将语文学科和自然学科相结合，指导学生运用结合多学科知识来达成探究目标，帮助他们牢固掌握基础学科的知识，理解不同学科间是可以相互结合的。本次项目化学习，学生的合作能力、创新能力、语言表达能力、解决问题能力等都得到综合提升。

第四部分：项目评估与反思

本项目融合语文学科的识字写字、感情朗读、阅读写话等诸多方面，引领二年级学生通过对水的多种形态进行探究、体验、观察、实践和创作，在丰富的语言实践中培养良好语感，在具体语言情境中开展有效交流。学生在运用语言的同时，锻炼了分析、想象的能力，逐渐养成勇于探索创新、积极思考的学习习惯。在学习中，二年级学生的表现大大出乎老师们的意料，他们表现出的探究积极性、学习主动性、想象独特性和成果中的满满创意，都展示了无穷的潜力。

本项目存在的不足：由于第一次开展项目活动，虽然方案多次修改，但在实际操作过程中，还是遇到了不少困难。活动后期，又受诸多因素影响，无法进行细致指导，不能以小组合作的形式来完成绘本创作。之后，我们二年级语文团队会对学科项目化学习进行更深入的研究，在提高教师指导项目化学习胜任力的过程中，更好地推进学科实践，助力学生语文核心素养的提升。

（上海市浦东新区福山证大外国语小学　姚敏）

 "我是校园小导游"项目实践（四年级语文）

项目简介

"我是校园小导游"小学语文学科项目化学习，基于学生校园生活中的真实需求，链接小学语文学科中的相关核心概念,创造性地开展单元教学设计,使学生的学习探究为实践运用服务,切实提升学生的语文素养和关键能力。

该项目历时5周,10个课时。学生经历了学习并总结细致观察、准确生动的描写方法,评选校园五处特色景致、小组自主选择景致开展实地观察并完成初稿、借助各类学习支架优化解说稿、自主设计导览路线、完成实地解说任务等一系列有挑战性的任务,在学习、讨论、分享、展示中,深入地理解和学习了学科核心知识,获得了可供迁移的关键能力,体验了解决真实问题的成就感。

第一部分:项目设计

1. 选题背景

《义务教育语文课程标准》中指出,语文学科的重要任务之一,是培养学生的语言文字运用能力。教师要致力于为学生提供或创设真实的生活情境,在大量的言语实践过程中,提升学生的语言文字运用能力。

近年来,我校着力加强校园文化建设,将新的办学理念与发展诉求融于校园环境之中,努力打造活力校园。学生是校园的小主人,为了让他们更好地观察、了解校园环境,理解、认同校园文化,讲解、宣传校园美景,我们尝试将这一需求的落实与三年级上册第五单元学过的"学习怎样留心观察周围事物,并把观察所得写下来"习作单元和四年级上册第三单元"体会文章准确生动的表达,感受作者连续细致的观察""进行连续观察"的单元教学结合起来,将观察方法的学习、观察所得的写作与观察校园美景、撰写解说词、争当校园小导游的真实任务结合起来,助力学生在真实的情境中学习观察、学习表达,体会观察的策略性,表达的情境性,发展解决真实问题的团队协作能力和系统思维能力。

2. 设计驱动问题

该项目的驱动性问题:1月初,我校将举行区级项目化学习交流研讨活动。作为校园小主人,你将如何准确生动地向来宾们介绍校园里的特色景致?

第二部分:项目实施

1. 入项活动

从已经完成的自然学科的项目化学习导入,引导学生归纳项目化学习的特点。接着进行情境驱动:暑假过后,我们的校园面貌又焕然一新。在我们的校园中,有哪些特色景致?你仔细观察过吗?在交流中引出驱动性问题,并组织讨论:要完成这一真实任务,我们需要考虑哪些问题?基于学生对问题解决步骤的充分讨论,进行子问题设计的优化。

之后,以抽签的方式快速组建7个合作探究小组,完成好团队画像,综合各组讨论意见并确定:由每个小组合作认领一处特色景致,合作进行解说词的撰写和最后阶段的实地解说。

2. 项目推进

(1) 子问题1:我们的校园里有哪些特色景致?如何准确生动地进行介绍?

以小组为单位,推选校园中的特色景致,并在全班范围内评选出最有代表性的5处校园景致：浮雕墙、理念墙、小池塘、小果园和活力农庄。各组综合小组成员的想法，确定本组承担的一处解说任务。

围绕"如何准确生动地介绍校园特色景致"展开头脑风暴。引导学生回顾三年级时学习的观察方法，结合本学期第三单元的课文内容，深入学习和梳理如何通过连续的、细致的观察，把观察对象写准确、写生动。教师利用思维导图即时呈现学生的智慧，并就如何写出变化、按照怎样的顺序描写进行深入探讨。

（2）子问题2：如何以小组为单位，完成校园特色景致解说稿的初稿？

各小组围绕选定景致展开校园实地观察，并记录观察所得。以小组为单位交流观察所得，并借助思维导图，列出观察顺序、内容及描写方法。小组内每位成员以思维导图为提纲，完成初稿；组长在此基础上，整合并形成本组的解说初稿。

（3）子问题3：为了让我们的介绍更吸引来宾，更准确鲜明地体现学校特色文化，除了写清楚我们观察到的，还可以如何优化？

借助评价量规，引导各小组从观察顺序、观察对象的特点把握、情景结合的方法运用、融入校园生活体验以凸显生动性、时间的控制等方面对初稿进行评价，并提出改进建议；观看全国导游大赛，了解导游词的语言特点，优化解说稿的互动性；推荐学生访谈校长，了解校园景致背后的故事，使解说内容更加准确，更有内涵。各小组在此基础上，完成解说稿的优化。

（4）子问题4：为了顺利完成校园小导游的解说任务，我们还需要思考和解决哪些问题？

完成解说稿的优化后，向学生抛出问题：完成了各处景致的解说稿撰写，我们是不是就能顺利完成小导游的接待工作了？引导学生又一次展开头脑风暴，像专业人士一样进行任务驱动的系统思考。各组在讨论的基础上，进一步优化解说词的开头、结尾，使其更具有情境性、体现前后景致的呼应；学生以小组为单位，讨论并绘制校园特色景致导览路线，评选出最优导览线路。还有同学建议由班级同学模拟来宾教师，现场感受导览路线的体验效果。

在此基础上，制定实地解说评价表；学生按照事先设定，完成校园特色景致的实地解说，校长和来宾教师观看并进行评价，评选出优秀校园小导游。之后，学生基于项目学习探究开展自评、互评；师生合作完成复盘反思；教师结合专家、同伴和学生的反馈进一步完善项目方案，为2.0版本的项目实践做好准备。

第三部分：项目成果与展示

（一）阶段性成果及展示

1. 第一阶段成果

关于校园特色景致的思维导图及解说稿初稿。

2. 第二阶段成果

校园特色景致解说稿的优化稿。

3. 第三阶段成果

校园特色景致导览路线(见图 3-2-1)。

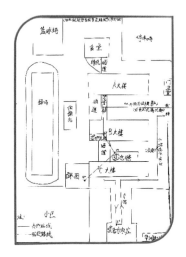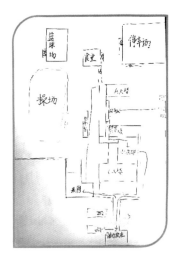

图 3-2-1 学生绘制的校园特色景致导览路线

(二)最终成果及展示

出项活动日,学生们各司其职。在区级项目化学习交流研讨活动当日,或担任校园引导员,为来宾们做参观路线的现场引导,或以校园小导游的身份,落落大方地向来宾们介绍福山证大校园里的五大特色景致。

第四部分:项目评估与反思

(一)评估

1. 学生自评、小组互评(见表 3-2-1)

表 3-2-1 本项目学生自评、小组互评评价单

评价内容	评价等第			改进建议
	优秀	良好	合格	
1. 能按照一定顺序介绍景致				
2. 能基于细致观察,把该处景致的主要特点介绍清楚				
3. 能联系自己的校园生活经历,呈现景致背后的故事,从不同侧面写出景致的美				
4. 能情景结合,展现校园小主人对校园环境的喜爱之情				
5. 能体现解说语言的互动性				
6. 语言简洁、生动,时间 2 分钟以内				

《我是校园小导游》项目解说词撰写评价单

班级:_____ 姓名:_____ 所在小组:_____

项目进展过程中,学生借助解说词撰写任务评价单,通过组内自评,对小组阶段性成果进行评价;绘制导览路线环节,通过小组互评,共同探讨路线的合理性及原因,各组在取长补短中确定最优导览路线,收获思维和表达能力的双丰收;反思复盘环节,借助"我是校园小导游"项目化学习评价单,融合自评、组内互评、教师评价等,对学生参与项目化学习的整体表现作出综合评价,并将学生项目化学习的收获、建议融入其中,以评价促优化,有效落实学生视角。

2. 教师对学生的评价(见表3-2-2)

表3-2-2　本项目教师对学生的评价单

项目	评价内容	评分标准	星级评价		
			学生自评	同伴互评	教师评价
语言与仪态	1. 语音语调	语音清晰,语速适中,节奏合理	☆☆☆☆☆	☆☆☆☆☆	☆☆☆☆☆
	2. 表达能力	语言准确、规范;表达流畅、有条理;语言生动、有吸引力	☆☆☆☆☆	☆☆☆☆☆	☆☆☆☆☆
	3. 仪容仪表	衣着打扮端庄整齐,言行举止大方得体	☆☆☆☆☆	☆☆☆☆☆	☆☆☆☆☆
	4. 言行举止	礼貌用语恰当,态度真诚友好,表情生动丰富,手势及其他身体语言应用适当、适度	☆☆☆☆☆	☆☆☆☆☆	☆☆☆☆☆
景点讲解	1. 欢迎词	语言清晰流利,欢迎词诚挚友好,简介直接明了	☆☆☆☆☆	☆☆☆☆☆	☆☆☆☆☆
	2. 讲解内容	对校园特色景致的介绍用词严谨,内容正确;紧扣主题,重点突出;具有一定的文化内涵	☆☆☆☆☆	☆☆☆☆☆	☆☆☆☆☆
	3. 条理结构	条理清晰,层次分明,详略得当,主题突出	☆☆☆☆☆	☆☆☆☆☆	☆☆☆☆☆
	4. 讲解技巧	讲解通俗易懂,富有感染力和亲和力;善于使用恰当的技巧,激发宾客的兴趣	☆☆☆☆☆	☆☆☆☆☆	☆☆☆☆☆
	5. 结束词	提示下一个景致的路线及内容,体现讲解的前后衔接	☆☆☆☆☆	☆☆☆☆☆	☆☆☆☆☆
其他	加分项	遇到讲解过程中的突发事件,随机应变,从容应对	☆☆☆☆☆	☆☆☆☆☆	☆☆☆☆☆

《我是校园小导游》项目实地讲解环节评价单
班级:＿＿＿＿　姓名:＿＿＿＿　所在小组:＿＿＿＿

对小组及学生个体在项目化学习中的阶段表现和成果进行及时反馈与评价,如思维导图的完成情况、解说稿撰写的质量、团队成员间的配合、参与小组讨论的积极性、主动上台分享的情况等。借助小导游实地解说环节评价单、项目化学习评价单等,对学生的表现进行全面客观公允的评价。

（二）反思

1. 成功之处

该项目有效链接了真实生活与语文知识的深度学习,把引导学生深入了解校园文化与根据特定景致、选择合适的方法进行细致的观察,根据特定情境进行生动有趣的表达结合起来,给学生提供了运用合适的方法观察身边景致并进行准确生动表达的机会,提升了运用语言文字的能力,激发了学生对校园的热爱之情。

学生在该项目的学习过程中,也学到了一些可迁移的能力:如尝试系统思维,分解问题的解决路径;借助思维导图梳理写作内容与思路的能力;依托小组头脑风暴解决问题的能力;必要的时候请教专业人士解决专业问题的策略;根据交际情境选择观察策略和交流策略的能力等。

2. 改进之处

后续可以从不同参观者的身份特点和接待要求角度,进一步丰富校园景点的介绍内容和方式,形成具有我校特色的校园小导游团队,使其在未来我校承担各类接待任务时进行讲解,并通过不断优化完善,将其做成我校的特色品牌活动。

（上海市浦东新区福山证大外国语小学　王子轶）

3 "'闲余'大翻身"项目实践(五年级语文)

项目简介

在现行的小学语文统编版教材中,说明文文体的课文大约占教材的 1/10,到中高年级不但篇目增多,且文体特征更加明显,要求也由阅读理解的层面提升到习作表达的层面。基于说明文在现代社会中越来越突出的实用价值,五年级语文组将说明文单元的深度学习与学生家中闲置物品难以合理处理的实际问题相链接,以学校"爱心义卖"活动为契机,以"如何成功推介并售卖自己的闲置物品"为驱动,通过一系列阅读、习作和实践活动,感悟说明文与生活的紧密联系,发展语言运用的核心素养,在解决真实问题的过程中,提升创新意识、审美能力和合作探究能力。

第一部分:项目设计

（一）项目目标

1. 学科目标

（1）能通过阅读简单的说明性文章,把握说明文的特点,提高阅读素养。

（2）能用恰当的说明方法,把某一种事物的主要特点介绍清楚。

（3）能够根据说明对象的不同,合理选材和构思,分段介绍事物的不同方面。

2. 学习素养目标

（1）能够根据不同的对象、目的和场合，主动运用学科知识解决实际问题。

（2）在小组合作学习探究的过程中，发展团队合作与沟通的能力。

（3）在问题解决的过程中，提升收集与分析信息的能力，发展基于信息处理进行决策的高阶思维能力。

（4）培养学生的勤俭节约意识，引导学生树立正确的消费观，增强学生的社会责任意识，提升社会参与感。

（二）学科大概念

说明文能准确、简明、有条理地传递事物或事理的关键信息，我们可以在特定的情境下运用说明文更好地为生活服务。

（三）驱动性问题

本学期，学校将开展"庆元旦，迎新春"爱心义卖活动。作为班级的一员，你将如何成功推介并售卖自己的闲置物品，助力班级在爱心义卖活动中有出色的表现？

第二部分：项目实施

（一）入项活动

引出驱动性问题，师生合作分解驱动性问题。

头脑风暴：为了能有好的义卖结果，我们需要考虑哪些问题？

问题1：如何确定义卖的物品？需要调查问卷，了解各年级学生需求。

问题2：怎样把物品成功地推介出去？需要写推介词，结合物品的外形特征、用途等进行推介。

问题3：如何联系相关机构，捐出义卖费用？

（二）项目推进

1. 学习实践活动一：编制和发放调查问卷

（1）知道义卖活动目的与内容，并提供学习支架，初步了解一份调查问卷由哪些部分组成，学生自主设计调查问卷。

（2）提供第二个学习支架，规范问卷模板，学习问卷规范格式，进一步优化自己的问卷。

（3）由班级到年级整合，形成一份完整的年级调查问卷。

（4）发放问卷调查，进行数据统计并分析处理，根据数据分析结果选择自己的义卖物品。

2. 学习实践活动二：学习并完成物品推介稿

（1）结合五年级上册第5单元说明文主题的学习，从物品的外形特点、功能等方面，运用合适的说明方法，对物品进行介绍说明。

（2）考虑义卖的真实场景，对说明文字进行再次调整。

（3）师生共同设置评价量规,并结合评价量规进行文字优化。

3. 学习实践活动三:开展现场爱心义卖活动

（1）引导学生思考:通过什么形式将售卖物品以说明方法介绍清楚,让"顾客"了解物品的特点并想购入?

（2）以小组为单位确定义卖物品清单,策划义卖方案,在运用说明方法突出物品特点的同时,能激发"顾客"购买兴趣。

（3）组织现场爱心义卖。

第三部分:项目成果与展示

（一）阶段性成果及展示

1. 第一阶段成果

在入项活动之后,学生明确首先要考虑消费者的需求,借助学习支架,尝试自主设计一份调查问卷。

老师再提供第二个学习支架,从问卷标题、调查目的、调查内容、感谢语等方面进一步规范问卷格式,并将第一轮问卷中学生设计的亮点进行展示,进一步优化自己的问卷。最后由班级到年级进行整合,形成一份完整的调查问卷,通过网络向本校一至四年级学生发放问卷。

本次调查问卷共计收回 380 份,平均每个年级提交近 100 份,占各年级总人数约 1/4。通过统计分析,发现学生对义卖物品的需求从高到低依次为:学习用品＞益智类玩具＞读物＞运动类用品＞工艺品＞毛绒布偶类＞零食,学生更倾向于购买实用且有新鲜感的物品,大多选择 6 成新及以上的商品,对物品的心理价位以 6～20 元这一区间居多。

2. 第二阶段成果

根据调查问卷的数据分析结果,每位学生确定了自己的义卖物品。结合五年级上册第 5 单元说明文主题的学习,从物品的外形特点、功能等方面,运用合适的说明方法,对物品撰写说明性文字介绍。

学生先运用思维导图工具,梳理介绍的角度以及能够运用的说明方法。根据思维导图,学生着手撰写介绍文字,充分挖掘物品的亮点。

文字介绍初稿完成后,学生们以小组为单位,结合评价量规,从内容、表达以及互动性等方面,对组员的推介稿进行评价,并提出自己的建议。学生根据同学的评价建议,考虑文字的简洁性、内容的互动性,结合义卖场景再次进行文字优化。

3. 第三阶段成果

引导学生思考:通过什么形式将售卖物品以说明方法介绍清楚,让"顾客"了解物品的特点并想购入?

经过师生讨论,决定采用海报的方式来宣传义卖物品。学生先绘制自己的义卖商品海报，在文字稿的基础上突出物品的特点和卖点，图文结合，激发"顾客"购买兴趣。

各项目小组就义卖活动的分工进行了细致地讨论，并填写了分工明细表，包括展板布置、商品宣传销售、摊位管理等。各组成员把义卖商品海报汇总呈现在小组展板上，并通过美化突出物品的特色。

（二）最终成果及展示

义卖当天，各小组将自己的义卖展板布置在班级摊位内，并按照之前的分工在班级摊位内进行售卖，售货员则将海报上的文字介绍进一步转化为口头吆喝，让顾客更直观清晰地了解商品特点。

义卖结束后，学校联系新疆莎车县第一小学进行爱心捐助，将爱心义卖善款捐助给贫困学生，让闲余物品的价值进一步升华。

第四部分：项目评估与反思

"'闲余'大翻身"语文学科项目将原本枯燥无味的说明文的学习与爱心义卖活动结合起来，通过一系列丰富多彩的实践活动，让学习走进生活，融入学校活动。项目化学习打破了课堂边界，将生活纳入课程，促使学生在自主探究的过程中深度学习知识，运用知识，提升能力。略有遗憾的是，该项目受到客观因素的影响，时间上比预计有所延长，对每个阶段活动的衔接、学生探究兴趣的保持和探究品质的保证也提出了更高的要求。之后，我们将继续立足于学生的兴趣和认知需求，开发有趣味、有挑战、有价值的学科项目，持续助力学生语文核心素养和关键能力的提升。

（上海市浦东新区福山证大外国语小学　赵硕梓）

 "喜欢苏轼的 N 种理由"跨学科项目实践（五年级语文、跨学科）

项目简介

一、提出总体问题

如何引导中高年级学生从偶像的盲目崇拜向榜样的激励作用转化，是高年级学生面临的现实问题，也是急需落实德育的关键问题。

二、解决的总体思路

融合语文、信息、音乐、美术等多门学科，设计"喜欢苏轼的 N 种理由"跨学科项目化学习，改变学生盲目崇拜偶像的现状，培养学生乐观积极的价值观和人生观，链接中华优秀传统文化和时代精神，落实学科育人。

第一部分:项目设计

(一)项目目标

各学科项目目标见表3-4-1。

表3-4-1 各学科项目目标

语文学科	链接课内外,学习苏词,赏苏词之美;在整本书的阅读体验中,了解如何读好不喜欢的书的阅读技巧,了解苏轼其人。
艺术学科	在赏苏词之美的基础上,用自己的方式创意演唱苏词;探究苏词与流行音乐的融合与传承;在"我是苏词传唱人"的活动中传唱苏词,唱苏词之韵;在临摹中品味书画大家的作品风格。
信息学科	自学小程序,助力项目学习过程和展示过程
劳动教育	通过菜谱研究,在实践体验的过程中体验劳动的快乐。

(二)学科大概念

各学科大概念见表3-4-2。

表3-4-2 各学科大概念

学科	大 概 念
语文	知苏轼其人,品苏词之美。
音乐	感受宋词的音乐美。
信息	探究自学小程序的方法。

(三)驱动性问题

1. 驱动性问题的确立

喜欢苏轼有哪些理由?

2. 子问题的分解

苏轼是个怎样的人? ——知苏轼其人

苏轼的词好在哪里? ——赏苏词之美

苏词怎么唱? ——唱苏词之韵

喜欢苏轼还有什么理由? ——自由选择、自主探究

第二部分:项目实施

项目实施过程见表3-4-3。

表 3-4-3　项目实施过程

阶段	活动内容	活动	课时
准备阶段	1. 背诵宋词 30 天打卡活动	自选喜欢的词进行背诵或朗诵打卡。	1 课时
	2. 偶像词人评选活动	1. 投票软件缩小宋词学习的研究范围，投票产生偶像。 2. 课堂讨论：喜欢偶像需要理由吗？ 3. 我们可以从哪几方面深入探究？	
	3. 团队组建	重新组建团队，讨论团队名称、合作规则、评价等。	
实践阶段	活动一：知苏轼其人	整本书阅读《说苏轼》	2 课时
	活动二：赏苏词之美	从"学"到"讲"，感受苏词之美。	1 课时
	活动三：唱苏词之韵	借助"经典传唱人"的节目，探究苏词的唱法。	2 课时
	活动四：喜欢苏轼的第 N 种理由（自由探究）	自由选择一个内容，进行探究。	1 课时
	活动五：小程序的探究之旅	学生尝试后，教师小结	1 课时
结尾阶段	交流展示	推出展示	1 课时
	复盘反思	问卷与反思	1 课时

第三部分：项目成果与展示

跨学科项目化学习中如何实现学科德育？本项目的开展，源自高年级学生的真实问题——对偶像的盲目崇拜，通过跨学科的融合，不仅完成了各学科本身的学习任务，更是在学习中转化了学生的思想认识，实现了学科德育。

1. 通过《说苏轼》的整本书阅读，了解苏轼其人，以苏轼历经万难仍然坚韧、乐观、正直的风骨感染学生

可以看到，学生不仅能联系苏轼的具体的事例来补充说明自己的观点，还能适时地联系自己的生活来进行自我反思和剖析，从而对苏轼的乐观向上、从容面对困难、豁达面对逆境、如何缓解内心的失落等进行了深度理解，因为受苏轼的精神品质感染而喜欢他。

2. 通过对人物传记的集体阅读，克服人物传记类、传统文化类书籍的阅读障碍，磨炼学生坚持不懈、迎难而上的意志品质

通过学生的分章节阅读、在线进行的读书交流，我们形成了一套微课的制作，经过多轮的评价和修改，学生掌握幻灯片（PPT）、视频等软件和小程序的制作使用。教师带领学生尝试阅读他们未知领域的书，想办法克服他们内心的排斥，使其逐步投入阅读，并在阅读中有所思考，这一和自己不喜欢的学习内容进行融合的过程可引导学生触类旁通，举一反三。

3. 以苏词为切入点,赏苏词之美、唱苏词之韵;通过自由探究,学苏轼的书画、做苏轼的美食……使学生充分认识到国家语言是传达民族文化最为重要的工具,帮助他们在学习国家语言的过程中形成民族文化自信

(1) 赏苏词之美。

从赏苏词之美的过程中,我们看到团队的研究成果,既有对一首词的赏析,也有对苏轼某一个创作风格的赏析,学生在学习过程中产生的对苏词之美的感受是非常真切的,对这一民族文化充满着自豪。

(2) 唱苏词之韵。

以创作为任务,学生大量查找音视频资料、主动练习唱歌、斟酌朗诵的语音语调、巧用乐器进行创作、不知疲倦地自学小软件进行视频剪辑和处理,学生的学习兴趣完全被激发了出来。在大家反反复复的尝试中,学生们对苏词的演唱和韵味很有兴趣,通过班级"苏词传唱人"的活动开展,越来越多的孩子愿意展示自己的歌喉。

学生以团队为单位创编歌词进行音乐演绎,将古典诗词融入同学们喜闻乐见的流行歌曲之中。

(3) 自由探究。

在自由探究的阶段,学生们大展身手:有的爱上苏轼笔下的美食,将苏轼的词改成菜谱,进行烹制,或查找相关视频,给大家演示和讲解;有的爱上苏轼的书法《寒食帖》,将网上下载的《寒食帖》的照片打印出来,一个词一个词地临摹。

4. 借助在线平台,通过打卡活动的进行,磨炼学生排除困难、坚持学习的意志品质

全班有 17 位同学是百分百背诵打卡,其余同学均在 20 天以上,部分同学选择背诵和诵读结合打卡。

借助线上学习的方法,不仅使学生扎扎实实学到了知识,也磨炼了孩子们持之以恒的意志品质。通过线上平台给打卡学生发送小红花并在班级中公示,大大提高了学生的学习积极性。

5. 通过知苏轼其人、赏苏词之美、唱苏词之韵、品苏轼美食、仿苏轼书画……等系列探究活动,了解偶像所具备的基本特征,培养正直、乐观、向上的人生观和价值观

投票显示,通过本次学习,孩子们明白了不能随波逐流地追星,学习到苏轼正直、乐观、向上的人生观和价值观。从学生的反馈可以看到,学生在这次项目化学习中收获很大,学科德育目标基本达成。

第四部分:项目评估与反思

项目化学习方式下,教师的设计具有很强的开放性,学科德育的育德点往往难以确定。经过几轮试验和研究,我们发现:育德点多而杂,育德点难以提前规划,育德点往往要在实践中不断检验。

然而,育德点并非是完全不可控的,教师的主导是关键。我们要注意以下几点:该放

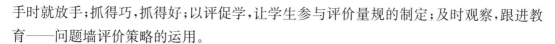

手时就放手；抓得巧，抓得好；以评促学，让学生参与评价量规的制定；及时观察，跟进教育——问题墙评价策略的运用。

（上海市浦东新区福山证大外国语小学　王淑芬　夏如花　张沁漾）

"'小趣味'读大名著"项目实践(五年级语文)

项目简介

观三国烽烟，识梁山好汉，叹取经艰难，惜红楼梦断。中国四大古典名著清韵悠长，以其曲折离奇的情节和字字珠玑的语言，描写了一个个荡气回肠的故事，塑造了一个个性格鲜明的人物，是中国传统文化的不朽瑰宝。

统编版语文五年级的教材中也编排了四大名著的节选片段，很多同学对此心向往之，却被其宏大的篇幅、错综的人物、文白夹杂的表达吓得望而却步，觉得阅读难度极大，犹如四座难以逾越的大山。面对以上困境，我们希望以问题为驱动，用情境化、生活化、趣味性的活动来激发学生阅读中国古典著作的兴趣，以自主探究和小组合作探究相结合的方式进行学习，让学生提升阅读思考的深度，培养敏捷性、深刻性和批判性思维，逐步培养学生阅读整本名著的能力，提升学生的语文素养和综合学习能力。

第一部分：项目设计

（一）项目目标

（1）产生阅读中国古典名著的兴趣，乐于与大家分享课外阅读的成果。

（2）通过深入阅读，把握作品的主要内容，聚焦主要人物形象或主要情节，以多种形式诠释名著的文化内涵。

（3）围绕问题进行思考研讨，开展实践探索，逐步提高古典文学修养和研究力。

（4）能在小组活动过程中提出有效的意见和建议，提高解决问题的能力，提升合作探究的能力和语言表达的素养。

（5）能在阅读活动中，尝试创造性地展示阅读的成果，发展创新思维能力和分析决策能力。

（二）学科大概念

阅读和理解中国古典名著能进一步了解中国名著的文化内涵和艺术魅力，提高阅读理解能力和文学素养，培养审美情趣和思辨能力。同时，也能与古代文化进一步接触和交流，拓宽视野和认知。

（三）驱动性问题

如何激发同学们阅读四大名著的兴趣，让更多的同学领略到传统经典作品的魅力?

第二部分:项目实施

(一) 入项活动

结合五年级语文教材的名著单元,课堂讨论问题——你读过中国古代四大名著吗?你对其中的哪一本最有兴趣?你在阅读名著时有哪些困难?

通过课堂讨论了解学生对四大名著的初步印象和阅读困境。基于本学期学校外语节"传统文化进课堂"的真实情境及学生对古典名著望而却步的畏难心理,在师生共同探讨下,引出如何激发同学们阅读四大名著的兴趣这一驱动性问题。

(二) 项目推进

1. 学习实践活动一:头脑风暴,初涉名著

五年级的福娃们利用课堂时间,通过小组头脑风暴,探讨问题——五年级的语文教材中,为什么要选编四大名著?福娃们各抒己见,思维碰撞,以文字或口头汇报的形式发布讨论结果。

2. 学习实践活动二:合作探究,梳理方法

为进一步引导福娃们探索经典名著,感悟传统文化的魅力,福娃们选择自己感兴趣的名著或章节阅读,基于书中交流平台和自己的阅读方法,以小组为单位,通过编制思维导图等方式,在小组内分享阅读体会,交流阅读方法。

3. 学习实践活动三:创意设计,开展实施

基于充分的小组讨论,福娃们明确了所要阅读的经典书籍,讨论并确定了阅读成果的呈现方式,如:水浒人物典藏卡、西天取经路线图、三国演义兵器谱、红楼人物关系网……福娃们分工完成展示作品,并在班级内进行宣讲推广。

第三部分:项目成果与展示

(一) 阶段性成果及展示

1. 第一阶段成果

学生基于"五年级的语文教材中,为什么要选编四大名著?"这一问题,利用课堂时间充分讨论,集合小组成员的力量,通过筛选、归纳的方式,以小报、视频的形式,表达各自的观点。

2. 第二阶段成果

学生基于"如何阅读四大名著?"这一问题,结合学科所学知识及自己的亲身经历,在组内畅所欲言,思维碰撞,并将获得组员认可的"小妙招"以思维导图的形式呈现。

3. 第三阶段成果

学生基于前期的讨论、学习,根据对四大名著的理解及阅读方式,以小组为单位,选择一本感兴趣的名著,聚焦整本书或某一章节,以关系图的方式对内容进行梳理。

（二）最终成果及展示

以小组选择的名著内容为载体,通过不同的形式来展现名著的魅力。展示方式可以根据学生的兴趣特点进行灵活组合使用,以此更好地理解和体验四大名著的文化价值和艺术魅力,同时也能够培养他们的表达能力、合作精神和创造力。展现方式主要包括:

（1）朗读和讲解:轮流朗读经典名著的片段或整篇文章,然后展示自己对内容的理解和感悟。

（2）制作展览和展板:以图文并茂的形式展示每本书的简介、作者简介、主要人物、主要情节和思想内涵等,同时添加一些自己的感想和评论,让展板更加生动和有趣。

（3）角色扮演和小剧场表演:分组进行角色扮演,扮演故事中的不同人物,在一定的剧本框架下进行表演,通过亲身体验和演绎的方式展示故事情节和人物形象。

（4）讨论和分享会:开展小组分享会和班级读书交流会,畅所欲言地讨论和分享大家对于四大名著的理解和感悟。

第四部分:项目评估与反思

古典名著是中华文化的瑰宝,具有深厚的历史积淀和文化内涵。在此次项目活动中,福娃们产生阅读中国古典名著的兴趣,通过深入阅读,把握作品的主要内容,聚焦主要人物形象或主要情节,以福娃们喜闻乐见的形式诠释名著的文化内涵。

通过阅读古典名著,学生进一步品悟优秀的文学作品,了解传统文化中的智慧和价值观。这有助于培养他们的文化自信和民族认同感。同时,小组讨论展示的名著方式可以开拓其想象力和创造力,充实他们的内心世界。他们可以从中汲取智慧、品味情感、感受人性,培养审美情趣。老师们在此过程中,逐步引导,为福娃们搭建平台,尝试创造性地展示阅读的成果,发展创新思维能力和分析决策能力,逐步提高古典文学修养和研究能力。

在项目化活动中,古典名著的内容对于小学生来说可能有些难度,因此可以进一步加强选择适应他们阅读水平的辅助材料,如图书、绘本、动画等,帮助他们更好地理解和欣赏古典名著。

（上海市浦东新区福山证大外国语小学 宋星辰）

 6 "小福娃漫游童话世界"项目实践(三年级语文)

项目简介

"福山证大小舞台"是我校的传统节目,旨在通过各项专题活动,给福娃搭建展示能力的平台,展现勇于挑战、大胆实践、乐创未来的美好精神风貌。以小舞台童话剧展演为契机,我们适时链接三年级第一学期第三单元"我来编童话"单元,开展项目化学习活动。以"如何编排一场童话剧在戏剧小舞台中脱颖而出?"作为驱动性问题,引导学生在完成学校小舞台戏剧专场展演任务的过程中,开展学童话、编童话、演童话等一系列探究活动,感受童话的魅力,提高想象的能力,体会生活的美好。

第一部分:项目设计

(一)项目目标

1. 学科目标

(1)通过阅读、选择、创编童话故事,感受童话丰富的想象,了解童话的特点,激发学生大胆的不拘形式的想象,能把一个童话故事写清楚。

(2)了解童话和童话剧的关系,了解儿童剧的表现形式,有兴趣进行模仿和表演,在排演中发挥想象,提升戏剧表现能力和实践能力,初步感受童话剧这种综合性表演艺术并产生喜爱之情。

(3)能对他人的创编和表演有自己的看法并简单评价,在排演童话剧的过程中能主动提出问题、发现问题并解决问题。在感知、发现、体验、反思、改进、欣赏、评价的过程中提升审美感知能力和想象力。

2. 学习素养目标

(1)激发大胆的想象,丰富想象力。

(2)感受语言文字的丰富内涵,在语言实践中提升运用能力。

(3)发展创新思维,勇于探索创新,积极思考,在实践中发现问题并解决问题。

(4)在阅读、创编、排演童话作品的过程中,积累审美经验,提升审美能力。

(二)学科大概念

童话具有丰富而奇特的想象,其角色像人一样有感情、会说话,阅读童话、编写童话能激发我们的想象力,带给我们奇特的体验和独特的启示。

(三)驱动性问题

如何编排一场童话剧,在福山证大戏剧小舞台中脱颖而出呢?

第二部分:项目实施

(一)入项活动

发布"2022年'福山证大小舞台'活动方案"(见图3-6-1),引导学生积极参与"活力奥斯卡"(童话剧表演比赛专场),明确三年级开展童话剧班级海选、校级评选的时间,作品的要求等相关事项,激发学生的参与热情。

(二)项目推进

1. 学习实践活动一:学童话、编童话

首先以语文园地三中的"交流平台"为导读课,发现童话的特点。接着,学习《卖火柴

2022年"福山证大小舞台"活动方案

一、指导思想：

以提升学生核心艺术素养为目标，开展福山证大小舞台活动，为学生搭建展示艺术才能、分享艺术成果的舞台；通过开展学生艺术活动，使福山证大的福娃们能够张扬个性、展现自我、发挥创意，以美育人，塑造学生健康的、积极向上的审美心理，不断发挥艺术教育在证大学生培养过程中的影响与作用，展现证大少年多姿多彩的校园生活，证大福娃的多才多艺，幸福成长，筑梦未来。

二、活动主题：

活动主题为"活力满满展才艺 证大少年乐成长"，坚持以社会主义核心价值观为引领，传承和弘扬中华民族优秀文化，全面展现新时代青少年学生热爱中国共产党、热爱祖国、热爱人民、树立远大志向、努力学习、全面发展、勇于追梦的精神风貌和艺术风采。

三、活动板块：

1. 活力金话筒（歌唱比赛专场）

2. 活力红舞鞋（舞蹈比赛专场）

3. 活力演奏家（器乐比赛专场）

4. 活力奥斯卡（戏剧表演比赛专场）

四、活动阶段

1. 第一阶段 班级海选 11 月 28 日-12 月 9 日

2. 第二阶段 校级评选 12 月 12 日-12 月 23 日

3. 第三阶段 优秀作品展示及颁奖 12 月 30 日

五、活动要求

☆小舞台校级评选的参赛项目以集体项目为主，参选节目内容须围绕主题展现当代学生积极向上的阳光风貌。歌唱、舞蹈、器乐节目时长控制在 3 分钟以内，戏剧表演节目控制在 5 分钟以内。

（一）歌唱作品要求：（含戏曲）

1. 参赛形式为独唱，重唱，小组唱，表演唱

2. 演唱曲目内容健康，积极向上，表达新时代少年阳光、乐观的精神状态。

（二）舞蹈作品要求

1. 舞蹈种类可选中国舞（民族民间舞）、芭蕾舞、现代舞、街舞

2. 形式可以为独舞或群舞。

（三）器乐作品要求

1. 器乐种类不限，中西乐皆可

2. 钢琴项目不得使用任何形式的伴奏

3. 大型乐器在班级海选时可用视频参赛的形式，进入校级评选后需自带乐器现场演奏（钢琴除外）。

（四）戏剧作品要求

1. 戏剧表演种类：滑稽戏、朗诵、相声、故事、课本剧

2. 节目演出不得使用文稿提示，需背稿演出。

图 3-6-1 福山证大小舞台活动方案

的小女孩》等四篇课文，梳理童话故事的主要内容，进一步体会童话丰富而奇特的想象。最后，借助教材提示的内容，发挥想象，让学生试着自己编童话、写童话。完成习作后，利用线上平台打卡功能，线上举行了小型"童话故事会"，学生朗读自编的童话，同伴之间互相评价，在分享中收获喜悦，提升兴趣。

2. 学习实践活动二：看童话剧，了解优秀的童话剧的评价标准

一场优秀的童话剧是怎样的？基于学生的疑问，老师为学生准备了学习支架，通过观摩学生耳熟能详的童话故事《咕咚来了》《从现在开始》等，对童话剧有一个初步的认识。

优秀的童话剧到底有哪些标准？学生从剧本、语言、动作、表演、服装等诸多方面交流了自己的意见，初步明确了童话剧的相关要素和要求。

3. 学习实践活动三：编写童话剧

童话剧的剧本是怎样的？童话剧的剧本从哪里来？基于学生的问题和需求，教师适时提供童话剧剧本支架，让学生初步认知童话剧剧本的组成要素。接着，教师适时链接第三单元"快乐读书吧"，指导学生开展整本书阅读活动，启发创作灵感。如：选择喜爱的

童话故事的片段进行线上朗读交流会;利用《乐享经典》校本教材撰写《安徒生童话》的阅读笔记;鼓励学生对喜爱的童话人物进行角色演绎。

在深入阅读中,学生确定了表演的内容,并在老师的指导下,对童话故事或剧本进行了改编。有的从课外童话故事中选择合适的尝试改编,有的将课文中的童话故事改编成童话剧,还有的在童话剧剧本的基础上进行改编。

4. 学习实践活动四:排练童话剧

学生分工合作,制作道具、商定服装、准备音视频等,利用课余时间进行排练。在排练的过程中,遇到了不少真实的困难。如:台词背不出;小组同学很难凑齐;排练时个别组员不认真参与;有的同学完全不像表演,更像在背课文等。

怎样使我们小队的课本剧在班级胜出? 小组成员开展了脑力风暴:台词背不出的,利用空余时间和同伴模拟快速地掌握台词;童话剧的排练是一次集体行动,在排练的过程中,一切行动听指挥,即使在台下也要安静等待;要演好角色,还需要更深入地了解童话故事的背景,童话人物的性格特点。在排练的过程中,同学们学会了思考,学会了交流和沟通,在不断优化剧本和表演的同时,提升了集体荣誉感和合作的能力。

第三部分:项目成果与展示

(一)阶段性成果及展示

1. 第一阶段成果:学生自编的童话作品

见图 3 - 6 - 2。

图 3-6-2　学生自编童话作品

2. 第二阶段成果

（1）整本书阅读的读书笔记（见图 3-6-3）。

图 3-6-3　学生读书笔记

（2）童话人物扮演。

有学生扮演了童话故事《小红帽》里的小红帽和大灰狼；

有学生扮演了童话故事《木偶奇遇记》里的匹诺曹；

也有学生扮演了童话故事《神笔马良》里的马良；

······

学生们热情演绎,惟妙惟肖。

(3) 童话剧剧本(见图 3-6-4,图 3-6-5 和图 3-6-6)。

图 3-6-4　根据现有剧本改编

图 3-6-5　根据课文内容改编

图 3-6-6　根据自己撰写的童话故事改编

（二）最终成果及展示

在历经 3 个多月的学习实践过程后，学生们最终完成了童话剧的表演。童话剧的演出，使学生将课本知识运用到真实情境，能力素质得到了转化与延伸。他们团结协作，勤于思考，不断创新，既感受到了童话带给人的"真、善、美"，同时，也体会到了童话剧的魅力。

第四部分：项目评估与反思

1. 基于学生视角，落实情境驱动

此次项目化学习活动，我们以学生喜爱的童话为学习内容，与学生喜爱的校园活动——"福山证大小舞台"相结合，以"如何编排一场童话剧在戏剧小舞台中脱颖而出？"作为驱动性问题，激发学生积极参与活动的热情，在学童话、编童话、演童话的过程中，感受童话丰富的想象，了解阅读童话的方法，学习编写童话，尝试运用资源编写童话剧，表演童话剧，将知识的学习从课堂延伸到课外。我们聚焦驱动性问题设计了一系列问题链，引导学生经历有意义的学习实践过程，助力学生循序渐进地达成对问题的解决。

2. 单元整体教学，指向深度学习

本项目以三年级上册第三单元"童话"为学习任务，将课文、习作、语文园地、快乐读书吧等单元中的各个环节衔接、打通，将项目化学习引入单元整体教学，重构单元体系与结构，一方面能够贯彻落实统编版教材"双线单元"编排结构体系，落实立德树人，另一方面能够弥补单元教学的碎片化，改变以单篇课文内容讲解为主的弊端，引导学生走向深度学习。

3. 学科、戏剧相融，提升核心素养

童话剧的演出，使学生将语文学科知识与戏剧相融合，是学生能力素质的转化与延伸。童话剧的表演需要学生依据课文进行再创造，能提高想象与创新能力；需要学生根据个人特点各扬其长、相互配合，能锻炼沟通与合作能力；表演的价值在于群体的自主共生，这一过程能提高学生自我认知，获得有效的自我成长；表演过后，组织学生进行复盘，从语言、表演等方面自评互评，提高他们的反思与评价能力。童话剧表演可以充分调动学生学习的积极性，有力地促进学生的主体参与、合作学习、整体发展及反思，是全面提高学生语文素养的有效途径之一。

（上海市浦东新区福山证大外国语小学　施惠）

"吾是浦东小导游"项目实践（四年级语文）

项目简介

一、项目背景

浦东开发开放已走过三十年。三十载风云激荡，浦东面貌日新月异，更为中外游客留下了一系列宝藏地标:1994 年的东方明珠、2001 年的上海科技馆、2015 年的上海迪士尼乐园度假区……还有滴水湖、上海海昌海洋公园、中国航海博物馆、上海天文馆等众多文旅资源。浦东旅游紧跟开发开放的步伐,文化旅游发展硕果累累。本项目以此为契机,希望通过本次学习,让学生从各方面更了解浦东,爱上浦东。

二、选题原因

(一)关联教材

本项目与教材的关联见表 3-7-1。

表 3-7-1

学科	教学年段	教材内容	语文要素
语文	统编版小学语文四年级上册第一单元	本单元以"自然之美"为主题,编排了《观潮》《走月亮》《现代诗二首》《繁星》四篇课文。在阅读中调动学生多种感官,品读语句,把静态的语言文字转化成形象的画面和场景,感受文字之美和情景之美。	边读边想象画面,感受自然之美。

(二)课标要求

《义务教育语文课程标准(2022 年版)》指出学生在丰富的语言实践中,通过主动的积累、梳理和整合,初步形成有良好语感;能在具体语言情境中有效交流沟通。学段要求:观察周围世界,能不拘形式地写下自己的见闻、感受和想象。结合语文学习,观察大自然,观察社会,积极思考,运用书面或口头方式,并可尝试用表格、图像、音频等多种媒介,呈现自己的观察与探究所得。

(三)现实依据

浦东开发开放已走过三十年。在这期间,浦东面貌日新月异,文化旅游发展硕果累累,一系列宝藏地标给中外游客留下了深刻的印象。作为"小浦东"的福山证大四年级福娃们,是否也能为想要来浦东的客人规划一日游? 通过语文课程中学习到的各种知识点,如边读边想象画面,感受自然之美,通过连续细致的观察进行准确生动的表达等,制定出一份详细完整、生动有趣的《浦东一日游攻略(手绘版)》。在锻炼自己的创造力、想象力、表达能力和合作能力之余,还能增添对浦东的一份热情与喜爱。

三、项目概要

驱动性问题:作为"小浦东"的你,能为想要来浦东的客人规划一日游吗?

活动主体:福山证大外国语小学全体四年级学生。

主要活动:

(1) 习作《推荐一个好地方》:通过实地考察、查阅资料等多样的方法,了解浦东的景点,并能用文字记录下来,写清推荐的理由。

（2）了解浦东各大景点的周边交通，尝试在浦东地图上标注位置。

（3）小组讨论会：结合景点特色、时间和出行方式整体思考规划。

（4）旅游推广会：小导游撰写导游词，以不同形式完整地介绍整个行程规划。

第一部分：项目设计

（一）项目目标

1. 学科目标

（1）学生能深刻体会课文作者在描写美景时细致的观察力和用词的准确生动性，了解作者描写事物的顺序，感受画面感。学生能完成习作《推荐一个好地方》，能把细致的观察用笔记录下来。

（2）在习作的自评和互评中，学生能对个人及同伴的作品提出自己的想法。

（3）学生能自主查找浦东景点相关资料，在家校合作下，与父母一起利用周末时间打卡感兴趣的景点，完成打卡表，并能在小组内交流成果。

（4）学生在对景点的考察、选取和演讲中，能准确地寻找恰当的语言描述事物，能口齿清楚、逻辑清晰地表达观点。

（5）在旅游推广会中，学生能自主设计 PPT 或讲演视频，设计串讲词，能发挥探究和表达才能。

2. 素养目标

（1）技术运用能力。学生能利用互联网、书籍等多种途径搜集浦东景点的相关资料，并进行筛选、整合，加强处理信息的能力。

（2）分析和解决问题的能力。在制作《浦东一日游攻略（手绘版）》过程中，学生能提高自身参与度，自主探究课题，合作解决问题。

（3）批判性思维能力。在与他人的交流中，学生能对他人的意见和作品提出自己独特的想法，敢于质疑，勇于创新。

（4）语言建构与运用的能力。学生抓住"怎么想、怎么说、怎么做"，把一日游规划推荐给大家。

（二）学科大概念

推荐一个地方应该介绍清楚该地方的名称、位置以及独特之处。

（三）驱动性问题

作为"小浦东"的你，能为想要来浦东的客人规划一日游吗？

第二部分：项目实施

（一）入项活动

出示图片，水乡小镇让我们赏心悦目，游乐场让我们兴奋不已，书店、博物馆让我们流连忘返……你们去过哪些印象深刻的地方？与谁同行？是参加旅行团，还是自由行？行程是谁规划的？他是怎样规划的呢？通过展示同学们旅行的照片，唤起大家旅行的记忆,交流、回忆美好的体验。最后请学生完成一份调查表。

(二)项目推进

1. 学习实践活动一:打卡浦东景点,体会身边的美景

通过一学期的学习,回顾本册教材中写景的文章,感受作者在看到美景时观察细致,在描写景物时能按一定的顺序介绍,用词准确、生动,使读者产生画面感。

家校合作,鼓励家长利用周末时光,带领孩子实地参观浦东的景点,留下照片或者视频,也可以利用好网络,查阅关于浦东景点的图文资料。学生可参观多个景点,并完成打卡表。

2. 学习实践活动二:借助习作,记录浦东的美丽

(1)学生展示浦东景点打卡表,并简单介绍自己的游玩感受。

(2)结合第一单元习作《推荐一个好地方》的教学要求,再次明确我们应该把重点放在"推荐"和"好"这两个方面,尤其是推广自己生活所在的浦东,更是要动一番脑筋。

(3)小组讨论:我们该从哪个方面来写,最能凸显出浦东特色?

学生确定了选材之后,需要确定内容,再从内容上进行具体的指导,降低习作的难度。

(4)学生经过讨论和商量,选择一个自己喜欢且能代表浦东的景点,独立完成习作《推荐一个好地方》。

(5)根据习作,同伴之间完成评价表与点评。

3. 学习实践活动三:吾是浦东小导游,带你浦东一日游

利用线上平台举办一场旅游推广会,以小组为单位,整合浦东的3~4个景点,设计一条适当且有趣的一日游路线。那么,旅行的过程中除了景点还有什么也必不可少呢?是的,时间的规划、交通路线的设定以及餐食同样重要,小导游们,请将你们的计划制作成一份PPT,展示成果。

其他同学将根据评价表进行打分,选出最佳设计方案和最佳导游。

第三部分:项目成果与展示

(一)阶段性成果及展示

1. 第一阶段成果

家长利用周末时光,带领孩子实地参观浦东的景点,留下照片或者视频,也可以利用好网络,查阅关于浦东景点的图文资料。

学生可在家长的陪同下,以雏鹰假日小队活动的形式,参观多个景点,并完成浦东景点打卡表(如表3-7-2)。

表 3－7－2　浦东景点打卡表

景点名称	滨江森林公园	地址	浦东新区高桥镇高沙滩
游玩时间	2022/12/18	出行方式	自驾
为什么会选择这个地方游玩呢？	人们可以在这儿搭帐篷，玩耍，抓小鱼。这里还靠近长江，可以在江边散步。		
美丽瞬间 （可以放上一张或多张照片）			
最印象	那里有许多草坪，小草长得郁郁葱葱的，好像给地面铺上了一层绿油油的地毯。人们可以在这儿搭帐篷、玩耍、休息……草坪上很空旷，放风筝、踢足球、扔飞机……都很适合在那里进行！记得那时，我们在那儿搭过帐篷，还把风筝放飞得老高呢！ 因为那里靠近长江，能听到哗啦啦的水声和呼呼的风声，让人心旷神怡。在那儿，我们不仅欣赏了大自然美妙的歌声，还一览了长江的美丽景色。		
整体评价	☆　☆　☆　☆　☆　5星		

2. 第二阶段成果

学生展示浦东景点打卡表，并简单介绍自己的游玩感受。

结合第一单元习作《推荐一个好地方》的教学要求，再次明确我们应该把重点放在"推荐"和"好"这两个方面，尤其是推广自己所生活的浦东，更是要动一番脑筋。学生创作习作《推荐一个好地方》。

3. 第三阶段成果

利用线上平台举办一场旅游推广会，以小组为单位，整合浦东的 3～4 个景点，设计一条适当且有趣的一日游路线。

（二）最终成果及展示

1. 评价标准的可视化

在项目开展的过程中，让每位同学了解到活动的评价标准，使学生对照标准进行自我评价或同伴互评。例如本项目中的写作评价表，教师需明确五个评价项目以及各自对应的具体评价内容，引导学生进行自评和互评。教师对评价结果有全局把握，不断跟进项目的实施，优化项目成果。

2. 开展表现性评价

（1）以教师为主体的评价。教师在项目实施过程中，对学生进行测量评价。

（2）以学生为主体的评价。学生在项目化学习中，进行自评或与团队同伴互评。

（3）以其他学科教师、家长、教学管理人员或其他相关人士等为主体的评价。如其他学科教师，可依据语文项目化学习中涉及的本学科核心知识、核心概念，与教师交流、沟通，就学生项目化学习中的优点和存在问题提出评价意见。

第四部分：项目评估与反思

在该项目学习中，学生在真实的情境下，经历了整个过程，学习了连续细致的观察方法，深刻感受到文章准确生动的表达方式，借助习作将学习延伸到生活实际中，提高了学生的观察能力、思维能力和表达能力。在合作探讨中，学生发展联想和想象，激发创造潜能，设计独特的行程规划，加强了合作互助精神，提高了语言表现力和创造力。

学生在本项目的每个子项目中的成果是形式多样的。如：以实地参观浦东的景点，拍摄照片或视频，感受景点不同的特色；以表格形式展现好地方的特点；以文字的方式书写推荐浦东好地方的理由，以头脑风暴、思维导图的形式进行探讨；以绘制景点时刻表和周边交通表的方式展示出行路线；以视频或PPT的方式介绍浦东一日游规划，以网络投票的方式选出最佳导游和最佳设计。

本项目结合实际情况，创设具体而真实的情境，极大调动了学生的研究兴趣。学生学习和运用语文学科知识，完成一个个有意义的小项目，将项目学习升华为情感体验，对浦东更增添一份热爱。

（上海市浦东新区福山证大外国语小学　黄凯琳　许陈洁）

8 "小小家具设计师"项目实践（一年级数学）

项 目 简 介

一年级第一学期第四单元"识别图形"中认识平面图形和立体图形，是学生第一次接触数学中的几何。结合学科知识的教学，联系生活实际，通过学生在日常生活中的观察、探索的过程,灵活运用所学知识,感受生活中的数学,让学生学会用数学的眼光观察现实世界,初步感悟数学的审美价值。

基于此,提出驱动型问题:你的家中能找到哪些形状(组成)的家具? 请你用喜欢的形状设计一件新家具。让学生在认识几何图形的基础上寻找家具的实物形状对应的几何图形,以小组为单位通过照片的形式展示归类,最终选择卡纸、橡皮泥等材料进行模型制作。

第一部分:项目设计

(一)项目目标

1. 学科目标

(1)能够识别日常生活中经常遇到的立体图形,再通过描述立体图形的表面,能够识别简单的平面图形,在实际运用中,巩固深化对于图形的认识,熟悉图形的特征与名称。

(2)能够用不同形状设计一个未来家具,培养抽象能力、观察能力,初步形成空间意识和空间想象力。

(3)能够记录组内他人的设计图,并进行分析,从而完善自己的设计;能够倾听他人的意见,尝试对他人的想法提出建议,形成独立思考、敢于质疑的科学态度与理论精神。

(4)通过与家具设计师进行交流,记录家具设计的要点,理论联系实际,完善自己的设计,培养创新意识,反思总结本次课程的收获,初步感受几何图形的美。

2. 素养目标

(1)知识素养目标:掌握基本图形的特征与名称。

具体有:①能辨认简单的立体图形和平面图形;②通过拓印等形式,了解平面图形与立体图形的区别和联系;③会进行实物形状与几何图形的转化。

(2)能力素养目标:几何直观、空间观念、模型意识、应用意识。

(3)创新素养目标:图形拼补创造。

(二)**学科大概念**

几何与生活联系紧密。通过对于图形的学习,理解图形的基本性质,能在实物形状中抽象出几何图形,感受如何用数学的眼光观察世界,积累观察和思考的经验,初步形成空间想象力、空间观念及应用意识,建立数学与生活的桥梁。

(三)驱动性问题

你的家中能找到哪些形状(组成)的家具? 请你用喜欢的形状设计一件新家具。如果你是一个家具设计师,能为自己的家设计一个新家具吗?

第二部分:项目实施

(一)入项活动

(1)播放一段家具历史的纪录片(或视频),激发学生对家具演变历史和家具设计的兴趣。

(2)讨论:你家中有哪些家具? 理解家具和家电的区别。

(3) 头脑风暴:你想创作一件什么形状的哪种家具?

（二）项目推进

1. 学习实践活动一:识别立体图形

观察家里的家具,你能找到哪些形状(组成)的家具?

(1) 分成 6 人一组;

(2) 交流:课前拍摄家中最喜欢的一件家具,说说它是什么形状的?

(3) 讨论:形状相同的家具有什么共同的特征?

2. 学习实践活动二:识别平面图形并创作设计图

这些家具的面是你认识的形状吗?

(1) 交流:你能在拍摄的家具上找到哪些认识的平面图形?

(2) 从不同角度观察自家家具,画出不同表面的形状。

(3) 如果要为家中添置一件新家具,你希望是怎样的呢?

3. 学习实践活动三:制作家具模型

(1) 评价表的讨论:一件好的家具有哪些标准?（线下＋线上讨论）

(2) 制作家具模型:

① 小组讨论,确定团队作品的主题。

② 每位组员确定个人作品的家具类型。

③ 讨论:需要哪些制作材料? 哪些制作工具?

4. 学习实践活动四:展示及评价

在班级里展示自己的设计作品,通过自评和班内互评,投票选出优秀作品,在年级展览中进行展示。

第三部分:项目成果与展示

此次项目成果,包含阶段性成果与最终成果。

（一）阶段性成果及展示

1. 第一阶段成果

独立绘制一幅家具平面图(见图 3-8-1)。

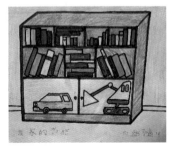

图 3-8-1　学生绘制的家具平面图

2. 第二阶段成果

完成一件独创的家具模型(见图 3-8-2)。

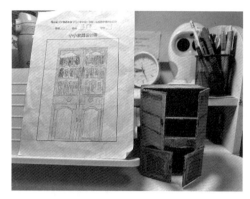

图 3-8-2　学生制作的单件家具模型

3. 第三阶段成果

选出优秀作品。

(二)最终成果及展示

评选出的优秀作品在展示会中进行展览(见图 3-8-3)。

图 3-8-3　学生制作的家具模型作品展示

第四部分:项目评估与反思

几何直观和空间观念是小学阶段两个重要的核心素养。新课标明确指出,学生在第一学段,要通过实物和模型辨认简单的立体图形和平面图形,会用简单图形拼图,并在图形认识与测量的过程中,形成初步的空间观念和几何直观。"小小家具设计师"项目将课内平面图形的学习与生活实际、创意设计、动手制作等结合起来,引导学生在日常生活中观察、探索,灵活运用所学知识,感受学科与生活的关联,提升学科学习的兴趣,发展问题解决能力、合作探究能力,提升审美素养。通过驱动性问题的提出,激发了学生们对家具形状的思考，并鼓励他们去观察和探索自己家中的家具。这种启发式的学习方法使得学生们更加主动参与活动。

在项目实施过程中，围绕设计图和模型的评价标准的讨论环节，一年级的学生展示出了超出预期的能力。不仅通过项目化活动的实践过程，提升创造力、空间感知和手眼协调能力，还结合日常生活经验、个人认知和审美经验，归纳出了"造型设计、颜色搭配、实用程度"等评价维度。

学生能够在项目中学到的可迁移的能力：

（1）创造力和想象力。学生通过设计自己喜欢的形状，利用手边不同的材料制作自己的家具作品。制作活动中充分发挥自己的想象去创造。

（2）空间感知和动手能力。在手工制作家具模型的过程中，参加穿、插、拼、搭等实践，使学生在动手实践中逐渐提高空间感知能力。

（3）表达能力和自信心。在展示活动中，学生通过向他人展示自己的作品，并表达自己的设计理念，培养了自己的表达能力和自信心。

在每班进行的展示活动中，学生们有机会展示自己亲手制作的作品，在活动中增强自信心和表达能力。同时，在交流展示中也可以从其他同学的作品中获得灵感和启发。

在项目进行过程中，可以适当引入更多的专业知识和技巧，例如介绍不同材料的特点和用途，以及简单的家具设计原理等。这样可以帮助学生更好地理解家具设计的基本概念，并拓宽他们的知识面。

由于一年级学生初次尝试项目化学习，小组合作的意识和能力还非常有限，后续，我们将在这方面加强引导，以凸显项目化学习过程中合作探究的必要性和有效性。

（上海市浦东新区福山证大外国语小学　李婧璇　李可忻）

"节约用纸小卫士"项目实践（二年级数学）

项目简介

节约用纸这个概念对我们来说，比起节约用水、节约用电更缺乏可操作性。大家都知道应该节约用纸，但很少有人清楚节约用纸和保护生态环境有什么直接关系。提倡节约用纸也是一种节能活动，少用一些纸，就能少砍一棵树、少污染一吨水。希望能通过项目化活动引导学生了解家用抽纸（抽纸以 100 抽/包为标准，仅限于卫生抽纸、厨房抽纸、餐巾纸）现状后，学生主动、合理规划家用抽纸，节约用纸，保护生态环境，并做出家用抽纸预算清单。从一个家庭，辐射到一个社区，甚至是呼吁全社会节约用纸，争当节约用纸小卫士。

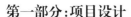

第一部分：项目设计

（一）项目目标

（1）知道在现实生活中，统计项目的分类可以通过调查法和观察法来研究问题，在亲自参与活动中学会"事物分类"。（事物分类）

（2）根据分类收集数据，感悟数据蕴含的信息。知道同样的事情每次收集到的数据可能不同（随机性），而只要有足够的数据就可能从中发现规律。（数据收集）

（3）引导学生用数学语言表达和记录数据分类过程。（数据分类：数据赋值、数据分段）

（4）知道同一组数据可以用不同的方式表达，需要根据问题的背景选择合适的方式。（数据表达）

（5）根据统计后的数据进行预测、判断、做出决策，进而创造性地、高效率地解决问题。（数据分析）

（二）学科大概念

在活动过程中，通过从数据收集、分类、整理，到借助统计表和条形统计图更恰当地表达数据，然后通过预测、判断和决策来更好地解决问题。逐步养成用数据说话的习惯，进而感受数据的力量，逐步学会思考、表达与交流合作，培养学生批判性思维、创造性思维能力。

（三）驱动性问题

低碳生活，保护环境，从节约每一张抽纸开始。如何利用统计知识，策划一场节约用纸小小宣讲会，让我们更懂得节约家用抽纸？（抽纸以 100 抽/包为标准，仅限于卫生抽纸、厨房抽纸、餐巾纸。）

第二部分：项目实施

（一）入项活动

1. 通过"走进奇妙的纸世界"主题讲座，了解节约用纸的意义

讲座内容：①纸的起源；②纸的用途；③节约用纸的意义；④如何节约用纸。

2. 小组成员讨论交流节约用纸宣讲计划

（1）小组交流：为什么要节约用纸？阐述理由。

（2）讨论：如何统计家庭每日抽纸的消耗量？

（二）项目推进

1. 学习实践活动一

数据分类收集——如何有效收集家庭用纸数据？

（1）合理规划，将事物分类。

① 讨论：哪些纸是家庭用纸？

② 计划统计哪类家庭用纸的数据？

③ 计划统计哪些时间段的家用抽纸情况？

④ 计划怎样记录家用抽纸情况?

⑤ 评价(小组互评)(见表3-9-1)。

表3-9-1　数据分类评价表

序号	评 价 标 准	星级
1	能合理对家庭抽纸进行分类。	☆
2	能明确需要统计哪些数据。(每日,每周)	☆
3	能选择合理的记录方式进行记录并说出理由。	☆

(2) 实践活动:家用抽纸用量数据收集。

(3) 数据收集评价表(组内互评与自评)(见表3-9-2)。

表3-9-2　数据收集评价表

序号	评 价 标 准	自评	互评
1	每日用纸数据能按时记录。	☆	☆
2	每周用纸数据汇总无误。	☆	☆
3	数据记录清晰,方法合理,一目了然。	☆	☆

2. 学习实践活动二

数据整理、展示——如何清晰分析家庭用纸情况?

(1) 课内学习并绘制条形统计图。

(2) 结合收集的数据讨论如何绘制条形统计图。

(3) 绘制条形统计图,小组之间互相评价。

讨论:① 比较统计图之间的相同之处和不同之处。② 哪种更合理? 更方便后期数据解读? ③ 对于暂时有不足的条形统计图列出相关改进方案。

(4) 根据讨论后的结果展开进一步思考。

(5) 评价(自评、互评、师评)(见表3-9-3)。

表3-9-3　统计图评价表

序号	评 价 标 准	自评	互评	师评
1	条形统计图标题命名准确。	☆	☆	☆
2	条形统计图横轴分类清晰。	☆	☆	☆
3	条形统计图纵轴取值范围合理。	☆	☆	☆
4	条形统计图纵轴数据分类合理。	☆	☆	☆
5	条形统计图设计美观科学,便于分析。	☆	☆	☆

3. 学习实践活动三

设计宣讲方案——按照数据统计结果，你有什么节约用纸建议呢？你对家人会进行怎样的节约用纸宣传？

4. 学习实践活动四

展示及评价——小组合作，展示节约用纸宣讲会，设计节约用纸标语或标识牌。

宣讲会方案评价见表3-9-4。

表3-9-4 宣讲会方案评价表

序号	评 价 标 准	自评	互评
1	能运用所学知识清晰记录数据，正确计算家庭一周用纸总量。	☆	☆
2	能结合前期讲座、数据收集、数据整理，合理分析数据。	☆	☆
3	能根据所分析的数据发现问题。	☆	☆
4	能根据发现的问题提出至少两项节约用纸的方案，且有效、合理、可操作。	☆	☆
5	为了做到有效节约用纸，对家庭成员进行一次节约用纸的宣传，宣传内容丰富、阐述清晰明了。	☆	☆
6	小组之间能认真倾听其他组的方案，积极参与活动。	☆	☆

第三部分：项目成果与展示

此次项目成果，包含阶段性成果与最终成果。

（一）阶段性成果及展示

1. 第一阶段成果

学生们记录一周家庭用纸情况，绘制统计表并拍照记录过程（见图3-9-1）。

图 3 - 9 - 1　学生记录情况

2. 第二阶段成果

根据一周家庭用纸记录情况,合理统筹绘制条形统计图,给出自己的分析(见图 3 - 9 - 2)。

图 3 - 9 - 2　学生结合统计情况进行分析

3. 第三阶段成果

二年级所有学生参与投票选举,选出心目中优秀的统计作品。

(二) 最终成果及展示

开展"节约用纸小卫士"小小宣讲会,全方位展示探究成果。

第四部分:项目评估与反思

此次项目化活动,学生们每个人能全程参与活动,感受统计源于生活,又服务于解决生活中的实际问题。

在整个活动中,学生致力于开一场节约用纸的宣讲会。为了让自己的论据更充分,更有说服力,他们通过调查研究、收集、整理、分析数据发现生活中确实存在家庭用纸浪费现象，就此提出如何节约用纸的一些切实可行的方案和建议。在解决生活实际问题的过程中，他们逐步养成用数据说话的习惯，感受到数据的力量，也逐步学会思考、表达与交流合作，批判性思维和创造性思维能力在活动中慢慢提升。现在是信息时代，该项目对小组合作的预案应提升至线下和线上两方面，引导学生在线小组学习合作的能力。

用数据说话是学生在这次活动中最大的收获。怎样有效收集数据？哪一类数据能够为主题所用？数据收集后如何整理、展示？如何切实有效分析数据？这些能力在这次活动中只是一次初探，但是相信在学生以后的统计学习中，这样的引导路径能帮助他们更好地开展学习，获得更精彩的学习体验！

（上海市浦东新区福山证大外国语小学　施健琴　徐衍青）

10 "我来教你剪窗花"项目实践（三年级数学）

项目简介

"我来教你剪窗花"小学数学学科项目化学习，将传统课堂中停留在概念层面的浅层学习联系到实际生活中，加强数学概念的实际运用。学生在教一年级小朋友剪窗花的过程中，不仅感受到知识的乐趣，更能去发现、创造，产生迫切学习知识的愿望，切实掌握数学核心知识以及核心素养。

图形与几何是小学数学四个学习领域之一，是人们认识和描述生活空间、进行交流的重要工具。引导学生从"形"的视角去认识周围的事物，感受几何图形的美，对发展空间观念、增强数学应用意识至关重要。通过对三年级上册数学教材进行系统梳理，明确与课程标准相关的核心知识点，再关联学生需要掌握的数学核心素养。在此基础上，聚焦当前传统课堂中停留在概念层面的浅层学习、而事实上却与学生真实生活密切相关的、实际运用性很强的数学概念，如年月日、轴对称图形等，作为项目化学习的合适主题。

数学来源于生活，轴对称图形是现实生活中广泛存在的一种现象。本项目不仅需要学生灵活运用沪教版数学三年级上册"轴对称图形"一课中所学知识，更是需要理论结合实际，让数学走进生活。学生在团队合作的过程中，不断完善自己的作品，发现问题并解决问题，最终找到最适合一年级小朋友的教学方法。在此过程中，学生不仅能体会数学之美，更是培养了探究精神、合作能力。

第一部分：项目设计

（一）项目目标

1. 学科目标

（1）通过观察、动手操作，初步认识轴对称图形。

（2）在动手折和观察的过程中认识、找出对称轴。

（3）在活动中发展空间观念,发展观察能力和动手操作能力,学会欣赏数学的美。

（4）利用轴对称图形的技能,剪一两个窗花。

2. 素养目标

（1）知识素养目标:掌握轴对称图形的特征。

（2）能力素养目标:①轴对称特点的认识和使用。②运用知识解决实际问题。

（3）创新素养目标:①模仿应用。②创新实践。③空间观念。

（二）学科大概念

几何是与生活各方面息息相关的知识,引导学生从"形"的视角去认识周围的事物,感受几何图形的美,发展空间观念,增强数学应用意识,通过观察、动手操作,会折、会画对称轴,并根据已有图形把轴对称图形画完整。在此基础上整合图形元素,学生先确定自己喜欢的窗花主题,然后根据类型分组,修改完善,共同做出一组主题窗花集锦的作品,形成抽象能力和应用意识。

（三）驱动性问题

你能做小老师,教一年级小朋友剪窗花吗?

第二部分:项目实施

（一）入项活动

年底我校将展开各项迎新活动,同学们可以自己动手剪窗花,给教室增添新年的气氛吗? 需要怎么做呢? 作为三年级的哥哥姐姐,你能教一年级小朋友剪窗花吗? 围绕着你在活动中可能遇到的问题,展开讨论。

（二）项目推进

1. 学习实践活动一:按小组制作 PPT 交流窗花的历史,实践探究与窗花相关的几何知识——轴对称图形

小组成员派一个代表进行 PPT 演讲,与其他小组交流剪窗花需要用到的相关知识——轴对称图形,并指出可以利用图案的对称性设计窗花。老师帮助总结对折后能完全重合的图形是轴对称图形,折痕所在的直线就是对称轴。接着,在组内交流各自在剪窗花的过程中遇到的问题及解决方案。

2. 学习实践活动二:展示组内作品并在组内交流制定一年级剪窗花的教学方案

学生展示各自完成的作品,并根据各自作品的优缺点及完成的难易程度,在组内交流制定一年级剪窗花的教学方案。

3. 学习实践活动三:带领三年级学生到一年级进行剪窗花的教学

带领三年级学生到一年级进行剪窗花的教学。学生们根据自己的方案实施,整个过程井井有条,每个学生都有了属于自己的作品。

第三部分：项目成果与展示

（一）阶段性成果及展示

1. 第一阶段成果

学生以小组形式介绍窗花的历史及相关数学知识——轴对称图形，在学生实践的基础上，教师加以评价和说明，帮助提炼知识点，学生自我拓展探究，绘制小报。

2. 第二阶段成果

小组设计针对一年级小朋友的教学方案，进行一次演说，组间进行投票、评分，选出最优秀方案，并修改自己小组的方案。

3. 第三阶段成果

每个小组根据组内方案在一年级实施教学，帮助小朋友们制作属于自己的窗花作品。

（二）最终成果及展示

根据学生制定的方案以及一年级小朋友最终完成的作品，组间进行投票、评分，选出最优秀方案，并联合一年级学生对小老师进行个人评价，选出"最佳窗花小老师"。

第四部分：项目评估与反思

"我来教你剪窗花"这一项目结合学校迎新活动，以为班级增添新年色彩为情境，以让三年级学生做小老师教一年级学生剪窗花为驱动，调动了学生自主探究的积极性。通过学生与学生之间的学习，学生将知识内化，找到剪窗花又简便又美观的方法（对折多次，利用轴对称图形的性质进行创作）。在此过程中，学生能发现问题并讨论解决问题，培养了探究精神和合作能力。学生们最终的成果展示不仅体现了知识内化的过程，更是体现了数学概念在生活中的实际运用。学生在团队合作的过程中，不断完善自己的作品，从剪出只有一条对称轴的作品到两条甚至四条对称轴的作品，体现了孩子们的探究精神及合作能力。在此过程中，学生不仅能体会数学之美，更是切实掌握数学核心知识以及核心素养。

由于此次项目是数学学科第一次开展的项目化学习，在项目设计中表现形式比较单一，可以让学生分为多个组别，如绘画组（自己绘制轴对称图形）、物品组（寻找生活中的轴对称图形）等，让学生充分发挥自己的想法，去创造轴对称在生活中产生的事物和美。另外，项目涉及的知识点也较为简单，针对这一问题，我们将本知识点作为跨学科融合中的一项，在后期与语文、英语及美术开展了一次跨学科项目化实践活动，进行了跨学科项目整合，为学生提供了更多元的表现形式、创作机会和学习形式，收到了极佳的效果。

（上海市浦东新区福山证大外国语小学　卫黄瑶）

11 "小小调饮师"项目实践(四年级数学)

项目简介

结合四年级第一学期"数与量"单元中的《从克到吨》和《升与毫升》这两个教学内容，我们四年级组设计了"小小调饮师"这一项目活动，希望通过一系列的探究实践活动，有效达成课程教学目标：①认识质量和容量单位，能进行单位间的转化；②联系实际生活，培养发现和解决问题的能力；③经历收集、整理和表达数据的过程，提升学生的应用意识和综合能力；④结合劳动教育，培养主人翁精神。

新课标将数感和量感、以及度量意识的培养、规定为当前教育环境下小学生数学核心素养的重点。度量是人类认识、理解和表达现实世界的工具，能体现数学的本质特征，揭示人类研究客观世界的途径和方法。数学的作用之一就是能通过对事物量的刻画来把握事物的质，而要对事物进行量的刻画，必须具备量化的能力，找到度量的标准，继而进行度量(测量)。提供现成的度量单位，教给学生现成的度量方法并不难，难的是如何引导学生通过变与不变的规律认识到数和量的本质，能够自己探究度量单位和度量方法，以及面对未知的、具有挑战性的问题时能运用知识从容应对。度量本身是一种实践活动，是不断地从实际操作过程中抽象出模型，再具体运用到现实生活中的思维活动。因而在教学中，我们也应该遵循知识形成的规律，帮助和引导学生体验思维形成的过程，厘清知识脉络，架构知识体系。

在现实教学中，我们可能会因为教学时间紧，教师重结论轻过程等因素，忽略学生的实际需求，使教学流于形式，浮于表面。针对这样的问题，我们选择将课堂教学与项目实践相结合的方法，合理运用学校与家庭的时间与资源，通过动静结合的模式，将课内教学与课外实践整合起来，以期更直观地理解知识，更有效地培养量感，更实际地将知识与生活融合，更全面地提升学生的数学素养。

第一部分：项目设计

(一) 项目目标

1. 学科目标

(1) 理解度量衡的意义，了解最初的度量方法都是借助日常用品的，知道计量单位是人为规定的，了解计量单位的发展历史，知道科学发展与度量精确的关系。

(2) 在主题活动中认识质量单位，尝试应用数学和其他学科知识与方法解决问题。

(3) 尝试从日常生活中发现和提出数学问题，探索分析和解决问题的方法。

(4) 了解日常生活中与数学相关的信息，体会数学的作用；在学习活动中敢于质疑和反思，提出自己的想法，克服困难，解决问题。

2. 素养目标

(1) 知识素养目标:①掌握计量单位及单位换算。②了解计量单位的历史。

(2) 能力素养目标:①计量工具的认识和使用。②运用知识解决实际问题。

(3) 创新素养目标:①模仿应用。②创新实践。

(二) 学科大概念

计量是与生活各方面息息相关的知识。通过对数与量的学习,理解统一度量单位,能针对真实情境选择合适的度量单位进行度量,会在同一度量方法下进行不同单位的换算,初步感知度量工具和方法引起的误差,能合理得到或估计度量的结果,形成抽象能力和应用意识,并实践和积累而成一定的生活经验。

(三) 驱动性问题

如何调配出一款自己喜爱的创意饮品?

第二部分:项目实施

(一) 入项活动

调配一款自己喜爱的饮品。

(二) 项目推进

1. 学习实践活动一

从生活中寻找克、千克、吨、升、毫升的影子(从包装、标识上寻找这些单位的踪迹,并识记)。

2. 学习实践活动二

(1) 进一步认知,尝试说明单位之间的关系。

① 从书中、网络、家长帮助中得到答案。

② 利用测量工具进行验证。

③ 用视频记录验证过程,用图示表示它们之间的关系。

(2) 探索质量单位和容量单位之间能否互用。

① 称量 1 升水的质量。

② 称量食用油、牛奶、可乐等液体的质量。

③ 拓展知识:了解液体的质量与密度有关。

3. 学习实践活动三

(1) 根据自己的喜好调配个性饮料,将具体配方记录下来。

(2) 参考现成的配方,模仿调试,再根据自己的喜好进行修改,将原稿和自创稿对比,写出自己改进的目的和对比后的感受。

4. 学习实践活动四

(1) 为饮品命名。

(2) 记录配方表。

（3）以照片或视频形式记录成果。

（4）完成学习单。

第三部分:项目成果与展示

（一）阶段性成果及展示

1. 第一阶段成果

将学生寻找的容量单位和质量单位的照片插入教学课件中,在实际教学中请学生介绍交流。

2. 第二阶段成果

教学单位进率时,运用学生的探究视频,教师在学生实践的基础上加以评价和说明,帮助提炼概念。学生对自己的探究活动进行评价(表3-11-1)。

表3-11-1　实践活动自评表

姓名:_____　评价日期:_____

亲爱的同学:

　　你已经通过学习、查找资料,了解到有关重量单位和容量单位的知识,并进行了小组交流。请在相应的选项中打勾,对自己实践活动的情况进行简单的评价吧!

评价指标	特别符合	比较符合	基本符合	比较符合	不符合
1. 能够从生活中寻找克、千克、吨、升、毫升等重量单位和容量单位的影子,并拍照记录,小组交流。					
2. 猜测不同重量单位和容量单位之间的进率,并能运用合适的工具进行验证。(可拍小视频交流)					
3. 学生了解生活中常见物品的容量或重量,并能对大、小包装的量进行换算:例如:一大盒牛奶相当于几小盒牛奶					
4. 通过观察配料表,能初步了解一些饮品的配料及用量,为之后制作饮品做准备。					
5. 学会使用电子秤、量杯等测量工具,并能准确读取和记录物品的质量或容量。					
6. 能根据不同的物品以及量的多少,合理选择测量工具。					

3. 第三阶段成果

调配喜爱的饮品,将制作过程以照片或视频的形式进行记录。

（二）最终成果及展示

为制作出的成品命名,并完成学习单,交流介绍后,进行评价和评优(表3-11-2)。

表 3-11-2 自制饮料评价表

我的姓名：＿＿＿＿＿＿ 小组成员：＿＿＿＿＿＿ 日期：＿＿＿＿＿＿

亲爱的同学：

你已经根据自己的喜好调制出一款美味的饮品，请邀请组员一起来品尝与评价吧！

评价要素	评 价 标 准				自评	组评
准备工作 （20分）	能使用正确的度量单位记录饮品配方表。（20分）	完全 正确	基本 正确	需要 帮助		
		20分	15分	12分		
制作过程 （50分）	能使用电子秤、天平等计量工具，并能准确读数。（10分）	完全 正确	基本 正确	需要 帮助		
		10分	8分	6分		
	能使用量杯（带有刻度的杯子）测量出容积，并且正确地读数。（10分）	完全 正确	基本 正确	需要 帮助		
		10分	8分	6分		
	能使用正确单位记录下自己测量的数据。（10分）	完全 正确	基本 正确	需要 帮助		
		10分	8分	6分		
	能根据饮品配方，按照步骤独立制作出饮品。（10分）	完全 独立	基本 独立	需要 帮助		
		10分	8分	6分		
	制作完饮品后，可以把工具还原，并且清理好垃圾。（10分）	完全 符合	基本 符合	需要 帮助		
		10分	8分	6分		
成果展示 （30分）	能根据饮品特点向同学介绍并推荐自制的饮品。（10分）	非常想 品尝	有品尝的 想法	吸引力 一般		
		10分	8分	6分		
	制作的饮品配方有自己的改良与创意。（10分）	创意且合理	有改良	没有改良		
		10分	8分	6分		
	饮品视觉效果及品味评价。（10分）	根据饮品卖相及品味自己打分吧！				
部分						

第四部分：项目评估与反思

"小小调饮师"这一项目从入项到出项历时一个月，在这一个月的时间里，学生经历了单位的认知、进率的探究、计量工具的学习使用、结合生活实际的单位知识的运用、极具兴趣和创意的饮品制作过程、充分体现学生意愿和个性的饮品命名以及作品介绍等环节,每一个环节的设计都建立在孩子们的兴趣点上,有兴趣就有学习的动力。通过学生自己寻找、猜测、验证、合作交流、实际运用……将教学目标层层细化,将概念教学的难点抽丝剥茧,将生活实践与课堂教学紧密结合,将学生的学习热情和学习能力激发得淋漓尽致。以往在教学此类比较抽象的概念知识时,学生往往会明显表现出体验和感悟的不足,更多的是停留在知道的层面,真正理解并且熟练运用是很难达到的。即便对于课堂中教师举出的实际例子,学生也并不一定真正能产生共鸣或者认同感,说百句不如亲自干一次。我们的项目完全将学生置于主动的位置,以他们的需求为设计之本,将他们的实践成果直接运用于课堂教学,并予以及时的指导和评价。通过一系列的活动,学生对知识本身有了直观深刻的认识,提升了各方面的能力,同时结合劳动教育,体会到了劳动的乐趣。意外之喜是有不少孩子和家长反映,活动增进了亲子间的交流,促进了和谐家庭的建设。

由于种种原因,原本打算的品鉴交流及投票选举无法实现,学生间的评价也只能停留在介绍和观赏图片及视频的层面,隔靴搔痒实在不快,待条件允许会考虑开展该项目的 2.0 版本,并尝试进行跨学科项目整合,以期拓展学生更多元的知识体系,提升全方位的能力,促进高阶思维的形成与发展。

(上海市浦东新区福山证大外国语小学 卫黄瑶 汤慧黎)

"编码知多少"项目实践(五年级数学)

项目简介

数字编码是日常生活中不可或缺的表达信息的简化形式,认识并学会解读编码可以提高我们日常处理信息的能力,设计并善于应用编码能更好地优化我们的实际生活,提升灵活性和便捷性。我们生活中的方方面面涉及数字编码,比如:身份证号、学生学号、图书馆图书编号、货物商品编号、邮政编码、车牌号、房间号、手机号等。在大数据时代,数字编码更容易将事物按所需进行归档、整理,使之易于被查找,便于管理。此外,复杂的编码也更有利于数据的加密,以提高安全系数。

结合五年级第一学期数学广场中的"编码"教学内容,福山证大五年级组的数学老师们设计了"编码知多少"这一数学项目化学习活动。

本次项目学习是在学生具有初步的发现、分析、解决问题能力的基础上开展的,通过经历收集、整理数据的过程,认识编码、解读编码,继而形成推理意识,在与家人交流、同伴合作的过程中获得开展数学实践活动的经验,进一步形成模型意识,提高应用数学的意识和创新意识。

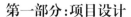

第一部分：项目设计

（一）项目目标

编码是利用指定数字信息表达特定意思的一种特殊符号，每一种编码都有自己指定的一套规则和意义。通过制定编码的规则，我们可以用数字信息表达我们想要表达的特定意义的学号、毕业证号、房间号等。

（二）学科大概念

数字编码在小学阶段的学习不仅仅能帮助学生更好地认识和掌握数字，还能培养学生的逻辑思维能力和动手实践能力。数学编码的应用越广，对学生的成长和未来发展越具有重要的意义。

（三）驱动性问题

毕业在即，学校将为每个学生颁发毕业证书。证书编码中隐藏着许多小秘密，你能结合找到的规律，为自己和同学们设计专属的毕业证书号码吗？

第二部分：项目实施

（一）入项活动

走出课堂，到现实生活中收集信息。利用课余时间，走访邮局、图书馆等地，通过互联网查询关于区号、邮政编码、电话号码、汽车牌照、飞机航班号等编码规律。通过了解编码在生活中的意义，为后面的活动做铺垫。

（二）项目推进

1. 学习实践活动一：探究身份证号码里的小秘密

身份证号码是怎样独一无二地对应每一个人的？搜集家人、朋友、同学的身份证号码，通过观察、对比，探寻身份证号码的编排规律，了解编码所隐含的信息，分析并体会数字信息存在的意义以及设计的合理性。

2. 学习实践活动二：寻找生活中的编码

学生以个人或小队合作的形式，自主选择想要探究的生活中的编码，比如邮编、车牌号、学号、图书编号等，通过网上查询、资料翻阅等形式，进一步探索和习得数字编码的编排方法，感悟编码的规律性与对应性，为下一阶段自主开展编码设计做好准备。

3. 学习实践活动三：设计个性化的毕业证书编号

交流毕业证书号码中需要存储的信息，通过前期的学习和探究，自主设计毕业证书号码并设计理想的毕业证书。在设计编码的活动中，体会和感知数字编码思想在校园中的实际运用，培养主人翁意识，增强社会责任感。

第三部分：项目成果与展示

（一）阶段性成果及展示

1. 第一阶段成果：探究身份证号码里的小秘密

学生们收集自己和同住人的身份证号码，观察身份证号每组数之间的特征及含义，探索身份证号的编排规律,并在课堂交流分享。

2. 第二阶段成果:寻找生活中的编码

学生记录自己的学籍号、网上查询的邮编、车牌号等信息,结合已学身份证号码的特点,探究每组数字代表的含义,并与大家分享交流。

(二)最终成果及展示

毕业证书编号是学校按照教育部制定的编码规则编制打印的,就像身份证一样,证明个人学历的。排列有一定规律:前 5 位是学校的编号,第 6 位是教育类型,第 7 到第 12 位是毕业注册时间,最后 6 位是流水号。当然,对于五年级的学生来说,第一次为自己的毕业证书进行编码,是一件非常有趣而神圣的事情。在认识了身份证号、邮政编码以及学籍号所表示的意思之后,学生对自己的毕业证书号码有了一定的想法,同时参考了规范的毕业证书模板,开始设计属于自己的、独一无二的毕业证书号码。

同学们在设计毕业证书编码时,不仅考虑到了美观性,还将毕业学生的个人信息清晰地呈现出来。在毕业证书的号码设计中,体现出了自己所在的学校、班级、学号等个人信息,为自己的毕业证书编码确定了唯一性。在毕业证书编码的设计中,除了考虑到个人信息以外,有的学生还融入了对学校深厚的感情,将学校的标志性建筑作为背景,与当代高科技相结合,将一串数字转化成一个专属二维码。一张张图文并茂的毕业证书,一个个独一无二的编码设计,将学生们的巧思妙想精彩亮相。在实践过程中,学生体验到了数字与数字组合的不同含义,也体会到了数学学习的乐趣。他们对自己作品的解读也非常的细致,一个个自信满满、落落大方。

走近生活中的编码,探索编码的编排方法,再动手尝试设计编码,同学们通过“编码知多少”主题项目化学习,在“做中学”,在“玩中学”,积极主动地参与数学探究活动,灵活应用数学知识创造性地解决生活中的问题,在学科实践中发展数学素养。

第四部分:项目评估与反思

在学习活动实践中,学生经历收集、整理数据的过程,认识编码、解读编码,继而形成推理意识;在与家人交流的过程中获得开展数学实践活动的经验,进一步形成模型意识,提高数学的应用意识和创新意识。

囿于线上项目化学习的开展,本次活动中,小组合作探究、团队互动研讨方面体现得不够充分,评价也较为单一。后续,项目的改进将重点从探究的形式、探究内容的丰富性、评价的发展性三个方面着手,使得项目化学习在促进合作交流的能力、提升学习探究的品质和激发创新思维等方面发挥更加显著的作用。

(上海市浦东新区福山证大外国语小学　奚凤英　叶蕙瑄)

13 "装载回忆的礼物盒"项目1.0版实践(五年级数学)

项目简介

在小学阶段，通过对空间和几何的研究，由平面走向立体，从而形成一套"动手做"的实用数学作业体系。在进行测量、计算、画图、制作的过程中，学生可以加深对相关概念、算法的认识和理解，这样可以有效促进学生空间概念的发展。

"装载回忆的礼物盒"项目化学习是基于沪教版数学五年级下册"几何小实践"这个单元教学内容，开展的线上数学项目化学习实践。毕业在即，学校为五年级毕业班的同学们准备了一本毕业诗集册，同学之间也会互赠一份小礼物作为留念。拿着自己动手制作的礼物盒来装载这些礼物，将会显得更有仪式感。在实践活动中，学生也可加深对长方体、正方体表面积的理解，掌握长方体和正方体表面积及其计算方法。

第一部分：项目设计

（一）项目目标

（1）在生活情境中，通过动手拼接、实践操作拼搭出一个完整的立体图形，解决空间几何问题。

（2）通过小组探究，制定评价量规，明确小组成员分工，建立良好的合作关系，提升交流沟通、共同协作的能力。

（3）合理利用现代信息技术，提供丰富的学习资源；利用上网工具，设计出专属自己的立体图形平面展开图，提升信息素养。

（4）通过分享交流，总结回顾整个项目化学习过程，进行合理的学习评价，形成正确的情感、态度和价值观。

（二）学科大概念

在小学数学课堂中，图形与几何犹如一把开启学生思维之门的钥匙，对于培养学生的空间思维和想象力至关重要。图形与几何对于小学生的启发有以下几个方面：一是引导学生初步掌握空间观念，从平面几何到立体几何的学习过程，有助于他们逐渐形成独特的空间认知；二是激发学生解决实际问题的能力，将图形与生活相融合，使理论与实践紧密相连；三是激发学生的学习热情，图形与几何的引入，使枯燥的文字学习变得生动有趣；四是提升学生的审美情趣，各种图形展现出独特的风格，学生在探索这些图形性质的过程中，提高了审美鉴赏能力。

（三）驱动性问题

毕业在即，学校为同学们准备了一本毕业诗集，好友间也会互赠毕业礼物。你能利用家中现有材料,设计并制作一个既实用又有意义的礼物盒吗?

问题链:

子问题1:什么是礼物盒?常见的有哪些形状?

子问题2:如何设计我的礼物盒?

子问题3:如何制作我的礼物盒?

子问题4:如何展示和推广我们的作品?

第二部分:项目实施

(一)入项活动

整理分类:请同学们记录想要送出的礼物,并按照礼物包装盒的形状特点进行分类。

小队分组:根据雏鹰假日小队进行分组,明确队长及组员。

团队建设:确定项目方向(手工/科技)和小组分工。

(二)项目推进

1. 学习实践活动一:认识礼物盒,认识常见的礼物盒形状

班级讨论活动:播放节日中拆礼物的一些小视频。请同学们思考:常见的礼物盒有哪些形状?

2. 学习实践活动二:我是小小设计师

(1)知识准备:常见立体图形的表面积计算公式及平面展开图的绘制方法。

(2)设计平面图:礼物盒的平面图如何等比例缩小画在A4纸上。

(3)设想选用的废旧材料:根据环保的要求,小组成员交流讨论可以提供的材料,并计算出所需的耗材总量。

3. 学习实践活动三:我是小小巧工匠

(1)学生根据自己最终的设计图纸,利用家中现有材料,动手制作礼物盒。

(2)在有限的材料中选择最优的制作方法。在实施过程中,不少同学也遇到了一些操作上的问题,通过同伴互助、寻求家长帮助等不同的途径,最终都解决了这些大大小小的困难。

4. 学习实践活动四:我是小小汇报员

(1)利用线上软件,由各个小组组长负责组织,通过视频会议、文字讨论的形式,讨论并共同制作PPT。学生按小组介绍自己的设计方案,阐述所选择的包装方案的理由,展示自己组的作品并接受其他小组的质疑。学生展示、交流的思维过程,与他人分享经验和成果体验,充分享受了成功的喜悦。

(2)利用线上投票选出最喜欢的探究小组。

同学利用网络投票功能,对自己喜欢的小组进行了支持,挑选出了心目中最棒的小组。

（3）学生参与制定评价表并完成相应评价。

评价是学习过程中一个重要的组成部分,它的内容是师生双方共同制订的。这既是本课程的一种挑战,又是一种创新。教师邀请学生进行评价,在本次项目的学习中鼓励学生参与原创性的学习,并体验收获和喜悦。在此基础上,教师还根据学生们的意见,对评分表进行了结构调整和整合,最后形成了一个以小组为单位的评分表(表3-13-1)。

表3-13-1　数学项目化学习情况评价表

小组名称								
评价维度		优秀 A（9~10 分）	良好 B（7~8 分）	合格 C（6 分）	待改进 D（2~5 分）	自评	互评	校评
成果展示	准备程度	小组准备充分,演练熟练。	做好准备,演练需要加强。	做好准备,演练不充分	没做好准备。			
	学科＋的体现	体现多学科知识的运用。	体现单一学科知识。	基本体现单一学科。	没有学科知识的体现。			
	现场展示	对项目成果充满热情。充分阐述了作品的主题,条理清楚,声音洪亮,落落大方,与倾听者有眼神的交流。	对项目成果比较热情。比较清楚地阐述作品主题,条理较清楚,声音洪亮,能顺利完成展示,有一些眼神的交流。	对项目成果有热情。能阐述作品主题,声音不够洪亮,与倾听者很少有眼神交流。	对项目没有热情。不能阐述清楚作品主题。声音不够洪亮,与倾听者没有眼神的交流。			
	参与度	所有成员参与度高,完全能回答大家的提问,认真听取他人的汇报。	所有成员能够回答大家的部分问题,基本上能认真听取他人的汇报。	部分成员参与互动,其他成员参与度不高,听取他人汇报时走神。	成员参与互动情绪不高,不能回答他人的提问,没有认真听取他人的汇报。			

第三部分:项目成果与展示

（一）阶段性成果及展示

1. 第一阶段成果

图片收集交流;绘制草图。

2. 第二阶段成果

设计图纸、材料清单和说明。

3. 第三阶段成果

根据设计图制作礼物盒。

(二)最终成果及展示

项目化学习过程中,教师以合作者的身份参与整个探究活动,引导学生经历发现问题、提出问题、分析问题、解决问题的完整过程。学生在整个项目的活动实践中,各方面的能力都得到了提升。

第四部分:项目评估与反思

项目基于毕业班活动这个情境任务,借助礼物盒为载体,教学中,始终按照欣赏→探究→创作的主线,还原灵动的课堂,促使学生在活动中,勇于探索图形间的相互关系。通过这次项目化学习,学生在图纸设计的过程中,加深了对长方体、正方体展开图的认知,提升了空间想象能力。然后以数学建模的形式,落实自己的设计方案,在理解展开折叠、表面积计算等数学知识的同时,学生还初步感知了比例尺的相关知识。最后通过成品制作过程中对设计的不断改进,体验了理念与实际之间的差异,完成了项目化作品的呈现。

这次项目化学习中,我们注重利用评价来提升学生的项目化学习成效,通过各种形式的评价反映学生阶段性的学习效果。初始,学生的设计思路还大都局限在长方体上,在老师引导和小组讨论的基础上,大家逐渐打开思路,主动创新其他图形,如三角锥、圆柱体等。最后,让学生进行自评、互评,甚至创新式的跨班评价。多种形式的评价使学生既能够主动参与合作,又能比较和谐地与他人相处。此外,根据线上教学的特点,这个项目更多地借助信息技术手段,如录屏、视频会议、微视频制作等,有效地解决了线上项目化学习带来的困难。

(上海市浦东新区福山证大外国语小学 蒋佳怡)

"装载回忆的礼物盒"项目2.0版实践(五年级数学)

项目简介

进入毕业季,我校策划并举行了一系列生动而有意义的学生活动,如亲手设计文创作品为学校代言、书写感恩信、大手牵小手等。五年级数学组整合沪教版五年级下册"几何小实践"单元教学内容和临近毕业好友互赠礼物的真实需求,开展了"装载回忆的礼物盒"2.0版学科项目,引领学生将数学的学习融入真实的生活,运用数学学科知识,亲手为同伴的毕业礼物制作礼物盒,彰显仪式感,留下满满回忆。

第一部分:项目设计

(一)项目目标

(1) 在生活情境中,通过动手拼接、实践操作拼搭出一个完整的立体图形,解决空间几何问题。

(2) 通过小组探究,制定评价量规,明确小组成员分工,建立良好的合作关系,提升交流沟通、共同协作的能力。

(3) 合理利用现代信息技术,提供丰富的学习资源;利用上网工具,设计出专属自己的立体图形平面展开图,提升信息素养。

(4) 通过分享交流,总结回顾整个项目化学习过程,进行合理的学习评价,形成正确的情感、态度和价值观。

(二)学科大概念

在实践活动中,学生通过自主探索和小组合作的形式,估测礼物盒的大小、预设草图、再将平面图形制作成立体图形等一系列的操作活动,加深对长方体、正方体表面积概念的理解,掌握长方体、正方体表面积的计算方法,体会表面积变化的规律,在应用规律的过程中一步步解决问题,体会策略的多样性,有效促进空间概念的发展、应用意识以及数学学科综合素养的提升。

(三)驱动性问题

毕业在即,好友之间互赠礼物留作纪念,你能设计并制作一款实用、美观而有意义的礼物盒,让互赠活动更有仪式感吗?

子问题1:要设计一款实用、美观而有意义的礼物盒,需要考虑哪些因素?

子问题2:如何通过平面设计图呈现礼物盒的外观特点?

子问题3:如何完成礼物盒的制作与优化?

第二部分:项目实施

(一)入项活动

从毕业季好友互赠礼物的真实事件,组织学生展开讨论,思考如何让互赠毕业礼物的活动更有仪式感。学生提出了根据好友的喜好挑选礼物、选择的礼物要有独特价值、对礼物进行用心包装等建议。教师充分肯定学生的思考并顺势提出了驱动性问题,引发了学生对制作礼物盒的极大热情。

(二)项目推进

1. 学习实践活动一:为设计一款实用、美观又有意义的礼物盒,讨论需要考虑的因素

学生就礼物送给谁进行交流,采取了两两结对或咬尾巴组团的方式确定互赠礼物的对象,通过日常观察、网上搜索或倾听家长建议,确定了礼物的内容。就先制作礼物盒还是先选定礼物的问题,学生在讨论中明确了流程。之后,各小组集思广益,围绕"实用""美观""有意义"等关键词进行了有关礼物盒设计的分组讨论,从礼物盒大小

与礼物的匹配度、外观的颜色搭配、与毕业季有关的文字设计、文图的搭配等角度进行了思考。

2. 学习实践活动二:通过平面设计图呈现礼物盒的外观特点

如何结合礼物盒的大小,进行平面图的设计?学生通过对教材中常见立体图形的表面积计算公式和平面展开图绘制方法的学习,思考礼物盒的平面图怎样设计,探讨怎样将表面积很大的礼物盒等比例缩小画在 A4 纸上。

草图设计有困难的同学,借鉴同伴的设计图宣讲,汲取好的方法优化自己的设计。同伴之间互相提出修改意见,也为后续成品制作打下良好的基础。

3. 学习实践活动三:完成礼物盒的制作与优化

在平面设计图完成后,各小组就如何进行礼物盒的制作展开深入探究。礼物盒的材料从哪来?什么材质适合制作礼物盒?哪些绘画元素可以凸显毕业主题?如何采用同伴互助的方式进行成品制作?学生在一个个真实问题的分析解决中,将创意具体化,将设计产品化,收获了满满的成就感。

第三部分:项目成果与展示

(一) 阶段性成果及展示

学生们在课上分享自己绘制的草图,各种造型别致、呈现方式独特的创意设计让大家赞不绝口。部分草图还呈现了粘贴处、折痕线、背景花纹装饰等细节,真挚的情谊在这用心绘制的一笔一画中传递。

(二) 最终成果及展示

(1)学生根据设计图纸,利用家中现有材料或购置合适材料,制作礼物盒(图 3-14-1)。

(2)学生以小组为单位,展示自己的设计意图、设计方案及设计成品。各小组投票评选出最佳作品 1~2 件,在班级进行展示。

(3)选出的小组优秀作品再通过人人投票,遴选出班级范围内的最有创意作品、审美最佳作品等。

(4)汇集各班优秀作品,在年级内通过 PPT 给全体学生欣赏。让更多优秀作品被看到的同时,创意、审美的教育也在潜移默化中进行,学生的思维能力、创新意识、审美能力在这一过程中得以充分激发。

(5)同学间互赠礼物,充分享受了亲手制作礼物盒的成功体验,也感受了互赠礼物时喜悦的心情。

第四部分:项目评估与反思

"装载回忆的礼物盒"项目基于毕业班活动这一真实情境,学生以礼物盒的设计为载体,深度理解数学学科知识。我们在 1.0 版本的基础上,立足学生视角,根据学生的反馈建议和教师对项目引导的有效性、学生真实获得情况的深入反思,优化了项

图 3 - 14 - 1　学生制作的礼物盒

目问题链、项目设计与实施内容，使得学生的学习探究兴趣和探究品质得到更好的呈现。

项目过程中，教师以合作者的身份参与整个探究活动，在此过程中引导学生经历发现问题、提出问题、分析问题、解决问题的完整过程。通过问题引领、评价跟进等方式，推动学生积极主动地思考问题，在团队合作、评价实践的过程中，发展合作探究能力，增强团队凝聚力，提升学科实践能力。

就学习过程而言，师生双方始终按照"欣赏—探究—创作"的主线，还原灵动的课堂。学生在图纸设计的过程中，加深了对长方体展开图的认知，提升了空间想象能力，继而以数学建模的形式，落实设计方案，在理解展开折叠、表面积计算等数学知识的同时，还初步感知了比例尺的相关知识。最后在成品制作过程中对原有设计不断改进，体验了理念与实际之间的差异，完成了项目化作品的优质呈现。

本次项目化学习，学生深化了对数学知识的理解，在实践过程中增强了空间意识，提升了逻辑思维能力和推理能力，体验到在活动过程中调整思路、攻克难关的磨炼，发展了有耐心、有毅力的意志品质。高密度、高效度的同伴互动，更是助力了学习成果的优化，发展了同伴间的情谊。这也是我们开展学科项目实践的初衷，真正做到了从关注知识为本的教学观，向关注学生发展为本的育人观的转变。

（上海市浦东新区福山证大外国语小学　沈佳雯　崔斯淇）

第三节 英语学科

15 "英语小诗初体验"项目实践(三年级英语)

项目简介

利用福山证大英语电视台开展迎新活动是我校传统项目,在英语歌唱专场、短剧专场、故事专场后是英语诗歌专场。本项目旨在帮助引导学生通过项目学习,合作完成英语诗歌专场演出。

根据小学英语课程标准的相关要求,结合牛津教材 Learn the sound 等单元模块中相应的语言契合点,通过英语诗歌项目化学习来提升学生学习英语的热情,提高学生包括语言素养、创新创造能力等核心素养。

第一部分:项目设计

(一)项目目标

1. 学科知识

(1)能够流利地朗诵或表演英语诗歌。

(2)能够准确地找出英语诗歌中的韵律词。

(3)能够尝试创作英语诗歌。

2. 学科能力

(1)能唱简单的英文歌曲,说简单的英语歌谣。

(2)尝试阅读英语故事及其他课外读物。

(3)能根据拼读的规律,读出简单的单词。

(4)在学习中乐于模仿、敢于表达,能模仿范例书写词句。

(二)学科大概念

运用英语诗歌表达节日祝福。

(三)驱动性问题

新春将至,如何在福山证大英语电视台的英语诗歌专场中,为你的同学、朋友或家人表达祝福?

第二部分:项目实施

(一)入项活动

学生从"如何完成英语电视台诗歌专场的演出"的问题讨论切入,成功入项。每班根据学生意愿和小组成员特点，自主完成分组，每班 10 组，每组 4～5 人。根据小组成员特长，每组完成了项目成员表，确定了每个小组的队长、副队长、组员及所有成员的分工。

（二）项目推进

1. 学习实践活动一

学生探究后以小组为单位介绍诗歌种类，并共同完成主产品 1"诗歌种类诗歌一览表"。小组代表选取某个种类诗歌与大家分享。根据评价量规，就各小组的主产品 1 进行组间互评和教师评价。

2. 学习实践活动二

学生以项目小组为单位，就英语诗歌中的押韵及其规律进行学习和分享，课后完成主产品 2"两行押韵小诗"。组内分享"两行押韵小诗"，并进行组内评价。组内代表进行组间分享。学生的积极性比较高，不少同学写出了四行小诗，并且符合押韵要求。

3. 学习实践活动三

在基本了解英语诗歌押韵特点之后，学生在组内就英语诗歌中的句式进行讨论、学习和分享，课后完成主产品 3"两行句式相同的小诗"，并进行了组内分享，结合诗歌的押韵情况进行组间评价。组内代表组间分享作品。学生对句式的领悟力很强，要求完成两行小诗，不少同学写出了四行小诗，并且符合押韵和句式要求。

4. 学习实践活动四

在了解英语诗歌韵律和句式特点后，学生继续以项目小组为单位，就"英语诗歌如何表达主题"进行讨论、学习和分享，课后完成主产品 4"两行主题小诗"。组内分享两行主题相同的小诗，并结合诗歌的押韵、句式情况，进行组内评价，组内代表在班级分享作品。

第三部分：项目成果与展示

此次项目成果，包含阶段性成果与最终成果。

（一）阶段性成果及展示

1. 第一阶段成果：英语诗歌一览表（见图 3-15-1）

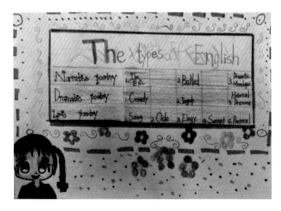

图 3-15-1

2. 第二阶段成果:押韵小诗(见图 3-15-2)

图 3-15-2

3. 第三阶段成果:句式相同小诗(见图 3-15-3)

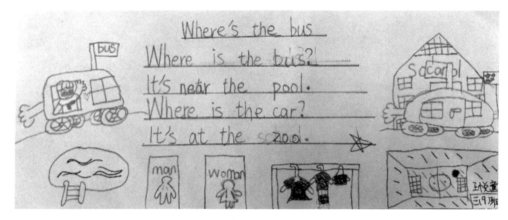

图 3-15-3

(二) 最终成果及展示:新春祝福小诗

组内分享并评价最终产品:新春小诗。推荐确定参与优秀作品展的作品。商讨确定参与英语电视台诗歌专场表演的作品。诗歌优秀作品展布置在学校底楼大厅供全校观赏(见图 3-15-4),项目实施对象三年级学生根据评价标准参与投票,选出最喜爱的诗歌。

第四部分:项目评估与反思

(一) 顶层设计体现学科项目的上位定位

学科项目化学习的方案设计发生在实施过程前,对整个实施过程起到重要的指导

图 3 - 15 - 4

作用。与传统知识点的教学不同的是，"英语小诗初体验"学科项目化学习不仅聚焦于单词、句型或语法的教学，更注重学生对以上知识的整合能力，体现了学科项目化学习定位更综合、更上位的特点。因此，方案的设计充分考虑到将诗歌作为英语语言知识的一种载体的学习方式，帮助学生将语音、语法、词汇、句式、主题等知识融合于诗歌整个体现语言知识多样性的载体之中。

（二）驱动问题保障学生在学科项目化学习中的高阶学习

通过"英语小诗初体验"的学科项目化学习，学生真正对英语诗歌展开探究和学习。通过本项目的学习，学生对英语诗歌的种类有了基本了解，能够找出诗歌中的韵律词，能够发现诗歌中的句式规律，能够通过阅读诗歌大致了解作者想要表达的主题。能够在小组成员的互相鼓励和合作中，完成一首英语小诗的创编。部分学生能够登上英语诗歌电视台的舞台，演绎自己的诗歌作品。这些都体现了学生在诗歌探究学习中对语言知识的运用和不同语境中的转换能力，学生在创作自己作品的过程中，更是创造了新知识。在此过程中，学生的语言素养、学习素养、人文素养、沟通与交流能力、创新与创造力、国际意识、团队合作意识、主动探究能力、自信心、问题解决能力、艺术与审美能力等英语学科核心素养指标有了进一步提升，在高阶学习中迁移了语言学习的能力。

(三) 学科项目化学习帮助师生打破传统教材的单元壁垒

学生在诗歌探究的过程中所学习的词汇、句式、语法出现在教材的不同模块、不同单元中。教师在传统课堂中无法深讲细说的知识点,在学生的探究中被深度挖掘。以驱动性问题"如何在新春时节用英语诗歌为亲人朋友表达祝福"为切入口,学生组建小组,通过探究形成知识链,根据评价量规的引导逐步实施项目,最后形成成果。在这一过程中,学生面对新颖阅读体裁的文本处理能力、学生在团队合作中的沟通能力、领导力和统筹协调能力、学生在项目化实施过程中的问题解决能力和学生的自信心都显著增强,而这是传统教学中某个单元的教材学习所无法赋予的。

(四) 评价在学科项目化学习中起到关键作用

以学生为主体的评价是"英语小诗初体验"项目的中评价环节的重中之重,直接体现了学生的知识认知、社会性实践认知和情感认知。从入项到出项,学生通过参与调查问卷、参与访谈、完成各阶段子产品评价量规上的评价等、通过成果展示进行欣赏评价等方式参与了各种评价,是评价最主要的体验者,而评价结果对项目和学生的正反馈又使学生成为评价的受益者。基于学生视角的评价在项目化学习中有积极的促进作用。多元的评价主体使学生获得多种评价角度,前置评价和后置评价结合促进学生更好地把握学习方向,检验夯实学习成果。阶段性评价和成果性评价共同帮助学生关注项目全周期的实施。从小组到年级不同范围内的评价满足了学生的情感需求,提升了学生的核心素养。

(上海市浦东新区福山证大外国语小学　沈晶晶)

"用英语戏剧讲中国故事"项目实践(四年级英语)

项目简介

在学习牛津教材四年级下册 M1U2 盲人摸象故事后,学生对用英语表达中国传统故事产生了浓厚兴趣,经讨论决定将本次英语学科项目定位在中国传统故事"花木兰"的戏剧演出。后因考虑线上教学的特殊情况,转为花木兰戏剧迷你剧本的创编和线上呈现。项目正式名称定为:用英语戏剧讲中国故事——The Dialogues We Make in Mulan。

第一部分:项目设计

(一) 项目目标

1. 学科知识

(1) 能参考对话蓝本,对故事某场景片段拓展创编一个或多个话剧。

（2）能根据所扮演角色，在故事某场景片段中有感情地表现该角色的台词。

（3）能了解基本的戏剧元素，尝试简短的戏剧创作。

2. 学科能力

（1）在参与活动项目的经历中，提升对外文化传播的意识和水平。

（2）在传统文化故事的演绎中，提高交流表达能力和创新创造力。

（3）在小组合作探究的过程中，发展合作分析与解决问题的能力。

（二）学科大概念

以戏剧方式开展语言学习。

（三）驱动性问题

驱动性问题：如何在线上呈现一场自编自导自演的花木兰对话式戏剧短片？

第二部分：项目实施

（一）入项活动

项目活动顺利开展的前提之一是设计好入项活动，把"点燃"学生进行探索性学习、深入学习的导火线准备好：首先由教材中"盲人摸象"故事引发学生产生更多思考。利用在线课堂线上直播，教师组织学生围绕以下问题链展开讨论。

问题1：《盲人摸象》是个寓言故事，也属于成语故事，通过学习这类故事能让我们明白一些道理。类似的中国传统故事你还知道哪个？

问题2：有些中国传统故事中有突出的人物形象，给我们以启迪和激励。你了解这样的人物形象吗？

问题3：你可知道"花木兰"？你看过迪斯尼动画电影"Mulan"吗？你对这个形象人物的了解有多少呢？

学生通过线上交流平台进行头脑风暴，借助母语，学生畅所欲言，自由分享观点。当学生对人物木兰感兴趣并有共鸣后，教师提出本次项目化学习的驱动问题，并与学生进一步讨论，确立相应的子问题。

子问题1：你能用自己最擅长的方式展现花木兰动画片中你最喜欢的一个场景吗？

子问题2：如何基于人物的品质，展开合理的想象，丰富你最喜欢的场景，并以英语对话的形式呈现出来？

子问题3：如何基于多人对话的创编剧本，创造性地展现花木兰戏剧中的某场景？

随后由学生讨论并决策项目探究活动步骤：了解分析、组队分工、练习排练和分享展示。对于步骤的排列，学生间一开始存在分歧，有的主张应先组队分工。定夺不下时，教师建议加入独立创作步骤，既解决争论，又促使其独立思考习惯养成，确保项目的有序进行，为后续探究奠定基础。

（二）项目推进

1. 学习实践活动一

鼓励学生在课外利用网络进行了解分析。由于学生在线时间较长，教师提供了一个 12 分钟的花木兰英文动画视频资源，总词汇量约为 1670 词，其中生词约为 70 个。围绕戏剧剧本创作元素列出如下四个分析点，引导学生进行独立了解分析。

分析点 1：What is the story about?

分析点 2：Which character do you know well? How is he/she?

分析点 3：Which scene（场景）do you like best? Why?

分析点 4：What dialogue between the characters is impressive（令人印象深刻的）?

利用线上直播，学生分享了解的内容，语言能力弱的学生说单词，语言能力强的学生说句子。引导学生分析主场景，使学生清晰地了解故事脉络，熟悉角色，明确感兴趣的场景，并理解对话的重要性，为后续独立创作奠定基础。

2. 学习实践活动二

学生尝试独立对最喜欢的场景进行角色对话创编。学生在场景选择表上确认后，提交第一稿对话创编。同场景学生根据场景主角需求自由组队，基本每 3～5 位一组，学生主导组队和分工，教师微调个别情况，确保每场景有一组，热门场景或有 3～4 组。

组队后，采用线上合作学习方式。各组商定组名、角色分配和任务分工，培养合作和沟通能力，锻炼队长和副队长的协作和组织技能，小组探究力在磨合中逐渐生成。

3. 学习实践活动三

在各小组成功建立任务群并开始有序讨论后，教师"潜伏"关注各组，协调进度、解决小矛盾，并在需要时提供知识技能支持。批阅学生第一稿后，及时进行线上专题的集体培训，关注角色对话创编技巧的提升。以教材中三个故事为例，先引导学生回忆这几个故事学习过程中创编对话时的要点，即：把自己放入角色来思考和表达、突出人物性格特点、围绕主题内容创编。再让学生尝试对教材中一首儿歌进行角色对话创编，在师生各抒己见过程中，领悟创编技巧。课后学生撰写第二稿并对比分析进步。随后小组成员分享各自稿子里的亮点内容，整合出最终小组稿，这一过程培养了学生的创编技巧和团队协作。

4. 学习实践活动四

由各组队长协调时间进行在线练习排演，进一步完善台词，并和组员一起规划展演形式。教师观察各组排练表现后，跟进了第二、三场专题集体培训：Ways to show your script! 和 Control your voice better!。两次培训拓宽学生视野，启发灵感，提高排练效果。学生频繁在线合作，反复排练和录屏，追求最佳表现，为在班级线上展演而积极努力。

5. 学习实践活动五

项目活动进入最后的交流展示环节，各组展示最终视频，学生进行星级评价和推荐，推选出的作品进入年级展示。学生完成自我反思评价、调查问卷和资料汇总提交。

第三部分：项目成果与展示

此次项目成果，包含阶段性成果与最终成果。

（一）阶段性成果及展示

1．第一阶段成果

两次创编的剧本对比分析。

2．第二阶段成果

小组场景迷你剧本定稿。

（二）最终成果及展示

庆六一班级展示，校公众号展示。

第四部分：项目评估与反思

（一）凸显核心素养能力培养的项目化设计方向

基于2022版义务教育课程方案和英语学科课程标准，此项目强调核心素养的培养。教师不再仅仅传授知识，而是引导学生理解和应用所学，通过创编对话内容和表演，帮助学生掌握创作和表演技巧，培养学以致用的观念。经历此项目后，学生掌握创编对话和戏剧表演的基本技能，提高了学习英语的兴趣；同时也提升了核心素养，包括语言素养和审美能力。项目以核心素养为中心，促使学生更深刻地理解所学，提高综合素质。

（二）体现独立和合力创作融合的项目化探究形式

项目化学习强调自主学习、探究学习和合作学习。项目一开始，学生通过独立思考和创作，培养独立思考的能力。随后，学生根据兴趣分组，合作探究，形成集思广益的氛围。这种融合了独立思考和合作创作的方式，为学生提供了更多展现和交流新思路的机会，培养了自信和勇气，为高品质作品的创作奠定了基础。这种独立与合力的融合模式，促进了学生综合素质的提高，为未来更复杂的合作提供了宝贵的经验。

（三）数字化技术点亮了项目化实施过程

学生在网课环境下展现出高涨的学习热情和优秀的数字技术应用能力，迅速建立小组讨论群，使用线上平台发布、组织视频会议、录制剪辑视频等。学生在合作中相互学习，不断提升，数字化技术点亮项目实施过程，培养合作解决问题的能力，这是项目设计初期未曾预见的收获。

（四）专题式培训保障了项目化成果品质

教师在项目式学习中担任指导者、帮助者和促进者的角色，提供的三次专题培训，关注学科技能、戏剧表演和声音控制等方面内容。提高学生的展演质量，为最终的展示增添自信。学生感受到了成长和收获，增强了对创编和表演的理解，反映在项目活动调查中的肯定和积极评价。专题培训成为保障项目成果品质的关键。

（五）教师的关注度提高了线上项目运行效能

教师在线上项目化学习中起到了关键的支持和引导作用。通过提供参考文档、详细批阅学生剧本工作,并通过实时沟通工具保持紧密联系,提高了项目的运行效能。学生感受到了老师的不断支持,激发了积极性,他们明白只要勇往直前,老师会一直在背后支持他们。这种关注度的提高是线上项目成功运行的关键因素。

(上海市浦东新区福山证大外国语小学 顾萍)

17 "理想之家我设计"项目实践(五年级英语)

项目简介

随着"双减"政策的深入推进,新课程改革的进一步落实,未来教育的蓝图已越来越清晰。小学英语必须要为学生提供更为生动的语言场景,并在场景中发现问题、解决问题,让学生在合作、交流、反思中不断探索,从而启发他们进行更为丰富的高阶思维活动。基于此,五年级备课组通过教研并结合牛津沪教版 5A Module 2 Unit 3 Moving Home,开展了基于 Dream Home 的项目化英语实践活动,让学生设计并画出心目中让家人都满意的理想之家(个性化适配自己的家庭),用所学单词和句型写出解说词(描述出自己设计的理想之家),并通过拍摄视频(vlog)的形式,向其他国家的小伙伴们介绍自己为家人设计的满意之家,在文化交流中提高语言能力,培养关爱家人的意识和创造美好生活的创新意识。

第一部分:项目设计

(一)项目目标

1. 学科目标

(1)语言目标。

能读懂绘本材料中的房屋介绍。

能利用文本信息框架,结合收集到的房屋图片情况,设计理想之家的思维导图并撰写解说词。

能以口头表达的形式清楚描述自己设计的房屋特征,并能回答小组其他成员关于房屋细节信息的提问。

能听懂其他小组成员描述的房屋信息,并进行提问。

通过向别人介绍自己的房间布置,能对欣赏对象进行口头的英语描述。

能在新的情境中实现语言知识的迁移和运用,在项目进行中能够进行有效的知识迁移。

(2)思维技能目标。

能够收集教材和绘本中所描述的房屋的信息,并且利用思维导图进行重构,在看图写作上，能够想象出更多与之符合的信息。

（3）社会文化意识

通过文本学习，了解世界上不同类型的房屋以及它们的优缺点。

通过实施项目，培养热爱英语、热爱生活和家人的良好品质。

（4）思维品质

学生能够在项目实施过程中通过在对自己的成果进行回顾，提高分析问题、解决问题和反思的能力。

2. 学习素养目标

培养学生解决问题的能力、与人合作的能力、实践创新的能力、创造性的思维能力和自主学习的意识及能力。

（二）学科大概念

随着社会和经济的发展，培养学生爱家人、爱家庭，享受家的温暖。在向别人介绍自己的房屋设计时，进行单词的学习和句式的使用，从而提高英语的口头表达能力。

（三）驱动性问题

怎么设计一个让每个家人都满意的房子？

第二部分：项目实施

（一）入项活动

项目启动阶段，五年级的老师以备课组为单位开展单元教材解读，确定如何将课本内容与真实任务有效链接：借助牛津教材 Moving home 中的小故事，启发学生开展头脑风暴：如何设计让每个家人都满意的"理想之家"？学生们群策群力，想到了"理想之家"要尽可能地满足所有家人的需求与喜好，要进行房间设置的合理布局，还可以通过不同的立体模型进行呈现。在此基础上，我们提炼出本次项目化学习的问题链与相应的子任务（见图 3-17-1）。

Name	Room	Feture	Direction	Activity
			Why	
Who	Which room	How	Where(face)	What(can)
Paul&Peter	their bedroom	bright,warm	east	play computer games
Mrs Chen	the kitchen	nice,clean	west	cook nice food everyday
Sally	the living room	big	south	enjoy a lot of sunshine and watch TV
Mr Chen	the study	small,quiet	north	read books anytime

图 3-17-1　本项目的问题链与子任务

（二）项目推进

1. 学习实践活动一：探索房屋设计要素

怎样的房型布局是你和家人梦寐以求的？不同的房间分别有哪些功能？同学们有的询问自己的父母或兄弟姐妹，有的上网查阅房屋设计资料，有的自行阅读 Moving home 教材内容，以思维导图的形式，呈现了"理想之家"的设计要素：朝向、位置、环境、楼层……在探究过程中，老师通过绘本故事，向大家展示了世界各地各式各样房屋形态，大大激发了学生的创新思维，拓展了学生的想象空间。

阅读补充绘本故事《Homes》《In my house》《Places People live》后，思考你理想中的住房有哪些条件需要满足的？怎么样的房型布局是你梦寐以求的？对于房间的功能，家人还有哪些需求？

设计一张自己理想房屋所需要的英语思维导图框架图。

2. 学习实践活动二：设计并介绍平面图

基于"理想之家"的思维导图梳理、小组之间的交流与互相启发，同学们着手进行"理想之家"的平面图创作，设计出了一张张独具特色的室内设计图：有为家庭成员设计的温馨的卧室，有小巧别致的书房，也有科技感十足的客厅……他们还结合 Moving home 一课的深入学习，灵活运用教材中的相关句式和以往的语言积累，进行平面图的文字介绍（见图 3－17－2）。

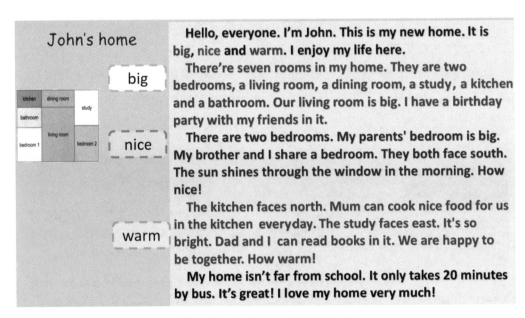

图 3－17－2　学生对平面图的介绍

3. 学习实践活动三：创意呈现立体模型

大家不满足于平面图形的设计，又开始了天马行空的立体模型搭建体验。乐高积木、彩泥陶土、硬纸板染色拼接、家中各色各类玩意儿都成了小小设计师手中的模型搭建素材，一个个"理想之家"经他们的奇思和巧手而精彩呈现！

第三部分：项目成果与展示

（一）阶段性成果及展示

通过此次项目化学习，学生们有机会放飞自己的想象，一展奇思妙想。在完成任务的过程中，学习如何用英语介绍房屋的结构、位置、房间的朝向，并在老师的指导、同伴的启发和自己的实践下，能用大段的英文清楚完整地描述"理想之家"的特征。为了让梦想家园变成现实，他们还尝试通过绘画、PPT 制作、乐高积木拼图、设计软件制图等方式展现自己为家人设计的理想之家。瞧！一份份匠心独运的思维导图（见图 3－17－3）、一张张精彩纷呈的平面设计图（见图 3－17－4），便是他们探究成果的最好体现。

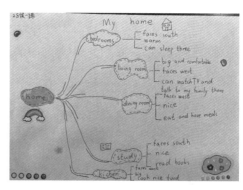

图 3－17－3 子产品 1 思维导图

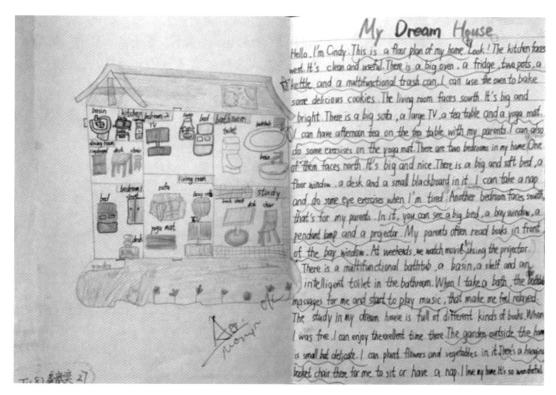

图 3－17－4 子产品 2 平面设计图

（二）最终成果及展示

在展示阶段，同学们还通过拍摄视频（vlog）的形式，向大家全方位展示自己为家人设计的"理想之家"。他们做得多精美、多用心，点点滴滴中，包含的都是对家人浓浓的爱啊！

第四部分：项目评估与反思

1. 增强学习能力

此次项目化学习打破传统学科教学界限，以英语学科为核心，融合了美术、劳技、信息技术等学科，让学生在实践中感受项目化学习的魅力。作为项目学习者，学生经历搜索资料、绘制房间布置、拍摄视频、编辑视频等一系列活动，发现各学科之间的联系，感受学科融合的力量，增强了学习能力，不断提升思维品质。在活动的最后，每位同学都纷纷在小组群里发表了自己参加项目化学习的体会。有的同学体会到了合作的乐趣，感受到了成功的喜悦，以及不同的学习方式带来的新奇与快乐，有的同学则反省自己的不足，希望下次做得更好！

2. 提升合作能力

本次活动中，学生在交流讨论的过程中取长补短，不断碰撞出思想的火花；在合作学习和自主创作中迁移运用多学科知识，实现了学科之间的融合。他们通过项目评价表、项目反思表，增强了评价能力，在一次次的自主学习、作品制作、学习反思中，学习自我表达，学习团队协作，不断提升合作能力。

一次项目化学习，学生们收获的不仅仅是英语知识的增长，更是以融合的眼光解决问题，以合作的方式取长补短，以创新的方式表现表达的方法。如此这般，长此以往，我们的福娃定能成长为更好的活力少年！

（上海市浦东新区福山证大外国语小学　黄立）

"Follow me 跟着福娃游上海"项目实践(四年级英语)

项目简介

上海是外国友人来中国旅行的热门地之一，设计旅游攻略能帮助外国友人更高效地游览上海，并深入了解上海。学生从游览前的准备，游览线路的最优设计，景点的介绍和场馆注意事项四方面制定旅行攻略，制作成一本图文并茂的旅游手册(brochure)。

学生能联想到前一模块中关于介绍南京路的语言知识，激活已知，学用结合。学生能主动参与到本主题探究活动中来，在体验中学习、在实践中运用、在迁移中创新，提升用英语理解和表达意义的能力，学会有效的人际沟通和文化理解，体会语言的实际交际功能，更能提升学生的跨文化交际能力和传播中华文化的能力。

在为外国友人制定游览注意事项的探究活动中，深化理解并认识文明游览，保护本民族历史文化的重要性，提升文明素养和社会责任感。

另外，通过探究本市的历史文化古迹、名人故居、博物馆等，将语言作为一种认识自我、接纳他人、了解社会的手段和途径。了解上海的文化，发展对自我身份的认同，坚定文化自信。

第一部分：项目设计

（一）项目目标

1. 学科目标

（1）能初步掌握游览基本物品类的英语单词，并为游览攻略罗列前期准备清单。

（2）能够在设计路线时积极思考最优线路，完成旅行攻略路线设计，并运用"It's on/at …""It's near/behind/next to/between …""There be …"句型进行路线介绍。

（3）能初步运用所学单词、句型有条理地介绍某个景点，完成旅行攻略景点介绍。

（4）能用英语向外国友人介绍场馆注意事项，提升跨文化交际能力。

2. 学习素养目标

通过游玩路线的制定，有条理地介绍旅行线路和旅游景点，逐步发展逻辑思维，提升思维品质，并通过设计旅游路线，在实践中培养创新思维。结合各种形式的评价，提升自主学习意识和能力。在小组合作中发展组织能力、沟通协调能力、合作意识和能力，以及解决问题的能力等。

（二）学科大概念

主题大观念：文明游览，保护历史，热爱家乡，树立家国意识。

语言大观念：初步理解说明文的语篇逻辑（在初步感知说明文的语言的简洁性、准确性、科学性、严密性、条理性、逻辑性和趣味性基础上，着重理解其条理性）——我们为外国友人介绍上海旅行攻略，可以从旅行前的准备、优化的路线、景点的介绍和一些当地旅行注意事项这四个方面入手，适当增减其他个性化介绍，并且需要注重条理性。

（三）驱动性问题

怎样能让外国友人顺利愉快地游览有代表性的上海景点？

第二部分：项目实施

（一）入项活动

观看上海旅游宣传短片。讨论：你最推荐外国友人去上海市内的哪一个景点游览？为什么？

（二）项目推进

1. 学习实践活动一：完成旅游手册第一模块——准备事项

（1）头脑风暴：What do you need if you want to visit _____ (place)？

通过思考，引出一些常用单词，如：bag, map, umbrella……

（2）组内讨论：游览前需要准备的物品，并说明缘由。

We'll visit …, We need …, Because …。

（3）小组合作，制作清单。

（4）美化清单，完成手册中准备事项部分。

2. 学习实践活动二：完成旅游手册第二模块——游览路线指南

（1）课前任务：绘制个人的游览路线图。课前请同学们通过实地考察或网络等手段，调查选定的景点周边环境，及前往路线，用图画的形式绘制出来。

（2）课中：老师给予一张自己的路线地图。并请同学们根据地图进行对话。

Where is ...? It is in/on/...

此活动是复习了 4AM3U2 Around my home 重点句型，以及介词的运用。

（3）课中组内分享自己课前的游览路线图，通过讨论，得出最优路径。

（4）绘制简单的地图，并进行美化。

（5）完成游览手册第二模块——游览路线指南。能使用 in/on/at/near/behind/next to/between 等方位介词，向外国友人介绍景点及周围环境的方位。并能结合以前所学的交通工具，介绍前往的方式。

3. 学习实践活动三：完成旅游手册第三模块——景点介绍

渗透自然学科公园文化、绿植的分布、鸟类的认识。

（1）课前通过实地考察或网络等手段，调查选定的景点内的场馆或区域，了解不同场馆、区域的主要特点。

（2）学习 M4U2 At Century Park 的 Say and act 部分。

① 观察世纪公园地图，师生问答：What can you see in the map?

抛砖引玉，引出新词鸟舍。

② 师生问答，学生通过图片回答：

Where are the aviaries? They are in/on/at/next to ...

How are they? They are ...

通过问答，学生对鸟舍的介绍有了初步的认识。为下面鸟舍的整体介绍进行铺垫。

（3）结合世纪公园地图，能运用以下句型以及方位介词，对鸟舍进行介绍。

There are some aviaries in Century Park. They are in/on/at/next to ... They are ...

（4）在学习完整体语篇介绍后，教师布置任务：组内讨论，分享自己找到景点信息。

（5）结合思维导图以及范文，有条理地进行介绍。

（6）组内讨论修改，完成景点介绍。

4. 学习实践活动四：制作旅行手册

（1）学习祈使句的表达：Don't ...

① 列出一些禁令标志。学习禁令标志的表达：Don't ...

② 展示其他禁令图片，请同学说一说，他们是什么？

③ 请同学们说一说，在旅游时看见过哪些禁令标志。

（2）组内讨论和分享（形成清单/作品）：在你们选定的景点中，有哪些是可以做的？有哪些是禁止的？

（3）完成旅游手册第四模块——罗列景点规则，在规则旁可以画一些禁止标志作为辅助。

You can/Please ...

You can't/Please don't ...

（4）旅游手册的四个分模块已经完成。以小组为单位，将四个模块整合在一起，以小报、小册子或视频的方式，将绘画、图片、POP 艺术字及装饰符号融合，制作旅行手册（此环节可由美术老师协助共同完成）。

第三部分：项目成果与展示

（一）阶段性成果及展示

1. 第一阶段成果：物品清单

由教材 M4U2 At Century Park Period 1 中学生学习了去公园需要带上 sketchbook, cap, camera, a bottle of water 等物品引申开去，到上海其他旅游景点参观旅行需要携带哪些物品，尝试列出物品清单。教师说明成果评价维度为：物品合理度、表达和美化这三方面，学生实践活动指向明确，最后再围绕这三方面进行相互评价。

2. 第二阶段成果：游览线路

M3U2 Around my home 中我们学习了为外国友人指路，在本项目中，学生为自己小组设定的旅游景点尝试制定最优游览路线，在任务驱动下，学生运用所学，解决实际问题，促进思考，提升思维品质。

3. 第三阶段成果：景点介绍

M3U2 Around my home 中 Nanjing Road：A busy road in Shanghai 一文中学生感受到了南京路的繁华与热闹，体验到了摩登城市之美。在初步感知说明文的语篇逻辑的基础上，尝试介绍上海其他的旅游景点，提炼学科大观念。

（二）最终成果及展示

我们的项目活动正开展得如火如荼之时，突然转至线上学习，于是我们临时将最终的成果改为电子旅游手册。同学们将前几个分项整合，利用自己高超的信息技术，制作了精美的电子旅游手册。整体感知作为一名游客应文明游览，保护历史；作为一方主人应热爱家乡，树立家国意识。

第四部分：项目评估与反思

本次旅游手册制作中，学生最喜欢的方面是学会了如何用英语多角度地介绍景点。在制作手册过程中，曾出现的问题是美化不足、内容不丰富。对于项目还有哪些地方需要改进，大部分学生表示想在线下开展项目化活动。

学生表示自己的收获有：提高了团队合作的意识，对英语的学习更有兴趣；能和同学们一起完成项目化学习内容,可以查漏补缺,取长补短,是一个锻炼自己的好机会;学到了更多关于景点的英语知识,也扩展了很多英语单词;学会了如何用英语多方面介绍某个喜欢的景点,很有成就感。

结合学生问卷结果,四年级教师进行项目复盘,一致认同项目化学习的确是符合新课标,当下最值得实践的方式之一。美国教育家杜威说:教育是给学生一些事情去做,不是给他们一些东西去学,结果他们自然地学到了东西。项目化学习是带领学生从被动学习转为主动学习,在讨论与实践中主动求知,享受学习带来的快乐。老师把课堂还给学生,享受教学的乐趣。平庸的老师只是叙述,较好的老师是讲解,优秀的老师是师范,伟大的老师是启发。我们向着伟大努力!

(上海市浦东新区福山证大外国语小学　顾萍)

19 "种子变形记"项目实践(三年级英语)

项目简介

上海辰山植物园准备以"自然之美"为主题,开展中美小学生友好交流活动,参与方需提交一份自制的主题纪录片。学校拟请学生以"种子变形记"为题制作一份英文纪录片,学生将以小组为单位,完整生动地描述种子到植株的生长过程。本项目以牛津教材中自然 Seeds 为主体客观性的教学主题下,侧重于学生运用英语这一语言工具,去更好地发现与探索自己生活的世界。要求学生借助多媒体和信息化技术,用英语描述不同种子的生长过程,引导学生在观察过程中了解种子的外形特征、生长条件、阶段特点以及整个生长过程,感受大自然孕育生命的奇妙。项目设计以对种子的追踪、观察和描述活动为依托,着力在语境中培养学生的实践探究能力,提升学生的跨学科思维能力。

第一部分:项目设计

(一)项目目标

1. 学科知识

(1)学生能够运用所学,流利地介绍种子、芽、植株(颜色、形状、外观等)。

(2)学生能够结合外部条件,准确描述种子生长成为植株的分步过程。

(3)学生能够尝试系统地、生动地、创造性地描述种子生长成为植株的过程。

2. 素养目标

(1)语言技能:在真实的生活化情境中内化语言运用。

(2)文化意识:感受对植物的喜爱之情和对大自然的热爱之情。进行英文相关纪录片的观看、学习、模仿。

（3）思维品质：围绕实践性与探索性项目的多元深度思维。

（4）学习能力：提出问题（问题意识与澄清问题）、建立联系（新旧知识联系、真实情景联系、社会性联系）、个性化表达（基于证据的多元表达）。

（二）学科大概念

主题大概念：热爱自然、培育科学探究意识和方法。

语言大概念：初步理解观察报告类说明文的语篇逻辑，感知说明文语言的简洁性、准确性、条理性、趣味性，着重理解其条理性。

（三）驱动性问题

驱动性问题：如何生动描述种子生长成为植株的过程？

子问题 1：How to describe a seed?

子问题 2：How to describe the process how a seed grows into a bud?

子问题 3：How to describe a bud?

子问题 4：How to describe the process how a bud grows into a plant?

子问题 5：How to describe a plant?

子问题 6：How to describe the process how a seed grows into a plant?

第二部分：项目实施

1. **学习实践活动一：观看视频**

结合教材 M4U3 plants 内容，在老师引导下观看有关 Seeds 的视频，了解 seeds 的生长过程和条件。由教材内容或植物园科学活动项目引发话题，播放种子生长视频，引发学生兴趣，引出核心驱动问题。

2. **学习实践活动二：观察种子**

按照小组分发种子，观察老师提供的草本种子，学习介绍 seeds，小组分享有关 seeds 的介绍。

（1）观看有关种子的视频，结合沪教自然《种子的萌发》，了解种子形态各异的特点和繁衍后代的功能，学习单词 seed。

（2）观察老师提供的草本植物种子，班级内讨论，用不同的形容词 big/small, long/round/black/brown 等和句型 It is ... 描述种子不同的外形。

（3）小组活动，完成种子英文介绍一览表（种子图片、名称、种子外观）。

（4）观看播种种子的视频，小组讨论种子生长的必要条件，用 It needs ... 等句型派代表进行小组间交流。

（5）小组选择种子，并交流各组种子的特点，借助语言框架进行仿说或仿写一段关于种子的介绍。

（6）布置任务：播种种子，记录状态（每天拍一张照片，每周录一段小视频）。

3. **学习实践活动三：播种种子**

参考播种视频，各组自行播种 seeds。

（1）学生组内收集资料、观察记录种子萌芽外观,比较种子发芽前后的变化(沪教版自然课本《种子的萌发》)以及生长成为植株的变化(沪教版自然课本《植物的生长与变化》)。

（2）以一组学生的记录图片为资源,教学种子在生长过程中的各个部位的名称,roots、bud、leaf、leaves、flower 等。

（3）全班讨论,各组种子各个不同部位的不同特点,巩固新授词汇和原有句型 It has a... It is.../It has...s. They are...。

（4）小组活动:根据语言支架介绍种子在不同阶段的不同状态。

（5）小组派代表分享,用英文复盘描述种子到芽到植株的生长过程。可以借助图片,视频等。

（6）布置任务:组内收集整理种子播种、发芽、生长成为植株的照片和小视频。

4. 学习实践活动四:描述植株的各个生长阶段

在 seeds 的不同生长阶段(two weeks later, six weeks later)进行学习描述和小组交流。

（1）学习用 mindmap 的形式概括种子到植株的生长过程。

（2）每小组派出代表进行分享,进行组间评价讨论。

（3）学习视频制作的基本技术,掌握使用情节提要和时间线,学会对导入的素材编排剪辑、掌握学习新软件的方法与技巧(信息《视频制作》)。

（4）组内讨论如何利用技术手段更生动地表现种子到植株的生长过程。

（5）小组合作制作纪录片。

第三部分:项目成果与展示

完整描述植株的整个生长过程。线下合作,线上展示,学生记录并制作的植物变形记见图 3-19-1。

第四部分:项目评估与反思

（一）贴近学生实际生活的项目情境

项目化学习强调真实情境,培养学生自主探究能力。学生在现实生活中探索任务,参与合作,借助教师指导,实现项目任务,与实际生活紧密相连。例如,要求学生制作英文纪录片,观察植物生长,这一情境融合英语和科学,激发学生兴趣和跨学科思维。

（二）善用"有效失败"助学生成长

项目化学习中,学生会面临失败,但这激发了学习动力。教师积极看待失败,通过反馈、支持帮助学生摆脱挫败,建立学生成长生态系统,培养学生学习信心。关注失败,鼓励团队协作,激发学生探究欲望。

（三）评价促育人方式转变

评价即学习,在项目化学习中,学生积极收集信息,解决实际问题。评价内容多元,多维度评价学生表现,自评价和反思能力提升。学生经历高阶思维过程,形成系

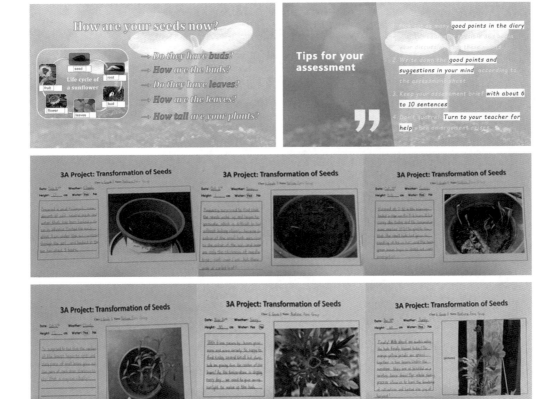

图 3-19-1 植物变形记

统性评价经验。

（上海市浦东新区福山证大外国语小学 胡梦琦）

第四节 其他科目

20 "BGM① 创造营"项目实践（音乐）

项目简介

2022 新课标中提倡音乐活动要以突出音乐听觉审美体验的艺术特征为主，通过多

---

① BGM：background music 的缩写，即背景音乐，又称伴乐、配乐，通常是指在电视剧、电影、动画、电子游戏、网站中用于调节气氛的一种音乐，插入于对话之中，能够增强情感的表达，达到一种让观众身临其境的感受。另外，在一些公共场合播放的音乐也称为背景音乐。

样的教学内容和形式，激发学生参与音乐表现及投入艺术实践探索的兴趣。本项目以学生熟悉且喜爱的《西游记》音乐作为主线，以影视音乐中的背景音乐作为切入点，让学生借助影视情境创设背景音乐，通过欣赏、对比风格迥异、精彩绝伦的影视配乐作品，以此触动学生内心，激发情绪想象力，进而积极主动参与音乐实践活动，在聆听、体验、实践中提高学生对音乐要素的感知力，培养其音乐审美能力，从而为自己喜爱的影视短片配上合适的背景音乐，形成一场丰富多彩的项目成果。

第一部分：项目设计

（一）项目目标

（1）保持对音乐的兴趣，乐于参与演奏及其他音乐表现、创造活动。

（2）培养音乐感受与鉴赏的能力，初步养成良好的音乐欣赏习惯。

（3）培养艺术想象力和创造力。

（4）培养乐观的态度和友爱精神，增强集体意识，培养合作能力。

（二）学科大概念

音乐学科"BGM 创造营"学科大概念——选择影视剧中的背景音乐作为学习实践内容，尝试运用多种方式，将背景音乐与人物刻画建立关联。

（1）音乐形象所对应的戏剧人物形象之间建立直接联系。

（2）提取出作品中音乐的走向、演奏乐器的特征。

（3）是否能从其他乐器中找出类似的特征。

（4）从场景中选择不同的音乐配上台词进行比较。

（三）驱动性问题

BGM 有多重要？不仅因为 BGM 的出现可以营造更具真实感的影像世界，还因为 BGM 使得故事情节在叙事、抒情及表意方面能获得更多的可能和更丰富的效果，使我们每次沉浸在由视听元素营造的"身临其境"的音画氛围中。

对于不同类型的短视频，BGM 的选取则是一件讲究的事情。那么短视频创作该如何选取合适的 BGM 为自己的视频加分？如何用合适的背景音乐为视频短片配乐，为观众带来更佳的观看体验？

第二部分：项目实施

（一）入项活动

一起来听《西游记》，感受影视配乐的魅力。

82 版电视剧《西游记》的口碑一直很好，陪伴一代又一代国人成长，该剧的跨代际传播仍在持续发生。剧中那令人念念不忘的配乐，同样深入人心。教师将《西游记》列为项目设计的主角，邀请学生一起探索影视剧中的配乐，以"BGM 创造营"为主题，进行项目化学习，并将驱动性问题定为：BGM 有多重要？

（二）项目推进

1. 学习实践活动一：制作一份小调查

借助线上平台，教师带领学生一起欣赏《西游记》中经典的 BGM 配乐视频片段。

教学活动片段：

一部经典的电视剧作品，除了优秀的导演和演员外，剧中的音乐作品同样至关重要。那么声和画的碰撞到底是怎样的呢？让我们先来了解一下影视音乐。

音乐 1——片头曲《云宫迅音》

集民乐、电子乐、打击乐与管弦乐于一体，大气磅礴，奇幻空灵。这段音乐包含了很多场景，有急有缓，有强有弱，其中女声的吟唱部分给人一种身处仙境的感觉。这段音乐中糅合了中西方多种乐器，各部分完美融合，丝毫没有突兀感，能让人感受到取经路上的沧桑与艰辛，与唐僧在夕阳下骑马的剪影和孙悟空摇橹出海学艺的镜头组合在一起，引发人们强烈的共鸣。

音乐 2——《猪八戒背媳妇》

《西游记》中的很多配乐作品为人物性格的刻画、氛围的烘托增添了色彩。《猪八戒背媳妇》的场景令人印象深刻，剧中仅以戏曲中常用的传统乐器板胡和三弦作为配器，节奏明快，富有喜剧色彩，烘托出猪八戒憨态可掬、滑稽可笑的形象。

通过聆听、讲解、观看，学生们对影视作品的配乐产生了极大的兴趣，也想自己尝试制作一段 BGM。

制作一份探究有无 BGM 的对比小调查。

（1）团队组建。各班学生以雏鹰假日小队为单位组建项目化团队，由队长主持工作，快速讨论团队名称、合作规则，并根据个人喜好或专长进行小组分工。学生在日常学科活动中积累的经验，为这次 BGM 实践探究提供了不少帮助。

（2）制作小调查。BGM 有多重要？学生们通过欣赏《西游记》中经典的 BGM 配乐视频片段，交流背景音乐对塑造人物形象的作用，一份探究有无 BGM 的对比小调查给出了肯定的答案。BGM 的出现可以营造更具真实感的影像世界。BGM 使得故事情节在叙事、抒情及表意方面能获得更多的可能和更丰富的效果，使得观众能沉浸在由视听元素营造的身临其境的音画氛围中。BGM 的重要性不言而喻，各小组的调查报告条理清晰，抓住了要点。

2. 学习实践活动二：制作一段配乐短视频

各小组自主挑选或拍摄主题短视频，通过沟通进行分工，在各自的调查、分析、尝试后，商量确定主题，进而完成一段 BGM 短视频的制作。

3. 学习实践活动三：自主探究

尝试短视频配乐，学生们搜集过程中的困难，了解注意事项，学习配乐创作的简单方法和技巧。学生们在实践探索的过程中进行尝试和运用，时常还会在班级群分享自己小组的新发现、新成果。

第三部分:项目成果与展示

(一)阶段性成果及展示

1. 第一阶段成果

《那些奋斗的球星们》是风车小队的配乐作品,联系到 2022 年的卡塔尔世界杯,选取了 2010 年南非世界杯传唱度极高的主题曲作为 BGM,又截取了一些球星们的精彩比赛视频,制作完成了整个作品。

《年味儿》是翠竹小队选择的春节题材,选取热闹的《春节序曲》来制作他们的短视频作品。

阳光小队通过商量,决定以《向祖国献礼》为主题,制作爱国主题的 BGM 短视频。其中选取了电影《我和我的祖国》中的片段,弘扬祖国的伟大精神。

2. 第二阶段成果

在对配乐短视频评价时,采用了学习式评价。师生共同参与对配乐短视频的点评或建议,从而使学生更有效地学习评价。学生也在评价过程中获得反馈、调整并改变自己的理解,针对短视频中的不足进行商量、改进,确定下一步的学习行动。

(二)最终成果及展示

在 BGM 创造营的推广活动中,教师鼓励每一位学生在项目活动中自主探究,小组协作,以获得多角度、多维度的思考,由被动学习转为主动学习,加深对音乐与生活的热爱,真正体现"玩中学、动中学、乐中学"。

学生们的作品不仅内容丰富,而且别出心裁。在一次次的探究尝试中,学生们获得体验和比较。

一年级的小福娃们虽然年纪小,也有模有样地通过家长的帮助、伙伴间的合作,尝试参与"BGM 创造营"的项目化学习。

第四部分:项目评估与反思

通过本次探究实践,学生们积累了很多的经验,同时也领会到,一段优秀的 BGM 能服务于内容,与内容融为一体,能对视频整体起到画龙点睛的作用,让内容更加饱满,让视频主题更加突出,同时也能更积极地调动起观众的感情,让他们沉浸其中。

一个短视频要想获得观众的认可,需要具备的元素是多方面的。正如项目化学习,不是一种单纯的技能培养,而是综合性的美育实践。它不仅让学生在实践活动中发现美、感受美、创造美、分享美,也让学生在参与过程中,学习到了音乐学科之外的知识与技能。学生们也在一次次的发现问题、解决问题过程中,提升了自身的实践操作能力和团队协作能力,充分展现了多元并进的项目化学习特色。

(上海市浦东新区福山证大外国语小学　夏如花)

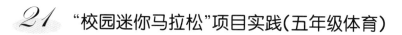

21 "校园迷你马拉松"项目实践(五年级体育)

项目简介

2021年11月,我校开启了为期一个多月的冬锻节活动。"校园迷你马拉松"项目及相关的体育学科项目化学习应时而生。该项目的设计充分利用了我校优美的校园环境,整合了校园地形跑的体育学科知识,让五年级学生以设计可行的校园迷你马拉松路线为任务,进行学习探究。

在该项目实施过程中,学生以分组的形式收集校园地形信息,进行信息分析处理,并在实践中不断修改跑步路线,最后将数次修改后的迷你马拉松路线用于福山证大外国语小学冬锻节活动中。教师在测量、分析、思考、辨析、绘制和宣传等项目展开的整个过程中,不断引导学生自我探究、合作探究、实践研究,使他们在项目化学习的过程中提升解决问题的能力,发展体育学科素养。

第一部分:项目设计

(一)项目目标

1. 学科知识

(1)了解马拉松的基本信息,例如起源、距离以及代表人物等。

(2)知道马拉松与自然地形跑之间存在的相通的地方。

(3)上海少儿马拉松的距离。

(4)适合学校比赛线路的相关要素。

2. 学科能力

(1)自主学练、耐久跑和身体协调能力。

(2)创作和设计能力。

(3)合作和沟通能力。

(4)分析和批判性思维能力。

(二)学科大概念

了解"自然地形跑"的特点、动作要领等,知道耐力素质在我们的体能中是相当重要的能力之一。通过小组合作的方式,设计优化比赛线路,让线路适合学校的比赛,通过不断地跑动、不断地优化,让自己小组设计的线路得到大家的认可,使之运用到学校的冬锻节中。

(三)驱动性问题

如何在校园内设计一条可行的迷你马拉松路线?

第二部分:项目实施

(一) 入项活动

学情调查,共建框架问题。学生分组合作,熟悉校园的各个地形,对校园迷你马拉松和自然地形跑的内容相继提出自己的问题,交换与主题相关的信息。归纳整理学生提出的问题,并在此基础上调整项目化学习的框架问题。

(二) 项目推进

1. 学习实践活动一:设计一条可行的校园迷你马拉松路线的准备工作

通过前期的分析、调查、分析,学生相继提出的各种问题,如:起点和终点怎么设置比较合理? 比赛距离如何确定? 怎么设计等。学生建立学习小组、共同制定学习计划,明确自己的职责。

2. 学习实践活动二:科学地测量行进路线的距离

五年级学生对一些电子产品使用起来得心应手,故可采用电子手表、手持云台等设备来丈量、记录行进路线。

3. 学习实践活动三:在跑动中测试赛道时还需注意的问题

基于学生视角,教师是其中的参与者,全程让学生自己发现问题、解决问题。

第三部分:项目成功与展示

(一) 阶段性成果及展示

1. 第一阶段成果:五年级迷你马拉松路线图说明展示(见图 3-21-1,图 3-21-2,图 3-21-3)

五年级迷你马拉松路线总长度为 1 000 米,经过的场地有操场、果园、ABC 楼旁边和前面的小道以及食堂后方。

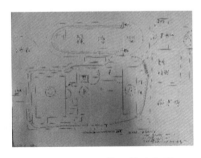 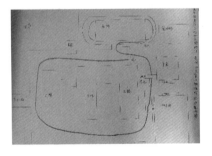 

图 3-21-1 第一稿路线图　　　图 3-21-2 第二稿路线图　　　图 3-21-3 最终稿

2. 第二阶段成果：冬锻节暨五年级校园迷你马拉松比赛（见图 3-21-4，图 3-21-5）

图 3-21-4　　　　　　　　　　　　图 3-21-5

（二）最终成果及展示

在整个学习过程中，学生开始自主探究合作式的学习实践。在校园自然地形跑、测量距离、设计线路、绘制线路图等活动中，教师以驱动问题引导学生感受校园自然地形跑时身体姿势产生变化；在设计路线时反复跑动，提高耐久跑的能力；在跑动中不断优化比赛线路时，发展心肺功能等。在此基础上，学生结合教材中单元问题链尝试创作、合作、推广。同时用于学校在 11 月份开展的"冬锻节"活动中进行"校园迷你马拉松"的比赛。

本项目力求通过以上方式完成学生对从自然地形跑（校园自然地形）的动作方法、跑动技术等表层认知到深层研究的递进，并借助项目成果的趣味性、创造性激发他们对自然地形跑的不断深入练习、探讨，进而培养相关的体育学科核心素养，达到强身健体的目的，树立终身体育的理念。

项目化学习的评价伴随着整个学习过程，是多元且丰富的。项目化学习要求设计者同时运用过程性评价、总结性评价策略及多元主体参与的评价方法，来促进学生真正投入学习。

在本项目实施过程中，我们意图通过 KWL 量表、小组合作学习评价表、师生评价表等形式对学生的学习过程进行评价，既关注到过程也关注到结果，既关注整体也追踪个案，既有教师评价，也有同伴等评价，并在不断地获取评价中，根据学生的需求提供支架，调整和优化整个项目方案。

第四部分：项目评估与反思

项目化学习让真实的学习自然发生。利用在我们校园里的一个真实发生的事件引导学生在真实情景中发现问题，创造性地解决问题，又在解决问题中发现新的问题。在本次活动中学生对自主测量、绘制路线、解说路线和各个线路的跑动练习等撰写评价表；通过组内自评，对小组阶段性成果进行评价，在设计线路、改进线路中共同探讨可行性、合理性、安全性等,通过各组取长补短最终确定最佳线路。这种对问题持续的探索就是学习的本质,使学生在问题的持续探索过程中,调动和激活已有的知识经验、能力基础,形成可迁移的思维方式,体会应用知识解决实际问题、创造美好世界的乐趣,真正感受学习的意义。

项目化学习改变了我们传统的课堂教学模式。实施项目化学习对教师意味着挑战。让教师从教学的主导者转变为学习的设计者和支持者,要在一定程度上放弃对课堂的控制权,并且相信学生能够做好。更多时候是"在旁指导"而不是"独霸讲台"。

项目结束后,我们发现学生在项目化学习过程中的评价方式比较单一,部分学生的评价没有及时记录和分析,趣味性不足。对个案的选择,往往来自教师对学生的以往学习的主观评价,其实这样对孩子并不公平,因为孩子在项目化学习过程中的表现力往往与以往课堂中有所不同,所以在下阶段的项目化学习过程中还要调整我们的选择。总而言之,我们还要继续对目前实施的项目进行进一步的研究,也希望得到专家进一步的指导,根据专家的意见和项目组团队的建议,积极调整后续项目的计划。深入探讨与展望在未来如何能让项目化学习与体育课程更好地结合起来。

(上海市浦东新区福山证大外国语小学　凌云志)

"设计一份合理的校园地形 400 米跑成绩参考标准"项目实践(五年级体育)

第一部分:项目设计

(一)项目背景

学校学生人数越来越多,同时在操场上课的班级也越来越多,高年级同学在操场上跑步很容易撞倒低年级小朋友,而发生不必要的意外。2022 年,我校体育组策划了"设计一条合理的校园自然地形跑路线"学科项目,并开展了一次"校园迷你马拉松"活动,受到了同学们的极大欢迎。如何将校园自然地形跑运用于日常教学或跑步练习,需要制定合理的参考标准,使之与操场跑道上的 400 米成绩相对应,让学生了解自己的运动水平。应学生这一实际需求,体育学科关联五年级定距跑单元——400 米定距跑和校园自然地形跑,面向五年级学生设计并实施了"设计一份合理的校园地形 400 米跑成绩参考标准"学科项目。

(二)学科大概念

运用平均数、中位数、逆推、找规律等数学知识,与跑步的各项最优成绩建立联系,参考 400 米跑的标准成绩,计算出自然地形 400 米跑成绩和操场 400 米跑成绩的最小误差,科学设计一份较为合理的校园自然地形 400 米跑步成绩参考标准。

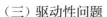

（三）驱动性问题

升入五年级后，我们经常会在校园地形400米的柏油路上练习体能，但没有具体的参考标准与跑道400米跑的标准对应起来。你们能通过对两个项目的探究并参考400米跑的标准，设计出一份合理的校园地形400米跑的成绩参考标准吗？

（四）学科目标

（1）掌握弯道跑技术，在400米跑中尽量减少速度的损失。

（2）随着地形变化的特点，改变自己身体跑动的状态。

（3）跑动中合理分配体力，跑出两种地形的个人最优成绩。

（4）进行跑动数据的科学统计与分析。

第二部分：项目实施

（一）入项活动

引导学生展开讨论：猜一猜，同一位学生跑操场400米和校园地形400米，成绩上会有什么不同？如果我们在校园地形上跑400米，那么这个成绩能和跑操场400米相对应么？如果不能的话，那我们需要做什么？从而引出"设计一份相对合理的校园地形400米跑的成绩参考标准"这一项目主题。

对于探索两者的区别，跑动能力较强的同学表现出很大的兴趣。跑动后，认为有区别的同学占了大多数，且认为校园地形400米跑成绩会快于操场400米跑成绩，原因是体验感比较好。但到底是跑哪个场地的400米成绩会更快一些，操场400米跑成绩是否可以和校园400米跑成绩对应，除了直觉外，更重要的是通过不断的实践与总结才能得出科学的结果。

（二）项目推进

1. 学习实践活动一：分别跑出操场400米和校园地形400米个人最好成绩

引导学生探索弯道跑的技术、自然地形的特点、跑动姿势的改变和体力的合理分配，跑出两种地形的个人最好成绩，同时建立小组积分机制，让学生探索的积极性更高。

2. 学习实践活动二：深入探索操场400米与校园400米的区别

学生以小组为单位，总结操场400米与校园400米的区别，深入探讨影响跑步时间的各种因素，进行探索总结，教师根据各小组的汇报给予相应的评价。

3. 学习实践活动三：设计《校园地形400米跑成绩参考标准》

根据小组分析汇总的区别，参考《上海市小学体育与健身学科考核评价标准》，计算两者时间上的差异，设计《校园地形400米跑成绩参考标准》，即为最终成果，教师给予各小组合理性的评价，提供明确的改进方向。

第三部分:项目成果与展示

1. 第一阶段成果

通过对技术动作和场地的不断探索,跑出两种地形的个人最好成绩(见图3-22-1)。

一组				二组				三组				四组				五组				六组			
姓名	校园	400米	成绩差	姓名	校园	400米	成绩差	姓名	校园	400米	成绩差	姓名	校园	400米	成绩差	姓名	校园	400米	成绩差	姓名	校园	400米	成绩差
	103	109	-6		84	80	4		90	85	5		100	98	2		98	97	1		95	95	0
	109	123	-14		87	85	2		105	99	6		92	91	1		101	101	0		116	118	-2
	95	98	-3		107	99	8		93	90	3		101	99	2		130	125	5		108		
	93	90	3		123	138			110				109	106	3		97	97	0		97	98	-1
	150	172			119	114	5		90	89	1		101	104	-3		106	107			125	105	
	104	105	-1		92	89	3		97	99	-2		117	122			127	126	1		89	89	0
	146	157	-11		94	93			130	138			103	102	1		119	118	1		100	98	2
													127	125	2								
总成绩			-5.33	总成绩			3.83	总成绩			2.60	总成绩			1.33	总成绩			1.33	总成绩			-0.20
排名			6	排名			1	排名			2	排名			3	排名			3	排名			5
积分		1		积分		10		积分		8		积分		6		积分		6		积分		2	

图3-22-1　五(6)班学生个人最好成绩表

2. 第二阶段成果

深入探索操场400米与校园400米的区别,并进行总结(以五(6)班某些小组的分析为例,见图3-22-2,图3-22-3和表3-22-1)。

班级	五(6)班五组	成员	
赛道因素分析	**校园400米**	**操场400米**	
地面弹性度	较硬	较软	
运动鞋的选择	有弹力的	轻便的	
转角数量	**9个**	**8个**	
起跑时的感受	较放松	较紧张	
跑步时的感受	有趣味	比较乏味	
跑后的感受(累或不累)	不怎么累	较累	
视野空阔度	比较窄,但有绿化	很空旷	
直道数量	**7个**,但每个都很短	**4个**,但都较长	
跑的方法	稳一点	尽量快	
运动员感觉哪里路程相对较近	√		
结论	同样是**400米**的距离下,操场**400米**一般情况下比校园**400米**快。		
建议	校园**400米**跑,因为地面条件不同,建议选择专业越野跑鞋,外底纹路粗大,鞋底较硬,上部材料一般防水泼,考虑到路面情况复杂,多石头、沙子、泥水,需要更结实和坚硬的鞋底,同时鞋表面有一定防水功能		

图3-22-2

体育六组课堂总结

班级	五(6)	成员	
赛道因素分析	校园400米		操场400米
1、地面弹性度	弹性差一点，地面较硬，有些凹凸，易摔倒受伤，跑步时需要留意四周情况，速度较慢		弹性好，地面较软，平整，不易摔倒受伤，速度较快
2、运动鞋的选择	弹性好的		轻盈的
3、转角数量	9个转角，路线不规则，转角多，弯道多		8个转角，转角数量少，更平坦，无障碍，跑得更快
4、直道数量	8个直道，每个直道都很窄、短		4个直道，每个直道都很宽、长
5、跑道的区别	不是很标准的400米，有障碍，视野盲区较多		标准的400米，规则椭圆形，视野非常开阔
6、成员们的跑步进度	有很多障碍物，不能明确地知道自己所处的位置，不容易掌握时间和路程		两圈距离很方便掌握，成员们可以清楚地知道自己跑了几分之几的路程，容易估测时间
7、成员的感受	环绕校园一圈可以看到校园里的花花草草，有一种在大自然里的感觉，心情会比较放松，跑的时候比较稳，跑起来更轻松、更舒服、更有趣		因为看到专业的赛道，在操场上奔跑时有一种比赛的感觉，跑的时候比较紧张；跑起来更累，稍显枯燥
结论	校园400米跑道和操场400米跑道各有各的优点和缺点。虽然操场400米跑道更专业、跑得更快，但还是觉得校园跑道跑起来更舒服、更有趣一点。		
建议	跑步考试建议操场跑道，日常健身建议校园跑道。		

图 3-22-3

表 3-22-1

班级	五6班	小队	NO.3	成员	2,18,26,28,31,35,44(学号)
赛道因素分析		校园		操场	
1. 地面弹性度		柏油路,跑量大时会积累疲劳		塑胶跑道,能提供足够的缓冲与弹性	
2. 运动鞋的选择		厚底运动鞋		薄底运动鞋	
3. 练习意愿指数		非常愿意		不太愿意	
4. 碰撞意外发生概率		较大,障碍多,容易摔跤		较大,人多,容易碰撞	
5. 赛道景观		绿化种类繁多,非常美观		赛道单一,枯燥无味	
6. 视野开阔程度		较大		较小	
结论:在没有意外的情况下塑胶跑道上会跑得更轻松,所以在操场要比在校园快。					
建议:跑步前多做做准备运动,减少跑步中产生的各种不必要的受伤。					

3. 第三阶段成果

参考《上海市小学体育与健身学科考核评价标准》，计算两者时间上的差异，设计《校园地形400米跑成绩参考标准》(见图 3-22-4)。

第四部分：项目评估与反思

本项目基于学生的校园生活实际，解决学校操场上课班级多、学生跑步练习难、容易撞倒低年级学生的问题，学生通过尽力跑动、观察两种地形区别、分析跑动数据差异

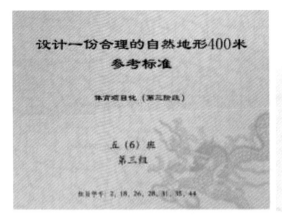

校园400米参考标准 (秒)

得分	男	女	得分	男	女
100	85	87	50	117	116
95	87	89	45	121	120
90	89	91	40	125	124
85	91	93	35	129	128
80	93	95	30	133	132
75	97	98	25	137	136
70	101	101	20	141	140
65	105	104	15	145	144
60	109	108	10	149	148
55	113	112	5	153	152

图 3-22-4

背后的原因,参考《上海市小学体育与健身学科考评评价标准》,科学推算自然地形跑成绩差异依据等,设计校园地形400米跑的成绩参考标准。

除此之外,我们还设计了学生问卷(见表3-22-2),反馈学生在本项目中的学习情况,了解学生的真实收获,定位项目的后续改进空间。

表 3-22-2

评价标准		分值	自评	互评
1	能积极参加体育项目化活动每一个阶段的活动。	每项 1—10 分,按照实际情况进行自我打分和小组互评打分。		
2	能积极跑动,跑出校园个人 400 米的最好成绩。			
3	能积极跑动,跑出操场个人 400 米的最好成绩。			
4	有逻辑性的表达自己的观点,能认真倾听其他人的想法并认真思考。			
5	能和小组成员积极讨论校园 400 米和操场 400 米的区别。			
6	在第二阶段汇报准备期中,能为小组出谋划策,提供自己的想法。			
7	在发现小组问题后,能积极提出建议,并进行改变。			
8	能和小组成员积极参与第三阶段任务,有逻辑性的表达自己的观点,能认真倾听其他人的想法并认真思考。			
9	在团队成果中,发挥了自己的作用,做出了一定的贡献。			
10	在整个活动中无相互推诿,撒手不管等消极的行为。			
总分				
你的组长或组员是否都积极投入到整个项目中				
你对这个项目的探究是否感兴趣	(先回答,再简述原因)			
你从项目中学到的最重要的东西	(比如,我学到了怎样与他人合作……;我学到了解决问题的方法……;我对……理解更深刻等,要结合具体的学习探究内容说清楚)			
你在项目中遇到的最大的困难				
你对这个项目的个人建议				

从学生问卷反馈上看,学生在本项目中不仅掌握了两种地形的跑步技巧,提升了体育学科相关能力,也学会了"有重点地进行表达""克服困难,迎难而上""比例运算""谅解别人,换位思考""合作开展探究""与他人更好沟通"等学习素养。同时,一些学生在问卷中,反映对于第三阶段的任务感到有一定难度,教师也对此真实问题进行了深入的反思。一方面,此次项目化学习无论是对于学生的跑动能力,还是分析决策的能力,都有着较高的要求;另一方面,项目实践第一阶段,一些学生由于体力不支,无法比较跑道 400 米和校园地形 400 米在时间上的差异,这就直接导致最后阶段无从结合数据差异、地形差异进行综合分析与标准推算。因此,该项目在一定程度上暴露了部分学生的体能问题,有助于教师后续进一步关注体育课上运动密度与强度的提升,对运动场地、技能动作、运动环境的观察也需做一定的引导。

(上海市浦东新区福山证大外国语小学 姚圣松)

23 "'野兽派'风格板报的设计与制作"项目实践(四年级美术)

项目简介

本学期在四年级开展了美术学科项目化学习，内容是"野兽派"风格主题板报的设计和制作。该选题来自四年级第一学期美术教材"走进名作"单元的教学内容，"野兽派"对于学生既熟悉又陌生。项目学习中，我们将深入探究鉴赏分析一幅"野兽派"的作品，尝试了解该画派的风格；完成一幅"野兽派"风格的海报创作并进行校园展示，学生将获得丰富的艺术体验和巨大的成就感。

第一部分：项目设计

（一）项目目标

四年级的全体学生将以小组合作的形式，深入探究鉴赏分析"野兽派"的画家、画作，尝试了解画派的风格；完成一幅"野兽派"风格的海报创作并进行校园展示。

（二）学科大概念

课内：

- 对比色的知识
- "野兽派"的定义和背景
- 用强烈的对比创作小幅风景画

课外：

- "野兽派"对现代艺术的影响
- 板报设计要素的确定和评价量规的制定
- 小组合作完成"野兽派"风格板报并完成展示

（三）驱动性问题

请为班级设计和制作一份板报，参加学校举办"野兽派"风格板报评比展出。

第二部分：项目实施

（一）入项活动

播放介绍"野兽派"背景的视频《色彩喷涌》，启动入项活动；公布板报比赛要求，介绍项目化学习；学生分组并按照"××设计公司角色分配单"，自行分配组长1名、文案编辑2名、美术设计师3名；随后各组在表单上列出对于解决核心驱动问题，本团队的已知项和未知项。

（二）项目推进

1. 学习实践活动一

各设计小组分工进行背景资料收集，派代表在课堂上进行资料的分享交流、经典画作的分析鉴赏，阐述自己对"野兽派"风格的理解。

2. 学习实践活动二

学习理解"野兽派"的用色技巧，运用强对比色完成个人作品——"野兽派"风格的小幅风景画，并在组内互评打分。小幅风景画既是个人的阶段性作品，也是后期小组合作进行板报设计和制作的重要素材（图3-23-1，图3-23-2）。

图3-23-1   图3-23-2

3. 学习实践活动三

以学生视角讨论制定"野兽派"板报的评价量规，确定板报呈现形式。各设计小组开会讨论确定报头制作、文案书写、装饰素材收集等人员分工。

4. 学习实践活动四

完成板报的制作、书写、装饰，并在班级黑板报栏进行张贴展示。最后在全年级进行画廊漫步，评选出优秀板报（图3-23-3，图3-23-4，图3-23-5）。

图3-23-3   图3-23-4

图 3-23-5

第三部分：项目成果与展示

（一）阶段性成果及展示

1. 第一阶段成果

小组合作搜集"野兽派"的背景资料，了解名家名作，进行全班交流。

2. 第二阶段成果

学生个人尝试用对比强烈的色彩画一幅小幅风景画。

3. 第三阶段成果

班级合作讨论并制定评价量规。

（二）最终成果及展示

分组完成板报报头的设计制作，板报文案的撰写，有创意地完成一张"野兽派"风格的参评板报，在黑板报栏张贴展示（图 3-23-6，图 3-23-7）。

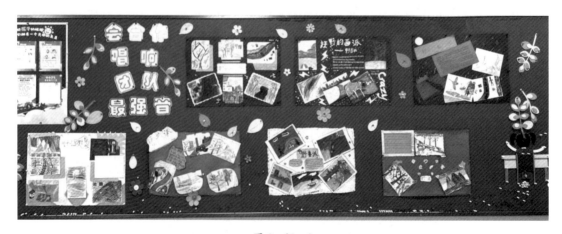

图 3-23-6

图 3 - 23 - 7

第四部分:项目评估与反思

这两个月的经验和以前的美术课学习是截然不同的。第一次进行项目化学习的试点,老师和学生都有一个适应和调整的过程,入项活动安排分组时就出现了很多问题。首先是时间不够,学生自主分组的效率远比我预想的要低;然后是分组以后的实力不均,班级差异、小组差异巨大。虽然教师在项目实施的过程中一直在进行调整和细化,但还是有许多"意外"不断发生,使之前的预设不能实现。在制作板报的过程中,学生对项目活动的意义认识不够,为求高分,甚至出现了家长包办的情况,让人哭笑不得。还有的小组在即将完成板报的前夕,组长将全部素材弄丢了,导致整个小组的进程只能全部从头来过。这些"意外"引发了学生更多的思考,并懂得团队合作的重要性。角色的代入让学生有了使命感和责任心,孩子们也意识到"组长真是不好当"。在学科项目实施中摸索着前进,探究学科知识、提升综合素养,虽然任重而道远,但我们已经在路上。

（上海市浦东新区福山证大外国语小学 张黎）

24 "为学校设计一款雨水收集净化装置"项目实践(四年级自然)

项目简介

自然学科依托四年级"水的污染与净化"课内本体知识,以驱动性问题"如何为学校设计一款雨水收集净化装置?"为引子,引导学生展开合作讨论、分析设计等活动,最终通过小组讨论和合作,设计并制作出一款校园雨水收集净化装置,在末期的成果展示环节,宣讲自己的作品并向全校师生提出节约水资源的倡议。本活动旨在进一步提高学生的深度思考和动手制作能力,让学生在不同学习阶段获得成功体验,同时培养学生可持续发展和节约资源的意识。

第一部分:项目设计

(一)项目目标

初步使同学产生节约用水,保护水资源和水环境的意识。我们基于可持续发展的理念,优化校园的生态空间,丰富校园生态结构,在实践中将可持续发展思想传播给校园里更多的人,唤起师生对校园空间的关心和认知。希望通过共创、共建,使孩子们理解校园生态空间的复杂性和多样性,通过自己设计和动手制作,打造一个更加绿色、低碳、可持续的校园。

(二)学科大概念

本次项目化活动涉及的净水装置的分层遵循物理原理。学生要通过实验,强化对对比实验的了解;通过不同的物质特性的了解,更好地指导亲手制作净水装置模型。

(三)驱动性问题

如何为学校设计一款雨水收集净化装置?

第二部分:项目实施

(一)入项活动

通过地球是一个"大水球",从宏观层面将学生的注意力拉到"水"这个话题上;通过巩固二年级学过的七分海洋三分陆地,让学生初步感受到地球上的水资源看起来非常丰富,那么是不是所有的水都可以用于日常生活?通过一个入项问题引发学生进行思考。学生的前概念是知道海水可能不能用在日常生活中,那么如何证明呢?在课堂上,展开了一场关于"如何设计海水是否能够用在日常的生活中?"问题的头脑风暴。

日常生活的具体事情由学生自己挑选,然后进行分组完成对比试验的操作和拍摄。当学生们明白了自己要做的事情和水有关之后,他们进行了分组,分组要求是按照每个学生的特长分组,最后保证"人人有角色,个个有任务"。在这个阶段,老师布置了两个子任务。任务1:拍摄一段时长在3分钟以内的实验视频,可以个人也可以团队展示,视频能够说明海水不能直接用在日常生活中即可。本次视频的意义在于让学生通过小实验体验,知道海水不能直接使用,初步感受淡水的稀缺。那淡水的占比是多少呢?有的学生在做视频的时候同时产生了疑问。于是,教师的子任务2:制作小报,教师给学生提出了几个子问题,作为设计小报的支架,让学生通过一些数学工具(饼图、折线图、柱状图)完成小报,进一步感受淡水资源的紧张。

(二)项目推进

见图3-24-1。

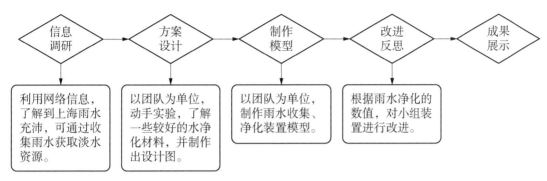

图 3-24-1

第三部分：项目成果与展示

（一）阶段性成果及展示

1. 第一阶段成果

（1）对比试验的小视频。

（2）关于上海水资源的小报。

2. 第二阶段成果

雨水收集净化装置设计图初稿和修改稿。

3. 第三阶段成果

雨水收集和净水装置的初步模型（用水质测试笔现场检测）。

（二）最终成果及展示

雨水收集净化装置的校园展示与评价方式。

第四部分：项目评估与反思

在全校成果展上，通过全校投票评价的方式，学生的自我价值得到了肯定。后期，我们又进行了一次复盘课，一起回顾师生共同走过的 2 个月的项目化学习的日子，有感动有争吵，有讨论有合作……不同小组的解说员自信地走上台，根据"合作、改变、讨论、修正、迁移"五个关键词，汇报了自己小组一路走来的故事。他们在交流中多次提到，通过本次活动，知道了合作的重要性，知道了遇到问题不要慌，要寻求改变，不断修正，共同商量对策，通过知识的迁移，最终一定能够解决问题。

在复盘课，学生站在自己的视角评价了本次活动。他们说这个活动很有意义，但是有一些缺点有待改进，希望下一次能够开展得更好。有的同学提到了召集同学们在一起比较难，很多小朋友周末安排比较满；有的同学说开展活动的场地比较局限，希望学校能够为他们提供共同制作的地方；有的同学提到了参与得不够充分，都是组长在做；有的同学提到了我们在投票环节机制的不完善问题。第一次做，难免遇到各种问题。我想以后可以将学科知识点更聚焦一点，让孩子有更多机会深度思考，尽可能为学生提供制作的空间，让孩子利用在校期间完成制作和后期修正，投票的标准再进一步具体化，应该可以规避这些问题。

在整个过程中,作为学生,得到了动手操作的锻炼,实现了一次知识迁移,解决了一个真实问题;作为老师,我和学生的关系更进一步,看到他们全心投入的眼神和成功后的喜悦表情,我很感动;作为家长,也通过这次活动,看到了自己孩子身上的闪光点。

本次项目化学习活动充分调动了学生的积极性,点燃了学生的探究热情。但是在细节上,做得不够细致,这些细节在新一轮的项目化学习的活动实施中需要进一步完善。

(上海市浦东新区福山证大外国语小学　王冬梅)

25 "烦人的声音"项目实践(四年级自然)

项目简介

高架桥的噪声一直是让附近居民头疼的问题之一。如何将这一真实的社会问题与学生的自然学科知识相关联,让学生能立足生活关联学科,更主动深入地学习与了解噪声的产生原理、噪声对人类生活的影响、如何防治噪声等。

自然学科以学生身边的真实问题为驱动,结合四年级声音单元的相关知识,引导学生利用所学的知识,尝试分析与解决生活中的实际问题。

第一部分:项目设计

(一) 项目目标

1. 学科目标

(1)认识噪声,知道噪声影响着我们的生活和健康,关注生活中的噪声。

(2)通过实验、交流等活动,交流并探究一些减少噪声的方法,具有在噪声环境中保护自己的意识。

2. 学习素养目标

(1)科学观念:知道声音产生的原理,知道噪声的性质,了解不同材料降噪效果。认识噪声,知道噪声会损害人的身体健康。

(2)科学思维:能够对不同的材料进行比较和分析。以问题为驱动,在基于真实情境的学习中学会自主学习、迁移知识,创造性地开展实践活动。

(3)探究实践:能够制作出简单的模型,并能够对成果进行反思与解释。

(4)态度责任:对探究过程产生浓厚的兴趣,并在制作过程中进行如实记录。

(二) 学科大概念

材料、结构与功能之间是相辅相成的关系。

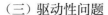

（三）驱动性问题

作为我校自然模型制作社团的一员，你是否能够为高架桥附近的居民提供有效降低噪声的方法？

第二部分：项目实施

（一）入项活动

在项目引入、问题确立阶段，教师通过播放高架桥噪声视频、高架桥周边居民关于高架桥噪声扰民的问题反映视频、图片等，引发学生对噪声污染的真切感受。学生接触噪声，并与自己的生活做出联系，开始表现出了对主题的兴趣。

（二）项目推进

1. 学习实践活动一：噪声知多少

情境引入：通过播放高架桥噪声视频和高架桥周边居民关于高架桥噪声扰民的问题反映视频、图片等，引发学生思考，什么是噪声？噪声对人有什么危害？

学生通过利用电子设备或书籍等，查找相关资料，知道什么是噪声，以及噪声给人们带来的危害，并以小组的形式对其进行初步汇总。教师需要引导学生进行材料整理，并做好分工合作。学生根据整理好的材料，进行小组新闻播报，各小组根据播报的结果进行自评、互评。

成果：以新闻播报的形式向人们介绍噪声，以及噪声带来的危害。

2. 学习实践活动二：了解降噪原理

通过第一阶段的活动，学生了解了噪声的危害。为了探究降低噪声的方法，学生需进一步地了解声音是怎么传播和被阻挡的？降低噪声的方法有哪些？教师可通过课堂探究实验，帮助学生了解声音的性质（包括声音的传播、声音的反射等）。

为加深理解，教师可引导学生进行简单的降噪小实验，以进一步了解降噪原理。学生通过查找资料的方式，知道降低噪声的方法，汇总并制作成小报或是思维导图。

成果：小报或思维导图（声音反射的原理图、降低噪声的方法等）。

3. 学习实践活动三：模型设计与制作

通过前面两个活动，学生对声音已经有了一定的了解，那么如何将学到的知识应用起来，帮助高架桥附近的居民减少噪声带来的影响？怎样才能让我们的方案落到实处？教师可引导学生通过不同距离的噪声测试（场地可以是操场等地方），绘制噪声分贝"热力图"，帮助学生进一步理解到距离越远，声音的传播越弱。但处在高架桥噪声红色和黄色区域的居民来说，降噪是必要的。（再制作模型，符合学生认知）

学生通过查找资料，了解到哪些材料的降噪效果比较好，并进行方案的设计。

分享交流各小组间的方案，并通过小组互评、教师评价等方式了解方案的可行性，对方案进行进一步的反思与修改。

制作模型：教师提供 6 种定量的降噪材料，小组自主选择 4 种材料，进行模型制作、测试与反思修改(学生需考虑成本、模型结构、降噪效果等)。小组进行作品展示汇报。

成果:实验报告,以模型的形式展示出降低噪声的效果。

第三部分:项目成果与展示

（一）阶段性成果及展示

1. 第一阶段成果:噪声知多少

学生通过关联真实生活,查阅书籍或电子设备,采访家长或高架桥附近的居民,深度展开对噪声的学习探究,就什么是噪声、噪声给人们带来的危害等问题进行小组讨论、汇总。

各小组根据整理好的资料,进行小组新闻播报,并根据播报的结果进行自评、互评。

2. 第二阶段成果:了解降噪原理

在充分了解了噪声的危害后,学生以小组为单位,进一步学习更多的有关声音的知识,探究降低噪声的方法。比如:声音是怎么传播和被阻挡的? 降低噪声的方法有哪些? 为加深理解,学生通过简单的降噪小实验,进一步了解了降噪原理,并利用电子设备查找了相关资料,丰富了降低噪声的方法,汇总并制作成了思维导图(图 3 - 25 - 1,图 3 - 25 - 2)。

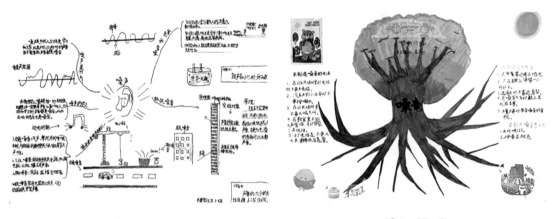

图 3 - 25 - 1   图 3 - 25 - 2

3. 第三阶段成果:模型设计与制作

基于对声音单元的学科知识学习探究,作为小学生,可以做些什么,来帮助高架桥附近的居民减少噪声带来的影响? 各小组在老师的引领下,结合提供的 6 种定量降噪材料,根据材料的成本、模型的结构以及降噪的效果等,完成了小组的设计方案,并自主选择 4 种材料,进行了模型的制作、测试与反思修改。

（二）最终成果及展示（图 3－25－3,图 3－25－4）

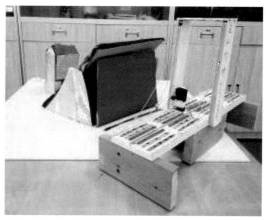

图 3－25－3   图 3－25－4

第四部分:项目评估与反思

本次自然学科项目化学习,以高架桥周边的居民饱受噪声困扰这一真实情境为驱动,基于学生的生活实际,引导学生通过主动阅读、实验、比较、记录、讨论、交流等学习活动,开展小组深度学习,让科学探究真实发生,让学科价值充分彰显,激发了学生自主探究的兴趣,培养了学生严谨认真的科学态度和合作共享的意识与习惯。对于生活中司空见惯的噪声污染问题,学生开始尝试以专家的思维看待、分析与尝试解决问题。虽然囿于现阶段的能力问题,没有办法像真正的环保专家、城市管理专家一样去解决问题,但是却通过本次项目化学习,发展了专家思维的意识,提升了学科实践的能力,这对学生后续的自然学科的深度学习,是有着极大裨益的。

（上海市浦东新区福山证大外国语小学　陈楠）

26 "计算机大解密——我家的电脑城"项目实践(三年级信息技术)

项目简介

"计算机大解密"系列项目化学习,起源于华东师大版小学信息科技教材第一单元《与计算机交朋友》中第1课《我们的好朋友——计算机》。本单元重点考虑使学生认识计算机各主要组成部件和常用附件(运算器、控制器、存储器、输入设备和输出设备),并充分了解各部件的数据性能与作用。

基于课程标准,整合信息学科核心素养,以驱动性问题"人类进入信息化时代,每个人的家里都需要计算机,那么作为家庭的成员之一,如何为我的家庭配置一台计算机呢?"为引导,通过调查"自己的家庭需要一台怎样的计算机?"设计一张需求问卷,培养学生发现问题、分析问题、解决问题的能力。学生通过上网搜索,收集资料,归纳整理观点:配置计算机的必备硬件和软件。根据观点,合理分配原有经济预算,设计配置计算机方案;评价全班每组投票,选出最佳方案组。通过项目让学生了解解决问题的各个步骤:搞清问题、制定计划、整理信息、分工合作、展示交流、反思小结。

第一部分:项目设计

(一)项目目标

在"为我的家制定配置计算机的方案"项目的设计中,使用了"大单元"的概念,融合上半学期第一单元《与计算机交朋友》、第三单元《地球妈妈笑哈哈》、第四单元《获取信息》与下半学期第二单元《谁是冠军》中的学科知识,通过系列项目活动的实施,引导学生从课内走向课外,从信息获取、检索、加工到表达、交流、创造,来达到学生相关能力、学科核心素养培养的目的。

(二)学科大概念

根据《上海市中小学信息科技课程标准》指出:信息科技课程是一门以提高学生信息素养和在信息化环节下的学习能力为目标,以计算机和网络为基本载体,以学信息技术、用信息技术、懂信息技术为基本学习过程,融知识性、技能型和工具性于一体的重要基础课程。因此,基于课程标准,考虑到项目化学习中强调的真实性,教师整合信息学科核心素养,带领学生对"为我的家制定配置计算机的方案"进行项目化学习。

(三)驱动性问题

人类进入信息化时代,每个人的家里都需要计算机,那么作为家庭的成员之一,如何为我的家庭配置一台计算机呢?

第二部分:项目实施

见图 3-26-1。

(一)入项活动

入项活动,发布项目提出驱动问题:人类进入信息化时代,每个人的家里都需要电脑,那么作为家庭的成员之一,如何为我的家庭配置一台计算机呢?

向各个组发布第一个学习支架 KWL 量表,引导孩子们回顾自己的已学知识。关于主题,他们已经知道了哪些事情,记录下来。从已有的知识入手,降低孩子们思考的难度和门槛。

KWL 量表一开始就帮助学生设立了清晰的学习目标,建立相关背景知识,整理组织了已有的记忆信息,为学生学习新信息,搭建了框架,让学习的坡度变缓。它还引导学生学会提问题,自主参与实践和探索,通过交流与合作一起解决问题,对激发孩子主动

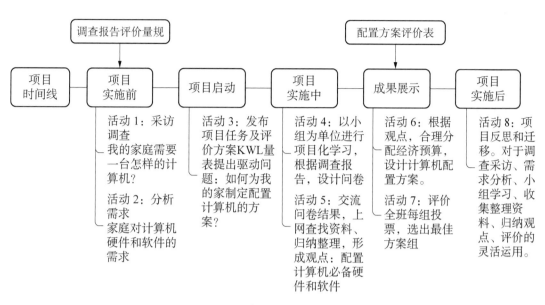

图 3-26-1

学习的兴趣起到积极的作用。

（二）项目推进

1. 学习实践活动一：为了解"我的家庭"对于计算机的需求做好准备

（1）小组为单位进行项目化学习，根据调查采访的报告，设计问卷。

问卷设计严格遵循的是概率与统计原理，因而，调查方式具有较强的科学性，同时也便于操作。因此，设计了第二个学习支架《学习资源包 PPT（调查问卷）》。小学生设计问卷，对提问回答设计得不可能面面俱到，在评价问卷时，只需主题明确、结构合理、逻辑性强、通俗易懂、问卷的长度合理即可。

（2）问卷发布后，以身边家长、老师为主要采访对象，下发问卷。

在生成调查问卷的过程中，学生在教师的帮助下，利用"问卷网"生成电子问卷，确认问卷无误可预览，点击"完成编辑""发布问卷"。复制问卷链接发给调查对象，调查对象完成问卷调查即可。

（3）问卷收齐后，用"问卷网"自带的数据分析系统进行问卷分析，制表汇总。

通过数次接触，部分学生对"问卷网"工具在课堂中的应用产生兴趣。从问卷设计的过程中，向身边经常发问卷的班主任老师、父母请教探讨后，得出了结论："问卷网"支持单选题、多选题、填空题、测试类单选、测试类多选、测试类填空、排序类、表格类、图片类等多种题型。

（4）工具在创新课堂中的应用。

在学生的项目化学习中，教师也在不断学习。"问卷网"符合学校常规教学中对知识点强化的在线练习、及时反馈、分析统计、查找重难点等要求。我们应该行动起来，探索

"问卷网"工具在创新课堂中的应用。

2. 学习实践活动二:明确装机必备的计算机软硬件配置

学生带着子问题分小组学习研究,查阅相关资料,完成一份《计算机软硬件必要组成》学习报告。各组讨论后选择一个不同的软/硬件,进行性能、经济、品牌的汇总,表格制作完成后,学生代表成为"小老师"对自己组的软/硬件进行概述。老师在过程中提供第三个学习支架《资源包:相关知识的资料》以及《资源包:认识微机 PPT资料》。

3. 学习实践活动三:制定一套计算机配置的方案

我们发现,由于学生在之前的学习中,进行了信息的收集和处理,也有了"小老师"和家长教师的指导,所以当学生设计报价单时,只需要将两者相结合即可。再加上学生群策群力、水到渠成,实践过程没有教师们预估得那样难。有的孩子还饶有兴趣,跳开小组合作的限制,不仅完成了小组任务,也额外完成了自己的电脑报价单。

第三部分:项目成果与展示

(一) 阶段性成果展示:

1. 第一阶段成果

一张 KWL 量表,见表 3-26-1。

表 3-26-1

KWL CHART TOPIC:如何为我的家配置一台计算机?		
WHAT I KNOW 你知道什么?	WHAT I WANT TO LEARN 你想学什么?	WHAT I LEARNED 你已经学会了什么?
1.我家有电脑	1.电脑各部件的基本配置	1.我知道一些计算机必备软硬件
2.计算机分为笔记本电脑和台式电脑	2.如何组装一台电脑	2.我认识主机箱内部结构
3.电脑有各种不同的品牌	3.怎么列计算机配置清单	3.我会正确使用电脑
4.电脑配件有各种不同的品牌,其性能也可能不同	4.计算机的主要技术指标	4.我会上网查找资料
5.爸爸妈妈都是去电脑城配置电脑的	5.计算机的装机报告单怎么分类	5.我会记录查到的资料
6.购物网站上有卖各种不同的配件		6.我会建表格

2. 第二阶段成果

一份问卷,见表 3-26-2。

表 3-26-2

序号	问题	选项		设计意图
1	您的性别？	A. 男 B. 女		了解男女对电脑的需求是否不同
2	您的年龄？	A. 22岁以下 B. 22岁以上		以大学毕业的年龄22岁为分割线，调查参加工作前后对于电脑的使用情况
3	您使用了几年的电脑？	填空题		知道一般情况下，一台电脑的标准使用年限
4	您喜欢台式机还是笔记本？	A. 台式机 B. 笔记本		理解台式机和笔记本的优缺点
5	您喜欢的电脑品牌？	A. 苹* B. 联* C. 华*	D. 戴* E. 索* F. 三* G. 其他	知道各大电脑的品牌
6	您买电脑主要是为了？	A. 工作 B. 游戏 C. 学习	D. 看视频 E. 聊天 F. 其他	调查买电脑的目的，知道具体需求后能更精准地提供电脑配置
7	您接受什么样的价格区间？	A. 2000元以下 B. 2000—4000元 C. 4000—6000元 D. 6000元以上		价格是需求表的基础，根据价格配置电脑
8	您觉得性能、外观、质量，哪一项更重要？	A. 性能 B. 外观 C. 质量		性能、外观、质量的排序是需求表的要求排序，决定了产品性价比
9	您每天使用电脑的时间？	A. 1小时以下 B. 1—3小时	C. 3—6小时 D. 6小时以上	电脑使用时长

3. 第三阶段成果

一套最佳配置方案，见表 3-26-3。

（二）最终成果及展示

一份调研报告。

表3-26-3 电脑组装报价表

店铺：**		小组：无敌少年团		电话：		
组件	品牌	型号	数量	单价/元	金额/元
CPU	因**	十代I7（i70498）	1	2699	2699.00
显卡	索*	RTX2060super至尊PLUS OC显卡	1	1999	1999.00
主板	华*	PRIME Z390-A 主板 大师系列	1	1599	1599.00
内存条	金**	16g单条	1	899	899.00
硬盘	西部**	512G固态SSD	1	699	699.00
电源	长*	额定400W HOPE-5000DS电源	1	200	200.00
光驱	华*	黑色(DRW-24D5MT)	1	129	129.00
机箱	金**	ATX/M-ATX/MINI-ITX/静音	1	99	99.00
显示器	A**	C27B1H 27英寸1700R曲面高清	1	950	950.00
鼠标键盘	罗*	MK120 键鼠套装 有线键鼠套装	1	99	99.00
金额合计：					9372.00
优惠金额：					-372.00
优惠报价：					9000.00

第四部分：项目评估与反思

1. 评估

在本项目实施过程中，我们意图通过评价量规、问卷调查、访谈等形式对学生的学习过程进行评价，既关注过程也关注结果，既关注整体也追踪个案，既有教师评价，也有同伴和家长等评价。在不断获取的评价中，教师根据学生的需求提供支架，调整和优化整个项目方案。

2. 反思

目前，该子项目的实施过程基本完成，我们还有一些后续资料待整理、对学生作品进一步的分析，对整个项目过程进行经验总结和梳理不足，并进行项目的反思和迁移。

（上海市浦东新区福山证大外国语小学　张沁漾）

27 "寻味家乡"项目实践（五年级道德与法治）

项目简介

一、项目背景

家国情怀作为几千年来中华民族维系社会稳定与民族团结统一的强大精神力量，

孕育了丰富的思想精华。道德与法治教材中关于家乡主题的单元内容,有助于培养学生的家国情怀,帮助学生不断形成和丰富对于家乡的认识,产生对家乡的悦纳和热爱之情,发展政治认同核心素养。生活在国际大都市里的孩子,对于故乡的了解知之甚少。结合学生对家乡的思念的实际需求,五年级道德与法治学科策划开展了"寻味家乡"项目化学习活动。

二、项目概要

结合道德与法治学科五年级上册第一单元"感受家乡文化,关心家乡发展"主题学习,让学生以小组合作的方式,深入探究家乡的文化、家乡的特色和家乡的变化,创意介绍家乡风土人情,激发对家乡的热爱之情。同时,通过家乡发展蓝图的设计环节,引导学生有意识为家乡的发展贡献力量,培养主人翁意识和社会责任感。

第一部分:项目设计

(一)项目目标

1. 学科目标

(1)了解家乡的名称由来,知道名称所承载着中华民族的传统文化,懂得珍视祖国的传统文化。

(2)了解家乡的节日风俗,感受风俗与自己生活的密切关系,体会这些风俗所蕴含的美好祝愿和传统美德。

(3)关注家乡的文化形态与家乡整体发展变化,提高对家乡发展的忧患意识和公共参与意识。

2. 学科素养目标

(1)热爱家乡,对家乡有深厚的情感,有建设家乡的使命感。

(2)树立一定的道德修养,学会尊老爱幼、勤劳节俭、邻里互助等美德,形成保护环境、奉献家乡、服务家乡的观念,建设更美家乡。

(3)具备一定的责任意识,作为家乡的一员,要有一定的奉献精神,积极参与到家乡事务中,为家乡发展出谋划策,增强担当精神和参与能力。

(二)学科大概念

家乡风俗与民间艺术是家乡文化形态的重要内容,引导学生理性看待家乡的风俗。关注家乡民间艺术的发展与衰落问题,有助于帮助学生成为家乡发展的关心者、参与者和建设者。

(三)驱动性问题

为了更好地发扬与传承家乡文化,为建设更美家乡助力,我们五年级将举办一次游园会。你将如何在本次游园会上更好地展示自己的家乡?

分解驱动性问题:

子问题1:年级举办家乡游园会,你们组计划如何宣介自己的家乡?

子问题 2:你的家乡有什么特色?

子问题 3:你知道最近二十年来家乡的发展变化吗?

子问题 4:为了更好地举办游园会,你们觉得在布置等方面如何优化,以达到更好的效果?

第二部分:项目实施

(一) 入项活动

学生在课堂中领略了"民间艺术展",发现许多地方都有着自己的特色。那么学生对自己的家乡特色有多少了解呢? 这些特色是怎么形成的呢? 基于此,学生以小组为单位开展课堂讨论,有侧重点地探索自己的家乡。

(二) 项目推进

1. 学习实践活动一

前期计划与分工如下:

(1) 讨论:年级举办家乡游园会,你们小组计划以什么形式呈现对家乡的介绍?

(2) 思维碰撞,合作制定整个过程的计划表。

2. 学习实践活动二

(1) "家乡名,家乡情":了解家乡名称由来,通过网络搜索、查阅书籍等方式查找相关资料;同时,明白家乡名称所蕴藏的寓意。

(2) "家乡风俗我探寻":从长辈、网络等处搜集家乡的节日风俗,并进行整理。

(3) "寻觅家乡的艺术":搜寻相关视频资源进行了解,组内分享,欣赏家乡民间艺术的多姿多彩,并展开讨论:这些民间艺术满足了人们哪些需求,或表达了人们哪些愿望?

3. 学习实践活动三

"我为家乡出份力":用图表、照片等呈现家乡发展过程,探寻发展过程,思考发展中的不足;小组讨论如何为家乡的发展献计献策,并设计家乡发展美好蓝图。

4. 学习实践活动四

"家乡风采展示":讨论在布置等方面优化举办游园会的方案;设计游园会整体活动安排,落实分工。

第三部分:项目成果与展示

此次项目成果,包含阶段性成果与最终成果。

(一) **阶段性成果及展示**

1. 第一阶段成果

学生以小组或个人为单位,确定介绍的家乡地点,制定活动计划。

2. 第二阶段成果

在教师的引导下,深入梳理家乡的特点,不断优化关于家乡的展示方案(如图 3 -

27-1,图3-27-2)。

图 3-27-1

图 3-27-2

（二）最终成果及展示

团队向师生展示成果，设置互动环节，共同探索彼此的家乡。

第四部分：项目评估与反思

在项目化学习活动中，学生在探索自己家乡、了解他人家乡的过程中乐此不疲，也在活动中逐渐培养起了一定的责任意识。学生们作为家乡的一员，寻家乡之根，品家乡之味，弘扬家乡的文化，为家乡发展出谋划策，从不同维度深入探索家乡的方方面面。

后期，我们将继续巧抓学生生活中遇到的真实问题，结合道德与法治学科，创设真实的情境,让学生在解决问题的过程中深入学习学科内容,让道法课堂绽放别样的精彩,为学生的素养发展助力。

（上海市浦东新区福山证大外国语小学　张晓铃　宋星辰）

28 "'植'此青绿,农庄飘出草药香"项目实践(三年级劳动)

项目简介

党的二十大报告提出,要促进中医药传承创新发展。在大力弘扬中医药文化,增强青少年对中草药文化了解的过程中,中医药文化进校园就是落实二十大精神的重要举措和实际行动。小学生对植物有着独特的喜好,三年级学生就提出了"利用学校农庄责任田,结合种植生产劳动开展中草药种植探究学习"的设想,将生产劳动与传统文化教育相融合,通过种植实践,有效增进青少年对中医药文化的认同和了解,唤醒学生对中华优秀传统文化的传承创新意识,增强文化自信,争做新时代继承和发扬中医文化的小小传承人。

第一部分:项目设计

（一）项目目标

（1）尝试中草药种植劳动,认识到中草药的种植、养护需要精耕细作,劳动是持之以恒的付出过程。

（2）初步掌握薄荷草、龙牙草等中草药的种植、养护技巧及方法,在草药种植、养护过程中选择合适的工具,安全、规范、有效地使用劳动工具。

（3）引导学生主动观察、合作探究,逐步培养学生收集和处理中草药信息的能力、分析和解决问题的能力,交流与合作的能力,初步建立辩证、批判思维。

（4）发扬吃苦耐劳的精神,逐步养成做事专注、诚实劳动的精神。

（二）学科大概念

新时代,如何在青少年群体中建立对中医传统文化的认同感和传承意识?

（三）驱动性问题

校园农庄即将开辟中草药的种植了,你能成为一名出色的种植小能手吗?

第二部分:项目实施

（一）入项活动（2课时）

活动内容与模式:寻找隐藏在校园（社区）里的中草药。

学习目标:通过校园（社区）探秘,寻找就在我们身边的草药植物,让学生明白中药草就在我们身边。

引导问题:生活中常见的草药,你认识哪些呢?

引导学生观看视频《神奇的中草药》片段,导入情境,并在老师的带领下分组在校园中、到社区里走一走、找一找、认一认,寻找隐藏在校园(社区)里的草药植物,认识和了解更多在我们身边的常见的草药植物,切实感受中草药的神奇(表3-28-1)。

表3-28-1 探秘 隐藏在校园(社区)绿化中的中草药

班级＿＿＿＿＿＿ 小队＿＿＿＿＿＿＿

序号	草药名称	草药图片	生长习性	变成中药后的样子	所属科类	药用价值
1						
2						
……						

(二)项目推进

1. 学习实践活动一:收集草药资料,认识草药植物

(1) 收集相关草药资料(探秘活动中找到的);完成表3-28-1中的科目属性信息。

(2) 小游戏:连连看;完成任务单。

学习目标:形成草药初级认知阶段,能看到图片准确说出它的名字、形状特征是什么,属于什么科类。

引导问题:为什么我们看到的草药植物和中药房里看到的不一样?

以小组为单位,出示PPT,开展小游戏"连连看"竞答活动,了解我们见到的草药植物是新鲜的,而图片上显示的是经过了晒干、炮制处理后的状态,所以和我们看到的新鲜的植物草药外观上有很大的区别。同时让学生了解到,原来植物做成的药材对我们的身体健康是有帮助的,进一步了解神奇的中草药与人们健康生活的关系。

2. 学习实践活动二:举行农庄开播仪式,开展种植劳动

学习目标:

(1) 通过主题班会商讨种植的具体植物,学会用数学学科中的植树问题确定草药植物的购买数量,培养学生科学劳动、诚实劳动的精神。

(2) 以植树节为契机,通过开播仪式,增强学生对生活的仪式感,感受用双手播种的乐趣,也将优秀文化的种子在校园中播种。

引导问题:你将开展哪种草药的种植?

学校为各班选择了10种草药植物,由各班学生小组讨论后并投票决定本班种植的具体草药植物;并根据任务单上的内容,开展种植前的准备,运用数学知识"植树问题",帮助三年级的学生明白"树坑"与"间隔"的真实含义,计算出植物生长所需的空间及购买的数量;最后举行开播仪式。

3. 学习实践活动三:中医药文化进课堂

学习目标:开展中草药文化的宣讲学习,普及中医药知识,让学生感受中医文化、认同中医文化,初步建立健康生活方式的意识。

引导问题:怎样在植物—中草药—传统文化之间建立初步的有效链接?

通过"家长进课堂",向全体三年级学生讲述生姜名字的由来、小郎中用麻黄治病的典故……新颖的中药小知识,吸引着孩子们的注意,他们时而认真倾听,时而与任医生互动,给孩子们小小的世界打开了一扇通往医学世界的小窗户。

4. 学习实践活动四:草药的种植劳动过程及观察探究

学习目标:能安全使用劳动工具开展种植劳动,在实践过程中提升观察力,提高解决突发事件的应变能力及与他人合作劳动的能力。

引导问题:你是怎样解决种植过程中出现的问题的?

组织学生定期观察、拍摄草药各阶段生长过程,一一对应记录在观察记录本上,针对出现的问题进行小组协商讨论、提出解决的方案。

问题预设:(由学生在实践中自主调整问题)

(1) 每周浇水频率是多少次?

(2) 如遇连续大雨,需要排涝吗? 怎么排涝?

(3) 种植的草药是否需要定期枝叶修剪?

(4) 遇到虫害问题,你们是通过什么方法解决的?

第三部分:项目成果与展示

(一) 阶段性成果及展示

1. 第一阶段成果:形成了草药思维导图

与美术学科相融合,仔细观察草药外形特征,将前期学习实践中学到的草药知识信息如科属、功效和药用价值等要素描绘在画纸上,形成可视化的草药植物知识导图,这不仅发展了学生的图像识读、美术表现、审美判断,还培育了学生的创新思维、探究和解决问题的能力。

2. 第二阶段成果:拍摄宣传片,做小小宣讲员

小组合作,从植物名片、草药形状特性等方面内容用视频拍摄的方式记录草药的生长过程,并由小组成员担任小小讲解员介绍自己班级种植的草药。

(二) 最终成果及展示

1. 中草药绘本

学生在老师、家长志愿者的帮助下,构思、讨论、设计、制作了介绍自己班级种植的草药绘本。如三年级 2 班设计的《神奇的薄荷星球》绘本,通过班级成员读一读诗歌作品、找一找含有薄荷的东西、搜一搜薄荷家族、做一做本草食谱等活动,用独具创新的绘画形式呈现神奇的中草药(见图 3-28-1)。

目录

读一读：薄荷的诗歌 1

种一种：我们农场中的薄荷 13

找一找：生活中常见的含有薄荷的东西 3

做一做：薄荷的美食 12

认一认：哪个是薄荷？ 5

搜一搜：薄荷的功效 11

画一画：我眼中的薄荷 6

9

考一考：薄荷家族成员

图 3 - 28 - 1

2. 项目评价表

(1) 项目阶段评价表，见表 3 - 28 - 2 所示。

表 3 - 28 - 2

小小宣讲员　评价表				
评价项目	评价标准	自评	师评	小组评
语言表达	规范流畅，吐字清晰、声音洪亮圆润；情感表达自然，语速恰当，能熟练讲述和表达讲解内容，引人入胜。			
仪态仪表	仪态自然大方，能较好运用肢体语言、表情表达对讲解内容的理解。			
思维逻辑	宣讲内容结构合理，能紧紧围绕主题，内容构思巧妙，有吸引力。			
优秀：★★★★★　良好：★★★★　合格：★★★				

(2) 项目总结性评价表，见表 3 - 28 - 3 所示。

表 3 - 28 - 3

项目名称："'植'此青绿，农庄飘出草药香" 项目总结性评价表				
评价项目	评价标准	自评	师评	嘉宾评
劳动态度	认真参加每一次小组劳动活动；乐于探究，勤于动手实践。			
劳动能力	会规范使用劳动工具开展种植劳动，能发现种植中的需求和问题，初步具备了从事简单种植生产劳动的能力。			

（续表）

评价项目	评价标准	自评	师评	嘉宾评
劳动习惯和品质	在种植过程中主动承担力所能及的劳动，并形成了规范劳动、诚实劳动、有始有终开展劳动的品质。			
劳动精神	在种植劳动中不怕苦、勇于提出自己的建议，在劳动中愿意分享自己的劳动智慧。			
劳动成果	种植观察记录本内容详细，内有思维导图，能形成绘本展示。			

优秀：★★★★★　良好：★★★★　合格：★★★

第四部分：项目评估与反思

草药植物的种植项目化实践探究学习，不仅让孩子们体会到了劳动的乐趣，留在手上那抹悠悠草药香更是吸引着孩子们不断探究中草药的奥秘。孩子们在劳动过程中学习劳动知识、劳动技能、工具使用，激发了学生的劳动创造思维与劳动创造能力；同时，在劳动创造中总结劳动经验，能够学会在不同的劳动情境中迁移运用已经掌握的经验，并形成新的经验。对于小学三年级的学生来说，这种经验的迁移能力还比较弱，但通过本项目的学习培养，对学生的核心素养培育能起到积极的促进作用。

本次草药植物的种植劳动实践虽已暂告一个段落，但中药文化的传承却刚刚开启。愿我们的孩子将来能把中医药文化发扬光大，让中药这颗璀璨的明珠绽放它该有的光芒！

（上海市浦东新区福山证大外国语小学　褚丽琴）

 “你好，朋友”项目实践（三年级心理健康教育）

项目简介

我们正处在一个激剧变革的时代，中小学生的健康成长，特别是心理健康和健全人格的培养越来越受到全社会的关注。小学中高年级学生对交朋友越来越重视，也常常为处理不好同伴关系而苦恼，这是真实存在的情境。这个阶段的学生移情能力开始慢慢增强，开始观察、推测、验证交往中的同伴的感受、想法和行为，尝试站在对方的角度决策自己的交往行为的技能，这为解决真实情境问题提供了基础。

第一部分：项目设计

（一）项目目标

该项目尝试让学生自主探索交朋友及与同伴之间的互动关系，探究同伴交往的技能，并运用到日常同伴关系处理中，切实体验"如何交朋友"，培养合群、乐群的心向，在集体活动中感受到快乐，喜欢互助、友爱、合作的集体氛围。

（二）学科大概念

学生与同伴之间形成积极的人际互动过程，日常的教室、学校成为学生们沟通、交往和学习的最佳的"心理场"，才能真正对学生的心理发展起到有效的促进作用。

（三）驱动性问题

我们每天生活在班集体中，我们喜欢和同龄人一起玩耍。那么，在与同伴交往中，如何养成合群、乐群的心向，交到更多朋友，并与朋友和谐相处？

第二部分：项目实施

（一）入项活动

从学生感兴趣的交友话题导入，组织学生交流：你有好朋友吗？你是怎么和他们成为好朋友的？引发学生对交友话题的兴趣。

之后，全体三年级学生阅读《我有友情要出租》一书，并就绘本内容展开深入讨论：谁出租友情给谁？你认为友情可以出租吗？大猩猩最后找到朋友了吗？你觉得大猩猩的交友方式合适吗？学生在交流分享中认识到，友谊是不能用金钱衡量的，是无价的；我们可以变被动为主动，这样才能拥有更多的朋友。由此，引出了"如何交朋友"的项目主题。

（二）项目推进

1. 学习实践活动一：如果你是绘本中的一个角色，你会怎样主动交朋友

绘本最后，大猩猩把树叶上的文字"我有友情要出租"改为"我有友情免费出租"，一直到今天，那一片叶子都褪色了……大猩猩还在等待下一个好朋友……其实也许朋友就在身边，等待我们去发现呢！意识到主动交朋友的重要性后，学生展开丰富的想象，开始跃跃欲试地续编故事《我有友情要出租》：如果你是绘本中的大猩猩，或是小老鼠，或是狮子、斑马、长颈鹿……你会怎样主动交朋友？这之后又会发生怎样精彩的故事呢？

同学们积极讨论并续写故事。

2. 学习实践活动二：为了更长久的友谊，交朋友前后我们需做些什么

学生在续编绘本的基础上，对交友进行更加深入的思考，自主设计调查问卷，抽样了解善交朋友的人的交友心得，比如：你通过哪些途径交到朋友？不同年龄、性别或是性格的人是怎样成为朋友的？跟朋友在一起，你会做些什么呢？为了更好地维持友谊，你有哪些建议？……

每位学生按要求设计调查问卷，小组、班级讨论并整合成年级调查问卷。教师适时提供支架，指导如何开展调查、如何分析调查数据以及撰写调查报告的方法；学生在自选小组长的组织协调下，对三年级的学生展开现场或网一络调查，并对调查数据进行分析提炼，形成了调查报告。通过调查，学生不但对如何交友有了更多了解，甚至在调查的过程中，还结识了一些新朋友呢！

3. 学习实践活动三:将关于交友的学习探究成果以故事创作与演绎的方式记录下来

问卷调查之后,学生根据调查分析结果,对原先创作的续写故事进行修改,将调查结果中的交友方法、相处之道等元素迁移运用到故事创编之中,在创作、演绎绘本剧的过程中,更深入地学习如何交朋友,体验主动交朋友的乐趣,深入思考如何更好地与朋友相处,收获长长久久的友谊……

第三部分:项目成果与展示

1. 第一阶段成果

学生们非常积极地参与绘本续写的构思与创作,共收到100多篇续写的故事文章,图文并茂、文字优美、想象丰富,同学们不仅是在讲述大猩猩交朋友的故事,更是在表达自己在如何交朋友及如何更好地与朋友相处等问题上的思考(见图3-29-1)。

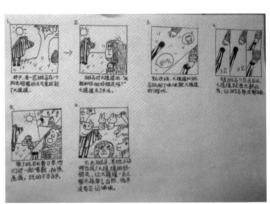

图 3-29-1

2. 第二阶段成果

各小组将本小组成员关注的问题设计成本小组的调查问卷,再在班级和年级范围内进行整合,形成了全年级"你好,朋友"小学同伴交往主题问卷,并通过现场和网络两种方式进行调查后,探索如何撰写问卷调查报告。学生们在项目小组合作中交朋友,在与同学互动中学会交友之道,体会交朋友的乐趣,既学到了同学的经验,又丰富了自己的体验(见图3-29-2)。

3. 第三阶段成果

前两个阶段结束后,学生尝试将前两阶段习得的交友之道运用到剧本创编之中,并分角色演绎出来。孩子们的精彩表演和阳光笑脸向我们展示他们满满的收获。

第四部分:项目评估与反思

以项目化学习的方式开展交友主题活动,是本学期心理健康教育学科进行的一次有意义的尝试。教师基于三年级学生的交友需求与实际困惑,有效利用优质绘本资源,引导学生对如何交朋友、如何拥有长久的友谊等话题进行深入的思考与讨论,提升了主

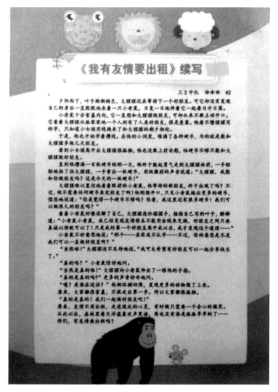

图 3 - 29 - 2

动交友的意识,懂得了相互尊重、友好相处的道理,感受到创设积极的人际互动氛围的重要性,形成了一定的创见,并在续编绘本、舞台剧表演的过程中,将前期探究的知识进行迁移运用,有效地提升了对交友的认知与践行,发展了学科核心素养。

在项目推进过程中,学生以小组为单位展开合作学习,分工明确地开展实地调查、数据分析活动,进行调查报告的撰写尝试,增进了同伴间的沟通与了解,极大地锻炼了口头和书面表达能力,提升了合作与沟通能力,发展了解决真实问题的能力。

（上海市浦东新区福山证大外国语小学　陈湘兰　温丽娟）

30 "居家生活我做主"
——基于"P＋4A"模式的项目实践(三年级综合德育)

一、项目背景

时间对于孩子来说并不陌生,但时间的认识抽象性很强、知识零散。低年级学生只能理解和掌握那些和实际生活最为接近的时间单位,如时、分、秒。随着年龄的增长,学生逐步了解更大的时间单位,如:年、月、日。而对时刻和时间段的认识是小学数学学科重要的学习内容和目标,旨在提升学生对时间的感知和辨别计算的能力,进一步培养时间概念,提升对时间的规划能力,发展学生的学科核心素养,提升学生的必备能力和品格。

"居家生活我做主"项目化学习是基于《上海市小学数学学科教学基本要求(试验本)》中的"时间的认识"这个大单元学习内容,在二年级项目化学习"我的时间我做主"的基础上,结合当下疫情学生居家学习,在三年级中再次开展的综合德育活动项目。以"制定一份适用于居家学习生活期间的合理、科学的一周时间安排表"为切入点,用驱动问题引领学生审视自己的兴趣点和不足之处,了解时间安排的合理性和科学性,制定适合自己的居家生活学习时间安排表。通过该项目化学习,学生更深刻地体会到数学与真实生活的紧密联系。在探究实践的过程中,学生审视自己的兴趣点和需要改进的地方,了解时间安排的合理性和科学性,有珍惜时间的感悟、合理科学规划时间的体验,在项目化学习中渗透德育活动。

二、项目过程

(一) P(Problem):设计基于真实问题的驱动性问题

你能结合自身实际,为自己制定一份适用于居家学习期间的、科学合理的一周作息时间表吗?

(二) A(Aim):设定基于问题解决的项目目标

1. 总目标

(1) 在生活情境中,认识时间单位,能正确运用 12 时计时法和 24 时计时法记录时间;能准确区分时刻和时间;能通过简单的事例,解决时间计算的简单应用问题。

(2) 通过多元评价发现自己在居家学习生活期间,时间管理方面的问题和需要改进之处;在原有作息的基础上优化,得到一份用于居家学习期间的、科学合理的一周作息时间表,鼓励自我监控坚持学习的过程和结果。

(3) 合理利用现代信息技术,提供丰富的学习资源;利用钉钉脑图、mindmaster、xmind 等方式制作思维导图,知晓一份合理、科学的居家学习生活时间安排表需要考虑的因素和时长,提升信息素养。

2. 学科目标

(1) 认识时分秒,能说出钟表上的时间。

(2) 了解时分秒之间的关系,能结合生活经验体会时间的长短,能将生活中的事件与时间建立联系,感悟时间与过程之间的关系。

(3) 知道 24 时计时法与钟表上刻度的关系,能用 12 时和 24 时计时法表示时间。

(4) 知道可以使用(小)时、分(钟)来表示两个时刻之间的时间段,理解 1(小)时=60 分(钟),1 分(钟)=60 秒的关系。

(5) 形成对时间长短的量感,懂得遵守时间的重要性。

(6) 会用时间线段图和竖式解决同一天中,时和分、分和秒形式的两个时刻和时间

（段）的计算。

3. 德育目标

（1）通过实践活动，感悟到时间的珍贵，培养惜时的习惯，进一步提高对时间的规划能力。

（2）通过自我探索和小组探究，了解空中课堂课表中时间规划的科学和合理性，为自己制定时间安排表提供参考；提升交流沟通、共同协作的能力。

（3）通过分享交流、总结，回顾整个项目化学习过程，进行合理的学习评价，形成正确、积极的情感、态度和价值观

（三）A（Activity）：设计指向目标达成的活动任务群

子问题 1：你能客观评价一下自己在居家学习以来的时间管理情况吗？

相应的探究活动：结合自己的居家学习时间管理等方面，对自己进行评价，并且邀请家长对学生进行评价。

子问题 2：科学合理地制定一周时间安排表，需要考虑哪些因素？

相应的探究活动：学生合作探究，发现空中课堂时间和科目安排的科学性和合理性，班级汇报成果。利用思维导图，从不同的角度来探究时间作息表所需要涵盖的方面以及较为合理的时长。

子问题 3：你能结合自身实际，为自己制定一份适用于居家学习期间使用的、科学合理的一周作息时间表吗？

相应的探究活动三：制作一份属于自己的居家生活学习一周作息时间安排表。

（四）A（Assessment）：预设指向目标达成的项目评价

通过完成居家学习生活期间学生时间管理评价表，学生对自己居家以来的时间管理方面得到了更全面的剖析和反思。居家学习以来，家长对于学生的学习掌握情况最直观，因此邀请家长一同参加评价，帮助学生认识到自己时间管理方面的问题。同时，这份评价表引发了学生的思考：居家学生生活期间，我们需要制定根据每天或每周学习计划表，检验自己的计划完成情况。于是，项目化学习的驱动性问题便顺势产生了：你能为自己制定一份适用于居家学习期间的、科学合理的一周作息时间表吗？见表 3 - 30 - 1。

表 3 - 30 - 1　居家学习生活期间学生时间管理评价表

班级：_____　姓名：_____　学号：_____

亲爱的同学们：

　　居家学习期间，你在时间管理方面做得怎么样？请你配合完成以下两项任务：根据实际情况，和家长一起动手圈一圈，客观评价自己的时间管理水平。

评价指标	自我评价	家长评价
1. 主动制定每天或者每周的学习计划。	☆☆☆☆	☆☆☆☆
2. 根据空中课堂课表安排，每天认真上课。	☆☆☆☆	☆☆☆☆

评价指标	自我评价	家长评价
3. 合理安排空中课堂每节课的课间休息时间。	☆☆☆☆	☆☆☆☆
4. 合理安排时间完成各科老师布置的作业。	☆☆☆☆	☆☆☆☆
5. 根据每天学习任务的重要性来安排学习的先后序。	☆☆☆☆	☆☆☆☆
6. 根据每天或每周学习计划表,检验自己的计划完成情况。	☆☆☆☆	☆☆☆☆
7. 除了上课和完成作业外,能合理安排自己剩余的时间。	☆☆☆☆	☆☆☆☆
8. 根据五项管理原则,每天确保 10 小时睡眠。	☆☆☆☆	☆☆☆☆
根据自评和他评,我总共获得了(　　)颗☆。 根据☆数,居家学习生活期间,我的时间管理总体水平是(　　)。 A. 优秀(48☆及以上)　　　　B. 良好(40☆—47☆) C. 合格(24☆—46☆)　　　　D. 须努力(24☆以下)		

说明:☆☆☆☆表示优秀,☆☆☆表示良好,☆☆表示合格,☆表示须努力。

　　学生完成了一周的时间安排的真实记录后,开展第二次学习评价:同学互评环节。学生借用钉钉平台将自己的记录表发送给下一个学号的同学,以同伴的视角来评价学生的时间安排情况。班级学生人人参与对同伴的评价,既是对同伴提出改进的地方,也是反思自己在时间安排方面学习别人的一种好的途径。同伴评价表见表 3 - 30 - 2。

表 3 - 30 - 2　同伴评价表

	特别 符合	比较 符合	基本 符合	比较 不符合	不 符合
我的姓名:_____　同伴的姓名:_____　日期:_____ 亲爱的同学们: 　　我们真实记录了一周的生活学习的时间。请你根据同伴的时间作息表的情况,评价一下他(她)的居家学习生活吧! 一、请在相应的选项中打勾。					
1. 同伴能正确运用 12 时或 24 时计时法记录时间。 2. 同伴能区分时刻和时间段,用时间来记录自己的作息。 3. 同伴可以根据每天学习任务的重要性来安排先后次序。					
4. 同伴的上课时间和空中课堂的课表(包括晨会课)一致。 5. 同伴做三科主课的作业的时间不超过 1 个小时。					
6. 据五项管理原则,同伴每天的睡眠时间达到了 10 小时。					
7. 同伴能每天积极参与运动,体育锻炼时间达到了 1 小时。 8. 同伴能每天参与家务劳动,学会一项或者几项劳动技能。					

（续表）

评价指标	特别符合	比较符合	基本符合	比较不符合	不符合
9. 同伴能每天安排时间发展自己的兴趣爱好,例如画画、下棋、唱歌、阅读等。 10. 同伴能合理安排周末的时间,和周中的作息一样规律。					
二、请认真回答以下问题。 1. 认真观察同伴的一周时间作息表,请你为他(她)在时间管理方面提些建议。 2. 仔细对比自己和同伴的时间作息表,请你提出他(她)在时间管理方面值得你学习的地方。					

　　基于之前的学习评价,老师邀请学生来制定评价内容,鼓励学生在此次项目学习过程中,得到原创性的学习与收获。老师结合学生提出的想法和设计的评价表,整合内容调整结构,最终师生共同完成了一份小组评价表,见表3-30-3。

表3-30-3　小组评价表

评价指标		自评	他评	师评
探究内容(30)	探究主题明确,板块清晰,并且有自己小组的特色。			
PPT制作(20)	PPT背景美观,搭配了动画效果,字体大小合适,配了合适的插图。			
小组汇报(20)	小组讲解员能清晰、详细地讲解每个内容,声音响亮,吐字清晰,表现大方。			
小组合作(20)	小组成员能积极讨论,认真参与,合理分工,每个人都有任务。			
组长组织(10)	小组队长起到了组织作用,安排组员分配任务,及时帮助组员。			

　　（五）A(Achievement):预设指向目标达成的项目成果

　　1. 基于学生视角,落实情境驱动

　　此次数学项目学习对学生来说是极具生活价值的。因为疫情,学生必须居家学习,那么势必会面临科学规划时间的问题。因此,制定一份适用于居家学习期间的、科学合理的一周作息时间表是学生居家生活的需要,也是我们开启项目化学习2.0版本的初心。我们聚焦驱动性问题设计了问题链,引导学生经历有意义的学习实践过程,助力学生循序渐进地达成对问题的解决。这样的项目化学习打通了知识与知识、学科与学科知识与生活的体系,极大提升了学生的综合素养。着眼于学生生活的现实情境,更为突出项目化学习的实用价值,既能让学生在生活中达成学科关键能力的培养,也能润物细无声地进行德育。

　　2. 颠覆传统教学,追求学用合一

　　项目化学习以素养发展为导向,是教与学方式的变革,老师要立足课程的视角来重新审视自己的教学。此次数学学科项目化学习以探究"时间的认识"大单元的形式呈现,突破了单节课的束缚。单元设计要比一般的单元设计更加凸显探究性与高阶思维的特征,对基础知识和基本技能的包容和整合程度更高。项目化学习的成果区别于常规的活动成果,它的成果是持续的,表现形式也多元化的,在整个学习探究活动过程中产生的计划书、问题清单、学习评价、改进优化等都是学生活动中产生的学习内容和成果。正如一学生所言:"在之后的暑假生活,我也要做一个属于我自己的、适合我自己的暑假生活时间安排表,帮助我在暑假生活中劳逸结合,合理安排时间,愉快地度过我的暑假"。学生在学习中主动建构知识,积极发展能力,并有意识地进行方法能力的迁移,这才是学习的本质,也是学科德育的价值所在。

3. 倡导共同参与,评价推动学习

项目化学习中的评价是贯穿整个学习过程。既关注过程也关注结果,既有教师评价,也有组内同伴和自我的评价,同时也可以邀请家长参与一起评价,在不断开展评价和获取评价信息的过程中,引导学生调整学习的方向,优化学习成果。

"居家生活我做主"在二年级数学学科项目化学习的基础上进行二次迭代更新。除了关注对学科项目化学习中的学生主体进行全程评价外,还着眼以学生作为评价主体。借助评价量规、问卷调查、访谈等各种形式,对学科项目化学习的设计与实施的全程进行评价,以学生的反馈改进学科项目化学习设计流程和实施品质,在评价环节增加学生参与对项目化学习内容评价的制定,这些都是此次项目化学习的突破和创新。

4. 凸显德育价值,促进全面发展

学生学中做、做中学,运用知识解决问题的通知也在获取新的知识。学生在学习中主动建构知识,积极发展能力,并有意识地进行方法能力的迁移。此次数学项目化学习从数学本体性知识出发,拓展知识与技能,激发学生与真实世界链接的需求,挖掘学生自身的潜力,助力学生体验自主学习的成就感。学生在循序渐进的数学课堂中感悟德育的价值,树立正确的世界观、人生观和价值观,增强学生综合素质,促进学生的全面发展,这才是学习的本质,也是学科德育的内涵所在。

(上海市浦东新区福山证大外国语小学　陈婷)

31 "与'粽'不同,'玩'转端午"
——基于"P+4A"模式的项目实践(四年级综合德育)

一、项目背景

(一)选题缘由

现今由于整个文化大环境对优秀传统文化传播力度不足、创新不够,以及部分学生

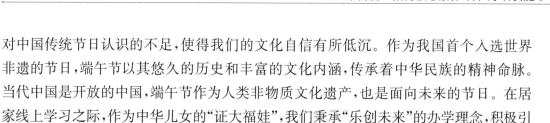

对中国传统节日认识的不足，使得我们的文化自信有所低沉。作为我国首个入选世界非遗的节日，端午节以其悠久的历史和丰富的文化内涵，传承着中华民族的精神命脉。当代中国是开放的中国，端午节作为人类非物质文化遗产，也是面向未来的节日。在居家线上学习之际，作为中华儿女的"证大福娃"，我们秉承"乐创未来"的办学理念，积极引导学生在节日当中寻找民族的根、中国人的魂，着力向他人普及和推广传统节日习俗文化，做崇尚劳动、尊重劳动，在劳动实践中掌握劳动技能的新时代少年，让中华优秀传统文化遗产真正走向全世界。

（二）项目简介

端午节是中国四大传统节日之一，又称端阳节、龙舟节、天中节、诗人节、粽子节等。其起源涵盖了古老星象文化、人文哲学等方面的内容，蕴含着深邃丰厚的文化内涵。通过线上劳动课程与线下居家劳动相结合，面向1—4年级的学生，开展"我是中国传统节日文化宣传小使者"的项目化学习实践活动，将居家劳动融入传统文化习俗中，兼具趣味性与劳动素养的培养，让学生在动手、动脑的劳动中打造劳动教育与端午文化融合的有效场景，唤醒学生对我国传统节日文化的认识和思考，在传承中进行现代创新，增强学生对民族传统节日的文化传承与文化自信。

二、项目过程

（一）P（Problem）：设计基于真实问题的驱动性问题

作为中国传统文化发展的缩影，端午节俗在新时代丰富多彩又不失神韵地演绎，传承与彰显着民族精神与文化自信。作为一名新时代的少先队员，我们对端午节的认识不能只有节日活动，更应该了解传统节日所蕴含的丰富内涵。假如你是"中国传统节日文化的宣传小使者"，你该如何为端午节代言？

（二）A（Aim）：设定基于问题解决的项目目标

1. 劳动观念

通过多角度学习与探究，梳理并知晓端午节由来、习俗、故事人物等文化相关知识与内涵；通过多种活动形式，挖掘端午文化中的劳动元素，学习古代劳动人民所表现出的聪明才干，体会民族精神的伟大，感受传统文化的博大与精深，了解劳动的意义和真正价值，树立劳动改变世界，劳动塑造经典的劳动观念。

2. 劳动能力

结合居家实际场景与现状，围绕手工制作、动手实践等端午劳动场景，深入体验端午劳作，初步习得传统文化民间手工艺品相关技能与审美素养，在劳动中获得宝贵的文化体验，传承中国的端午民俗。

3. 劳动习惯和品质

通过与文化传统节日融合，让学生体会到，一个人的个人修养是从学会劳动开始的，懂得"劳动是最光荣的"这个简单而又朴素的道理，让文化传承与努力实践相伴左右。

4. **劳动精神**

感知端午、走进端午、品味端午,滋润学生"绝知此事要躬行"的劳动之心,在劳动中传承爱国主义精神,建立文化自信,在劳动中形成追求创新的劳动精神。

(三) A(Activity):设计指向目标达成的活动任务群

今年的端午,各项活动通过"云端"开展,怎样在"云端"做好宣传小使者? 项目从"探寻端午文化"和"践行端午习俗"两大板块展开,在"探寻端午文化"中了解中华优秀传统文化的历史渊源、发展脉络、精神内涵,弘扬中华传统美德,以增强文化自觉和文化自信;在"践行端午习俗"中,开展动手劳动践行端午习俗,用心体验端午节所蕴含的文化魅力,激励学生成为用劳动创造美好生活的新时代好少年。

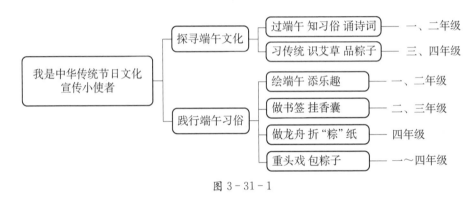

图 3-31-1

任务1:探寻端午文化——你能向小伙伴介绍端午的由来和习俗吗?

活动1:你了解端午吗?

在父母的帮助下或自行查阅资料,将所了解的端午由来、传统人物故事、诗词童谣及端午劳动场景等通过朗诵、讲故事、唱歌等多种形式宣传端午文化,感受古代端午节的民俗民情。

活动2:你能介绍端午挂艾草菖蒲寓意着什么吗? 端午节为什么要包粽子?

和家人一起认识了解艾草在端午文化中的作用及其他多种用途;开展小调查,搜集不同种类的粽子,寻味端午粽的来历、品种、口味等,进一步激发学生热爱中国传统文化的感情。

任务2:践行端午习俗——你能用自己的小巧手传承端午民俗吗?

活动1:你能将心中的端午热闹景象通过描绘的方式表达出来吗?

在充分了解我国端午节的由来及传统习俗的基础上,运用蜡笔、水彩笔、彩铅等绘画工具,描绘心中端午节的热闹场景,在追寻民族精神的同时学会尊重劳动,尊重普通劳动者。

活动2:你最喜欢哪首关于端午的诗词?

体验传统工艺制作,将搜集到的与端午有关的诗词写下来并制作成漂亮的书签和小香囊,向同伴展示并介绍。通过设计、制作、探究等方式丰富劳动体验,形成乐于动手的劳动态度。

活动3:作为宣传小使者,你会怎样宣传端午赛龙舟运动和粽子文化?

开展龙舟文化和粽子文化大搜索,挖掘其中的小知识和背后的小故事,通过居家手工制作劳动课程,让学生动手实践,运用各种材料创作龙舟和粽子小手工,激发劳动兴趣,感受传统工艺的奇妙以及劳动带来的美好体验。

活动4:你觉得包粽子难吗?

了解、学习制作端午粽的方法,与家人一起洗粽叶、浸糯米,试着包一包粽子,学习劳动技能,积累劳动经验,分享劳动成果。在亲手实践中增进居家亲子间的关系,感悟传统手艺传承之巧,理解劳动创造幸福美好生活的道理。

（四）A（Assessment）:预设指向目标达成的项目评价

1. 即时评价

通过"云"班会、线上劳动课程对学生的宣传成效和作品成果开展即时评价。

2. 活动过程评价表

见图 3-31-2。

与"粽"不同 "玩"转端午

个人自评表（一年级）	
我知晓了端午的由来和相关习俗	☆☆☆☆☆
我能流利地向小伙伴介绍端午文化	☆☆☆☆☆
我将心中的端午热闹场面用画笔表现出来	☆☆☆☆☆

个人自评表（二年级）	
我会分享我最喜欢的端午诗词	☆☆☆☆☆
我会自己做漂亮的书签,并送给同学、家人	☆☆☆☆☆
我能向小伙伴介绍粽子的不同形状	☆☆☆☆☆

个人自评表（三年级）	
我能将我知道的艾草的神奇妙用分享给同学	☆☆☆☆☆
我和同学讨论了喜欢吃的粽子口味	☆☆☆☆☆
我能用彩纸做一个粽子形状的香囊挂件	☆☆☆☆☆

个人自评表（四年级）	
从端午文化探寻中,我感受到了龙舟精神	☆☆☆☆☆
我能向同学介绍一带一路沿线国家的粽子文化	☆☆☆☆☆
我会自己动手包粽子了	☆☆☆☆☆

图 3-31-2

3. 初步成果交流评价表

见图 3-31-3。

与"粽"不同 "玩"转端午——神奇的艾草

班级_____　　姓名_____

识艾草	
为什么要在端午节时将艾草挂在门上？	

与"粽"不同过端午——"粽"情文化

班级_____　　姓名_____

各地的粽子形状有哪些？	
包粽子需要的粽叶从何而来？	

食艾草	
艾草有什么神奇的妙用?	

咸粽子、甜粽子,你更钟情哪一款?	
品粽子	

图 3-31-3

4. 综合表现评价表

围绕"怎样成为一名优秀的宣传小使者",引导学生自己设计评价标准,并在各小组展开评价活动,见图 3-31-4。

我是端午传统节日文化宣传小使者

项目成果评价

评价标准	10分	8分	5分
作为宣传小使者,宣传目的明确			
宣传时十分自信,表述清晰			
对宣传活动的充分预调研			
宣传内容生动有趣,深入浅出			
有吸引人的宣传标语或口号			
想好合适的、吸引人的宣传语言			
和宣传对象能有互动			
提倡我国传统节日的重要性,理性看待西方节日			
提高对宣传活动的表达能力(语言表达和文字表达)			
听众或观众对我的宣传表示满意			

图 3-31-4

(五) A(Achievement):预设指向目标达成的项目成果

1. 端午文化我宣传

活动成果一:过端午,知习俗,诵诗词。

孩子们或查"传说",或找"故事",或抄写,或打印,或浓缩提炼,并通过热闹的"云"班会,带来丰富的"非遗文化大餐":一二年级小朋友在镜头前穿上应景的传统服饰,向同伴普及了为什么端午要说安康的缘由,绘声绘色地描述了端午的由来,运用时光机穿越的表演形式讲述了屈原的故事，用稚嫩的童音介绍了自己最喜欢的端午诗词……

活动成果二：习传统，识艾草，品粽子。

在民间一直有着"清明插柳，端午插艾"的说法。端午节，几乎家家门口都要挂艾草和菖蒲，这是为什么呢？同学们通过采访家中长辈、上网搜集资料（见图3-31-5），了解到端午节插艾，民间有招福驱邪的传说：因为倒挂的菖蒲像一把宝剑，而艾草代表招百福，并用它独特的气味达到净化空气、防病驱蚊的效果。同学们还了解到艾草具有非常广泛的药理作用，如益气活血、驱寒除湿等，中医里的艾灸，就是用艾草做成的。

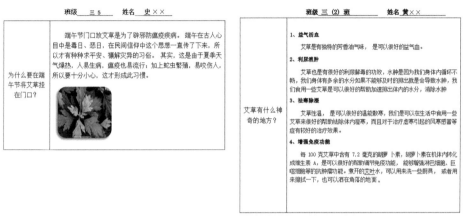

图 3-31-5

过端午，吃粽子是必不可少的习俗之一。活动中，同学们将学到的粽子文化记录在探究表上并展开交流：我国不同的地域原来粽子的形状也是不一样的；粽叶的原材料有芦苇叶、箬叶、芭蕉叶等不同的植物，而在我们上海本地，粽叶大多来自芦苇叶；通过分享，领略了"一带一路"沿线国家的粽子文化。同时对于一直有争论的咸粽和甜粽，同学们也展开了激烈的讨论，但无论是哪种口味的粽子，只要和爸爸妈妈一起品尝的，都是最好吃的。

2. 端午习俗我传承

活动成果一：绘端午，添乐趣。

一年级的小朋友们精心设计版式，将端午节的知识、发生的故事等心中端午热闹的场景描绘在纸上，倾泻在笔端，感受古代人民的辛勤劳作，用心体验传统节日中蕴含的意义，见图3-31-6。

图 3-31-6

活动成果二:做书签,挂香囊。

二、三年级开展的端午创意书签、创意香囊制作活动,同学们充分发挥想象力,设计制作了一枚枚版式精美的书签,一个个造型别致的香囊,并写上自己最喜欢的端午诗词。小小书签,于方寸间蕴含了节日色彩,小小香囊,于创作中锻炼了学生传统工艺制作基本技能。

活动成果三:做龙舟,折"粽"纸。

三、四年级的学生通过视频学习手工折龙舟、折粽子。看——这一个个粽子,造型精巧,"粽"那么可爱,而同学们的心情,也是乐在其"粽";这一艘艘小龙舟,美观漂亮,也是出自心灵手巧的证大小福娃们,利用身边的材料和工具,或跟着视频,或自己发挥创造。在锻炼动手能力的同时,引导学生发掘手工制作的乐趣,让学生在玩中学,真正地走近端午,品味端午。

活动成果四:重头戏,包粽子。

从准备材料,到包粽子的技巧,各年级的学生在家人的指导下体验包粽子的快乐。馅料丰富的粽子更像一个传统文化的符号,记录和传承着端午的样子,讲述着端午的由来和端午的习俗。虽然有的粽子形状还不是特别美观,但是让同学们深深感受到了劳动的乐趣和收获成果的喜悦。

三、项目反思与迁移

（一）反思

怎样做一名出色的宣传小使者？从认知到实践分为两个板块,一是从"探究端午文化"开始,以端午节的文化内涵为核心,从自己感兴趣的问题入手,通过"云"班会、线上劳动课程学习、采访长辈、信息搜集与处理,展示与交流分享,在课堂内外开展探究学习活动。鼓励学生主动接过传承端午文化的接力棒,并为非遗文化加入新的时尚元素,让端午文化不断地传承发展,增强了学生对祖国、对家乡、对劳动人民的热爱之情;二是从"践行端午习俗"入手,《义务教育劳动课程标准 2022 版》指出,可以结合日常生活情境开展传统工艺制作活动,引导学生积极动手实践。本次活动,学生通过线上交流分享,跟着视频学习书签、香囊、折纸等纸工制作,开展"包粽子"劳动实践,不仅培养了学生观察能力、动手操作能力、想象能力和审美情趣。也让学生从关注节日内涵本身延伸到了节日习俗传承的重点,在劳动实践过程和对现实的思考中,更加认同、喜爱中华传统文化,为中华之崛起而努力学习,让中华文化代代传承!

（二）迁移

我们不仅要做好中华传统文化的宣传和推广,还要面向真实生活情境,在"生活即教育"的理念下,将活动中获得的艺术审美能力、传统工艺制作、相关劳动技能如传统手工制作、包粽子等运用在平时的日常生活中,促使学生获得基本的生存和生活的能力,提高学生对劳动的正确认识,让民俗文化、劳动教育实践在课堂内外绽放异彩。

（上海市浦东新区福山证大外国语小学　褚丽琴）

附录

2021—2023 年
上海市浦东新区福山证大外国语小学
学科项目化学习主题

时间	项目主题	学科	年级	设计者
2021	诗润童心——轻叩现代诗的大门	语文	四年级	王淑芬
2021	我的时间我做主	数学	二年级	陈婷
2021	和计算机交朋友（1.0）	信息科技	三年级	张沁漾
2021	我是校园小导游（1.0）	语文	四年级	王子轶
2021	诗润童心——古诗推广计划	语文	五年级	王淑芬
2021	我来教你剪窗花	数学	三年级	申慧芬
2021	英语小诗初体验	英语	三年级	沈晶晶
2021	校园迷你马拉松	体育	三四五年级	凌云志
2021	"野兽派"板报设计与制作（1.0）	美术	四年级	张黎
2021	设计雨水收集净化装置	自然	四年级	王冬梅
2021	计算机大解密——我家的电脑城	信息科技	三年级	张沁漾
2022	喜欢苏轼的 N 种理由	跨学科	五年级	王淑芬,夏如花,张沁漾
2022	图书角建成记	语文	一年级	王淑芬
2022	小水滴历险记	语文	二年级	姚敏
2022	小福娃漫游童话世界	语文	三年级	施惠
2022	吾是浦东小导游	语文	四年级	洪霞
2022	"闲余"大翻身	语文	五年级	赵硕梓
2022	小小家具设计师	数学	一年级	申慧芬
2022	节约用纸小卫士	数学	二年级	施健琴
2022	跟着福娃游上海	数学	三年级	邬小燕

（续表）

时间	项目主题	学科	年级	设计者
2022	我是小小调饮师	数学	四年级	汤慧黎
2022	编码知多少	数学	五年级	沈佳雯
2022	装载回忆的礼物盒(1.0)	数学	五年级	蒋佳怡
2022	居家生活我做主	数学	三年级	陈婷
2022	英语标识我设计	英语	二年级	沈晶晶
2022	种子变形记	英语	三年级	胡梦琦
2022	Follow me 跟着福娃游上海	英语	四年级	王晓青
2022	理想之家我设计	英语	五年级	黄立
2022	BGM 创造营	音乐	四五年级	孙旗,夏如花,李昀祉
2022	400 米自然地形跑评价量规制定	体育	五年级	姚圣松
2022	"野兽派"板报设计与制作(2.0)	美术	五年级	张黎
2022	烦人的声音	自然	四年级	陈楠
2022	和计算机交朋友(2.0)	信息科技	三年级	张沁漾
2022	寻味家乡	道法	五年级	张晓铃,宋星辰
2023	我和春天有个约会	英语	一年级	沈晶晶
2023	装载回忆的礼物盒(2.0)	数学	五年级	沈佳雯
2023	你好,朋友	心理	三年级	温丽娟,陈少娥
2023	"植"此青绿	劳动教育	三年级	褚丽琴
2023	"井"上添"画"——趣谈京剧脸谱	跨学科	五年级	胡梦琦
2023	一起约"绘"吧	语文	一年级	赵硕梓
2023	我用儿歌说规范	语文	二年级	陈佳琦
2023	乘着落叶,畅游想象的世界	语文	三年级	姚敏
2023	我是校园小导游(2.0)	语文	四年级	施惠
2023	我和古诗有个约会(2.0)	语文	五年级	宋星辰
2023	我是小小建筑师	数学	一年级	奚凤英
2023	证大明信片	数学	二年级	申慧芬
2023	我是小小旅游推介官	数学	三年级	施健琴
2023	玩转 1 平方千米	数学	四年级	邬小燕
2023	小小图书馆藏员	数学	五年级	汤慧黎
2023	The English Corner We Design	英语	一年级	黄立

（续表）

时间	项目主题	学科	年级	设计者
2023	好书推荐卡我设计	英语	二三年级	季秋颖
2023	一份新形态中秋节指南	跨学科	四年级	胡梦琦
2023	英语小诗初体验	英语	五年级	王晓青
2023	民间剪纸巧装饰	美术	二年级	张黎
2023	我的校园生活	美术	五年级	滕华夏
2023	让古典音"药"治愈你	音乐	三至五年级	吴名子
2023	小小植物家	自然	三年级	王冬梅
2023	羽球达人我来争	体育	一至五年级	凌云志
2023	开放创新发展——联合国可持续发展目标(SDGs)第 11 项	信息科技	四五年级	张沁漾

后记

本书是上海市浦东新区福山证大外国语小学基于 2021 年度区级重点课题《基于学生视角的学科项目化学习设计与实施的研究》的阶段性成果。学校以课题研究为契机，着眼高质量发展的需求，结合各学科团队的实际，分阶段展开学科项目化学习的研究与实践，初步形成了具有学校研究特色、助推教师专业发展、助力核心素养培育的学科项目化学习的有效路径与实施策略。

本书旨在体现立足核心素养这一育人目标，学校如何通过学科项目化学习的有效实施，致力于学生关键能力和必备品格的成长，展开新一轮义务教育课程改革背景下的积极探索。编写的原则是突出学校特色，立足实践研究，梳理方法策略，为学校自 2021 年以来进行的学科项目化学习研究沉淀有效经验，为从事项目化学习的研究人员提供一线的案例参考和相关的实践佐证，为正在和将要开展学科项目化学习研究与实践的基层学校开拓研究思路，提供方法借鉴。

"学生视角"是我校学科项目化学习研究与实践的最大特色与亮点。学校各学科设计与实施的学科项目，都着力在不同方面凸显学生视角。三年多来，我校教师在大量的文献研究和三年多实践探索的过程中，不断深化对区级重点课题中"学生视角"这一核心概念的理解与认识，从学科项目的主题确定、情境创设、问题链确定、支架提供和评价实施等角度，呈现对基于学生视角的学科项目的思考与实践。我们将"作中学（learning by doing）"的项目化学习理念运用于学科项目化学习的实践研究之中，聚焦学生视角，在实践中持续研究，在实践中反思改进，在实践中迭代优化，积累了大量基于学生视角的学科项目化学习案例，撰写了不少基于学生视角的学科项目化学习论文，二十余篇相关论文、案例在国家级、市级和区级比赛中获奖，在杂志上发表，被新区转载。《学科项目化学习：基于学生视角的校本实践》一书，便是选编了我校教师自 2021 年以来在区级课题的引领下所取得的一系列形式多样、内容丰富的实践和科研成果。

衷心感谢上海市教育科学研究院普教所夏雪梅、崔春华、王晓华等老师对我校项目化学习课题研究工作给予的学术指导与支持，我校区级重点课题的系统有序推进得益于他们高屋建瓴的指导,感谢浦东教育发展研究院徐宏亮、陈久华、杨海燕、殷凤等老师对我校项目化学习科研与教研工作的关心与指导,感谢上海交通大学出版社汤琪编辑的支持,感谢为本书出版出谋划策的所有人。

由于编者精力和能力有限,如有讹误不妥之处,敬请读者批评指正。

上海市浦东新区福山证大外国语小学　梁莉

2024 年 3 月